KB187511

言語学習と国、国民、言語に対する
イメージ形成の研究

– 日本と台湾の韓国語学習者と韓国と台湾の日本語学習者を中心に –

齊藤明美 編

生越直樹 篠原信行 任栄哲 齊藤良子

Publishing Company

まえがき

本書は、日本、韓国、台湾でのアンケート調査をもとに言語学習と国、国民、言語に対するイメージ形成の関連を研究目標としている。日本における韓国や韓国人に対するイメージ、また、韓国や台湾における日本や日本人に対するイメージについては、これまでもいくつかの調査研究が行なわれ、その結果が報告されてきた。しかし、言語学習の経験と国、国民、言語に対するイメージ形成との関連について研究されたことはあまりなかったように思われる。

第Ⅰ部は、生越直樹と齊藤良子が担当し、日本と台湾における韓国語教育と韓国、韓国人、韓国語のイメージについて論及する。まず、日本における韓国語教育の概観と問題点について述べ、次に、日本における韓国語学習と韓国に対するイメージ形成について言及し、日本における韓国語学習後のイメージの変化について述べる。続いて、韓国語学習に対する好意的傾向と韓国語学習のビリーフやストラテジーとの関連について論及していく。そして、最後に台湾における韓国語学習と韓国に対するイメージ形成について、日本での調査との比較を中心に述べていく。

第Ⅱ部は、篠原信行が担当し、台湾における日本語教育と日本、日本人、日本語に対するイメージについて論及する。まず、台湾における日本語教育の概観と問題点について述べる。その後、台湾の日本語学習者の動機、到達目標、学習方法を中心に言及していく。そして、最後に台湾の大学生の日本と日本語に対する意識とイメージ形成に与える影響について述べている。

第Ⅲ部は、齊藤明美と任栄哲が担当し、韓国における日本語教育とイメージについて論及する。まず、韓国における日本語教育の概観と問題点について述べる。その後、韓国における日本語の位相について言及する。続いて、韓国における日本語学習と日本、日本人、日本語に対するイメージ形成について述べる。そして、韓国調査と台湾調査の比較、韓国の日本語学習者と日本の韓国語学習者の目標言語に対するイメージ比較を行なっていく。

本書は、上記のような調査研究により、韓国語においても日本語においても言語学習と対象言語の国、国民、言語に対するイメージとは深い関係があることを明らかにしている。言語学習者は、未学習者に比べて、よいイメージをもっている。しかし、学習者と未学習者のイメージ比較だけでは、学習経験によってイメージがよくなったのか、最初からよいイメージをもっている人が学習したのかを明らかにすることはできない。

そこで、本書では、韓国語学習を経験した後にイメージが変化したかどうかの調査も行ない、学習経験と国、国民、言語に対するイメージの変化も明らかにしている。また、言語学習に対する好意度の高い学習者は積極的に学習するという結果も得た。このような研究成果は、今後の外国語教育のあり方に一つの指針を示すことになると思われる。今後の課題としては、本書は、日本、韓国、台湾での韓国語学習と日本語学習に関する研究であるが、今後はその他の地域、その他の言語に関しても調査対象を広げる必要があると思われる。本書が今後の言語学習とイメージ研究の入り口になってくれることを願っている。

最後に調査に協力してくださった皆さんと本書を出版してくださったJ&Cに心から感謝の意を表したいと思います。

2012年 2月

編著者 齊藤明美

第Ⅰ部 日本と台湾における韓国語教育とイメージ形成

第Ⅱ部 台湾における日本語教育とイメージ形成

第Ⅲ部 韓国における日本語教育とイメージ形成

第Ⅰ部 日本と台湾における韓国語教育とイメージ形成

第1章　日本における韓国語教育の概観と問題点

生越 直樹

1. 日本における韓国語教育

日本では近年のアジアに対する関心が高まっている。特に韓国に対しては、2002年のワールドカップ、その後の韓流ブームなど、関連する出来事が続き、日本人の韓国、韓国語に対する関心は以前より高くなった。1990年代から少しずつ増えていた韓国語学習者も2000年代になると急増し、大学を始めとし、高校や民間語学学校など、多くの場所で韓国語が教えられるようになった。最近は学習者の急激な増加も止まり、学習者数が前年並の水準で推移している模様であるが、それでも以前には考えられなかったほどの日本人が韓国語を学んでいる。また、現在、日本人の旅行先としてもっとも人気のある国は韓国であり、数多くの日本人が韓国を訪れている。ここでは、日本における韓国語教育の現状を述べるとともに、その問題点についても指摘することにしたい。

まず、日本における韓国語教育の状況を簡単に示しておく。国際文化フォーラム(2005)によると、韓国語を教えている大学は2003年現在で335校、学習者数は4万名から5万名に達するという。高校では、約200校で韓国語の授業が設けられている。[1] さらに、アルク(2005)には韓国語を教えている民間語学学校などのリストが掲載されており、それによると、民間語学学校143校、大学の公開講座35校、各地方自治体や国際交流団体の教室30カ所、在日本大韓民国民団の教室42カ所、私設教室やサークル57カ所、計307カ所で韓国語が教えられている。このほか、NHKや放送大学を使って学んでいる人もいる。NHKのハングル講座のテキスト(テレビ)は2006年に約15万部売れ、英語に次ぐ売れ行きである。また、放送大学では年間約3000人の学生が韓国語を受講している。このように、日本では様々な機関で韓国語が教えられており、学習者数も相当な数字になっている可能性がある。[2] しかし、正確な資料がなく、その全体像を把握するのは困難な状況である。そのような中で、2005年に国際文化フォーラムから日本の大学における韓国語教育の現状についての報告書が刊行された。この報告書は、国際文化フォーラムが2002年から2003年にかけて、全国の大学や韓国語担当教員に対してアンケート調査した結果をまとめたもので、各大学の科目数、教員数、教育上の問題点などを明らかにしている。ここでは、この報告書の内容を参考にしながら、日本の大学、特に4年制大学の韓国語教育の現状とその問題点について述べてみたい。

1) 高校における韓国語教育の状況については、国際文化フォーラム(1999)および国際文化フォーラム(2005)に詳しい報告があるので、参照されたい。

2) 韓国語教育の状況全体に関しては、노마 히데키・나카지마 히토시(2005)により詳しい報告がある。

2. 日本の大学における韓国語教育の状況

2.1 教えている大学の数

まず、韓国語の授業を行っている大学の数について見てみる。国際文化フォーラム(2005)には、文部科学省の発表に基づいた各外国語の実施状況がまとめられている(表1参照)。それによると、2002年現在、4年制の大学で韓国語の授業を行っている大学は、322校、全体の46.9%である。この数字は、ドイツ語の84.1%、中国語の82.8%、フランス語の79.2%に比べ、30%以上低い数字であり、韓国語はまだ日本の大学全体で行われている状況ではない。しかしながら、表1でもわかるように、韓国語は2000年に比べて6%も実施率が高くなっている。他の外国語はほとんど変化がないのに対し、韓国語だけが多くなっており、最近韓国語の授業を開始した大学が増えていることがわかる。実施状況の変化をもう少し詳しく見ると、表2のようになる。なお、表2は短期大学(2年制)も含めた数字なので、表1の数字と一致していない。

表1 四年制大学における外国語教育の実施状況
：2000～02年度(国際文化フォーラム(2005:29)

年度	2002年				2001年				2000年			
種別	私立	国立	公立	合計	私立	国立	公立	合計	私立	国立	公立	合計
全学校数	512	99	75	686	496	99	74	669	478	99	72	649
英語	509	95	73	677	494	95	73	662	472	94	72	638
	99.4%	96.0%	97.3%	98.7%	99.6%	96.0%	98.6%	99.0%	98.7%	94.9%	100.0%	98.3%

ドイツ語	424	95	58	577	416	95	58	569	406	94	58	558
	82.8%	96.0%	77.3%	84.1%	83.9%	96.0%	78.4%	85.1%	84.9%	94.9%	80.6%	86.0%
中国語	422	88	58	568	397	85	57	539	375	83	56	514
	82.4%	88.9%	77.3%	82.8%	80.0%	85.9%	77.0%	80.6%	78.5%	83.8%	77.8%	79.2%
フランス語	403	88	52	543	393	88	51	532	380	87	51	518
	78.7%	88.9%	69.3%	79.2%	79.2%	88.9%	68.9%	79.5%	79.5%	87.9%	70.8%	79.8%
韓語	**234**	**58**	**30**	**322**	**204**	**49**	**32**	**285**	**187**	**46**	**30**	**263**
	45.7%	58.6%	40.0%	**46.9%**	41.1%	49.5%	43.2%	**42.6%**	39.1%	46.5%	41.7%	**40.5%**
スペイン語	173	44	23	240	173	40	19	232	163	40	19	222
	33.8%	44.4%	30.7%	35.0%	34.9%	40.4%	25.7%	34.7%	34.1%	40.4%	26.4%	34.2%
ロシア語	113	54	22	189	114	54	21	189	108	54	20	182
	22.1%	54.5%	29.3%	27.6%	23.0%	54.5%	28.4%	28.3%	22.6%	54.5%	27.8%	28.0%

注：文部科学省「大学における教育内容等の改革状況について」をもとにした。各国語の上段に学校数、下段に実施率を示した。韓語の学校数ならびに2002年度に大学全体と国立大学で実施率に10ポイント以上差がある外国語の実施率を太字で示した。

表2 大学等における開設状況：1988～2003年度 (国際文化フォーラム(2005:33)

年度	大学等の全体	四年制大学				短期大学ほか			
		私立	国立	公立	合計	私立短大	公立短大	その他[c]	計
1988年		50	10	8	68				
1993年[a]		67	(10)	13	(90)				
1995年[b]	**185**	100	25	18	143	40	2		42
1998年		154	38	23	215				
2000年	**327**	187	46	30	263	58	6		64
2001年		204	49	32	285				

2002年		234	58	30	322				
2002 03年	**410**	**243**	**58**	**34**	**335**	**62**	**7**	**6**	**75**

注: 文部科学省、韓国教育財団ほかのデータをもとに作成した。「-」の欄は資料による確認ができていない。

a. 国立大学のみ確認している。1993年度の国立の数は4校しか確認されていないため、( )内に88年度の数を記載した。

b. 韓国教育財団の調査資料(일본에 있어서의 한국어교육 실태조사 보고 1996)

c. 高等専門学校(2)、放送大学、海上保安大学校、防衛大学校、テンプル大学を、その他に含めた。

表2の数字から、1990年代後半から現在まで急激に韓国語の実施大学が増えていることがわかる。特に、2002年に増えているのは、ワールドカップの影響ではないかと見られる。この表には2003年までの数字しか載っていないが、国際文化フォーラムの調査や発表者が得た情報によると、その後も新たに韓国語の授業を開始した大学は、年10校程度増え続けている。したがって、現在はドイツ語、中国語、フランス語実施校の数字にかなり近づいていると見られる。学習者数についても、最初に言及したように、2003年度現在では短期大学も含め大学全体で4万~5万名と見られていたが、授業設置大学が増えていることから、その後も増え続けていると推測される。実際に、1学年で1000名以上の履修者がいる大学も珍しくなくなっている。

2.2 授業実施形態

次に、韓国語の授業実施形態について見ていく。韓国語を必修科目として実施している学校は、5、6校しかなく、ほとんどの大学では、選択必修、または選択科目として実施している。選択必修科目というのはいくつかの外国語の中から、一つあるいは二つの外国語を必ず履修させる場合を指し、選択科目というのは履修が義務ではなく学生が自分の意志で自由に受講する場合を指す。国際文化フォーラムの報告書を見ると、正確な実施状況は把握しにくいが、少なくとも100校程度は選択必修科目として実施しているようである。日本の大学は一つの科目が一週間に1回行われるのが普通であり、多くの大学で1回の授業時間は90分である。選択必修科目の場合は、週2回の授業を1年間、あるいは2年間受けることが多い。単純に計算すると、1年間なら80時間、2年間なら160時間学習することになる。

なお、国際文化フォーラムの調査では、韓国語の授業の講義内容についても調べている。それによると、講義内容でもっとも多いのは「文法・会話」で、全体の半数近くの授業が「文法・会話」の授業である。従来、大学の外国語の授業は文法や講読中心であったが、韓国語について言えば、会話をより重視する傾向があり、実践的な能力の養成に力を入れていることがわかる。その背景には、今の大学生は実践的な外国語能力を求めており、大学の授業もそれに対応する形に変化しつつあること、さらに韓国語の場合は、韓国との交流の拡大によって、韓国の人とコミュニケーションする機会が増えていることがあると見られる。

2.3 教員

韓国語を教える教員については、国際文化フォーラムの調査結果を見ると、大学全体(短期大学含む)で170名の専任教員、ほかに契約期間が決まっている期限付き教員が10名いる。さらに、非常勤で教えている人がいるが、複数の大学で教えていることが多いためその実数は把握しにくい。報告書では約500名程度いると推定している。そうすると、日本の大学で韓国語教育に従事している教員は、約700名近くいることになる。ただし、韓国語の授業を行っている大学で、専任教員のいない大学が135校もある。これは韓国語実施大学全体の42%にあたる。また、専任教員が1名しかいない大学が102校(32%)あり、各大学の韓国語教育の体制は非常に貧弱であることがわかる。

国際文化フォーラムの調査は2003年であるが、その後、毎年10名程度の専任教員募集が行われており、現在の専任教員の数は200名以上になっていると思われる。募集する大学を見ると、初めて韓国語の専任教員を採用するところが多く、教育体制は以前より少しずつ良くなっている。ただし、その募集のかなりの数が期限付き教員であり、教員の数が増えていても安定的な待遇を得ている人はそれほど増えていないようである。

このほか、国際文化フォーラムの調査では、非常勤講師を含めた教員全体のうち、韓国語を母語とする教員(485名)が日本語を母語とする教員(266名)の2倍程度いることが明らかになっている。これは、実践的な外国語能力を求める傾向があること、日本語母語話者に教員になり得る人材が少ないことが関係していると思われる。韓国語を母語とする教員が多いことは、他の外国語教育と大きく異なる点で、プラスもあるがマイナスもある。この点については、問題点のところでもう一度触れる。

2.4 学習の動機

韓国語教育の現状について、最後に別な角度から見ておく。生越(2004)は、日本の大学で韓国語を学ぶ学生と韓国の大学で日本語を学ぶ学生にその学習動機をアンケートで調査した。その結果についての詳細な分析は本書掲載の別稿に譲り、ここでは大まかな傾向を述べておく。

調査結果を見ると、日本の学生が韓国語を学ぶ大きな理由は、韓国(韓国人、韓国文化)と韓国語自体への関心からであることがわかる。一方、韓国の学生が日本語を学ぶ理由は、やはり、日本(日本人、日本文化)に対する関心がもっとも多いが、日本語自体への関心はそれほど高くない。日本の学生と異なるのは、大衆文化に興味を持って勉強している学生が多いという点である。

さらに、最近、齊藤(2006)が日本の大学で韓国語を学習している学生を対象に、韓国語学習と英語学習での動機や学習ストラテジーについてアンケート調査を行った。その結果から、学習動機については以下のことが明らかになっている。

1) 英語より韓国語の方がその言語を使っている人をもっと理解したいという気持ちが強い。
2) 英語を話すことをとても重要だと思っているが、韓国語を話すことはあまり重要だと考えていない。
3) 学生達にとって英語学習はよい職につけるチャンスにつながるが、韓国語学習はそうではないと考えている。
4) 英語の場合は、実質的な利益を得るために学ぶ傾向が強く、韓国語の場合はその言語自体への興味や、それが使用されている文化等に興味があって学ぶ傾向が強い。

このほか、『韓国語のはじめ方・つづけ方』(2005)では「韓国語ジャーナル」という雑誌の読者ハガキをもとにして韓国語の学習動機を調べている。その結果でも最も多い回答は、「韓国への関心・あこがれ」(33%)、「韓流の影響」(22%)、「韓国人の知人・友人、配偶者などがいる」(14%)の順になっている。学生だけでなく、一般の人でも韓国(人・文化)への関心が韓国語学習の大きな動機になっていることがわかる。さらに、大学生の場合に比べて、一般の人では韓流の影響もかなり大きいことがわかる。韓流も一時ほどのブームではなくなったが、ドラマ・映画、音楽など大衆文化との接触が韓国語学習の動機になることは、以前にはない新しい動きであり、今後も注目すべきであろう。

3. 韓国語教育の問題点

3.1 問題点

以上、国際文化フォーラムの報告書やそのほかの資料に基づき、日本の大学の韓国語教育の現状について述べてきた。ここでは韓国語教育の問題点について考えておきたい。国際文化フォーラム(2005)では、韓国語教育の問題点についても調査しており、その結果は表3のようになっている。

表3 大学等における韓語教員の現状と問題点（複数回答）
（国際文化フォーラム(2005:67)）

選択項目	回答総数		大学等の種類				回答者の職位					
	大学等の全体		四年制		短大ほか		専任		非常勤講師		その他	
	157	100.0%	135	86.0%	22	14.0%	67	42.7%	52	33.1%	38	24.2%
①学生数に比べて教員の絶対数が不足している	**47**	**29.9%**	**40**	**29.6%**	**7**	**31.8%**	18	26.9%	**22**	**42.3%**	**7**	**18.4%**
②多くの教員が非常勤で身分が不安定である	**94**	**59.9%**	**86**	**63.7%**	**8**	**36.4%**	**43**	**64.2%**	**37**	**71.2%**	**14**	**36.8%**
③韓語の教授法を学んでいない教員が多い	**45**	**28.7%**	**40**	**29.6%**	**5**	**22.7%**	**26**	**38.8%**	**16**	**30.8%**	3	7.9%
④韓語ネイティブという資格だけで教えている者が多い	37	23.6%	34	25.2%	3	13.6%	**20**	**29.9%**	14	26.9%	3	7.9%
⑤その他	25	15.9%	21	15.6%	4	18.2%	0		0		0	
	248		221		27		107		89		27	

注：表中のアラビア数字は回答数、%は各設問における項目ごとの回答率を示す。太字は、各設問の回答率の上位3項目を示す。但し、高専は回答数が少ないので除いた。

表3の結果を参考にしながら、現時点での韓国語教育の問題点として、教員と教材の問題を取り上げ少し述べておく。

3.2 教員の問題

まず、教員の問題については、先ほどの現状のところでも述べたように、専任教員の数が少ない点がもっとも大きな問題である。専任教員がいない大学では、十分な韓国語教育を行うことは難しい。また、専任教員が一人だけでは十分な教育体制とは言えず、一つの大学に複数の専任教員がいることが望ましい。2.3で述べたように、最近は毎年10校程度の大学で韓国語の専任教員を募集しており、少しずつ状況は改善しているが、まだ不十分である。特に、期限付きの教員の募集が多くなっていることは、教員の身分が安定せず本格的な韓国語教育を行う支障となる。

なお、専任教員の募集は今後も続くと思われるが、採用希望者は多く、かなり厳しい競争が予想される。日本に留学している韓国人留学生の中には日本での就職を望む人が増えており、さらに、韓国で韓国語教育に従事している人が応募する例も多くなっている。このように、韓国語母語話者の採用希望者が多いのに対し、日本語母語話者の採用希望者はそれほど多くない。その結果として、専任教員に韓国語母語話者が採用されることが多くなっており、専任教員が韓国語母語話者のみという大学も多くある。しかし、日本語母語話者に対する効果的な教育という観点から見ると、専任教員として日本語母語話者と韓国語母語話者の両方がおり、お互いに協力して授業を運営するのが望ましいであろう。日本語母語話者の教員が少ない原因は、日本の大学で韓国語の専門家を養成するところが少ないためである。韓国語の専門家を養成する機関を増やすことが急務だと言えよう。[3] なお、韓国の大学に留学し韓国語教育の専門家を目指す日本人も多くなっているが、その人たちの中には、日本の学会での発表実績がない人が多くいる。韓国語教員を採用する大学の多くは、韓国語の専門家がいない場合が多い。その場合、日本での

3) 日本の大学にある韓国・韓国語関係の学科・コースについては、生越直樹(2003)、노마 히데키・나카지마 히토시(2005)を参照のこと。学部で韓国・韓国語関係の学科・コースを設ける大学は、以前より増えているが、大学院を設けているところは少ない。

研究実績が重要視される可能性があり、日本の学会での研究実績を積む必要があろう。

もう一つ、教員に関する大きな問題は、教員の資質についてである。表3でも「韓語の教授法を学んでいない教員が多い」「韓語ネイティブという資格だけで教えている者が多い」という点を問題点としてあげた人がかなり多くいる。現在日本の大学で韓国語を教えている教員の多くは、韓国語教育に関する授業や訓練を受けたことのない人たちである。語学教育と全く関係ない専門分野の人も多い。特に、最近は学習者の急増に対処するため、これまで教育経験のなかった人たちも多く非常勤講師となって教えている。これまでは教育内容とは関係なく、いわば教員側は何もしなくても学習者が増加する時期であった。しかし、学習者の増加が一段落した現在、教育方法・内容を向上させないと学習者が減少していく可能性がある。そういう意味で教員の資質向上と教育内容の向上が急務である。

なお、教員の資質向上に関しては、すでにいくつかの試みがなされている。2004年から夏休み期間中に韓国語教師を対象とする研修会が開催されており、多くの受講者が参加している。受講者の感想を読むと、韓国語に関する基本的な知識が学べた点、教えるのが難しい点について具体的な教え方がわかった点、などを評価している。このような研修会は今後も継続する必要があろう。2009年は福岡で研修会が開催されたが、教員の資質で問題を抱えているのは、大都市より教員の適任者が少ない地方であることから、今後も日本各地で開催されることが望ましいであろう。

また、研修会などを通して、韓国語母語話者の教員の中には古いタイプの外国語授業しか知らない人がいるということもわかってきた。授業の大部分を文法説明に使い、教室での練習活動をほとんどしない場合があるようである。その人たちが受けた外国語の授業はそういうタイプの授業であったので、それをそのまま韓国語の授業でも行っているのであろう。これでは、せっかく韓国語を母語とする教員であるのに、その利点がうまく生かされていない。こういう教員には実際の授業を見学させることが必要である。そのためには、韓国で研修することを考えるべきだろう。韓国での教師研修はすでにいくつかの機関で行われているが、韓国側の研修担当者が日本の教育現場を知らない場合が多い。そのため、研修参加者の希望と研修内容が一致せず、十分な成果を上げられないようである。今後は日韓の機関が協力して研修プログラムを策定運営することも必要ではないかと考える。

3.3 教材の問題

第二の問題は教材についてである。現在日本では数多くの韓国語教材が市販されているが、ほとんどが初級教材で中級、上級教材は非常に数が少ない。中級、上級になると、韓国で刊行されている教材を使うことも考えられる。しかしながら、それらの教材は日本の教育事情に合わないため、使用するのが難しい。韓国で刊行された教材はインテンシブコースで使用することを前提としているため、日本の大学のように週1~2回の授業で使うには量が多すぎるのである。また、内容的にも韓国で暮らすことを前提としているため、外国で学習する場合には不必要な部分がある。今後は、日本で中級、上級教材の作成を急ぐとともに、韓国でも外国の韓国語教育でも使えるような教材を開発してほしいと思う。

教材に関連して、問題点をもう一つ指摘しておく。外国で韓国語を教える際に頭を悩ます問題の一つが、標準語および正書法の問題である。韓国語の現行正書法では、会話的な表現の正書法が明確でない場合が散見される。たとえば、

・正書法の問題

(1)오고시예요. / 오고시에요.
生越です。

(2)젓가락 주세요.　네, 젓가락요? / 적가락이요?
箸ください。　はい、箸ですか。

・発音の問題

(3)母音애、에の区別

(4)외の発音

(5)個別の語彙の発音 たとえば맛있다の発音

・複数の形態が使われている場合

(6)선생님은 저기 계신데요. / 계시는데요.
先生はあちらにいらっしゃいますが。

(1)の場合、最近は예요と書く場合が多いようであるが、正書法に規定がない以上에요と書くのを間違いとは言えない。韓国語の学習でもっとも早く学習する事項であるにもかかわらず、明確な規定がないことは理解に苦しむことである。現在の正書法・標準語の規定は、規定が不十分な点や実際の状況と乖離している点がある。外国で多くの人が韓国語を学習している現在、それに対応するために

も、正書法、標準語の改訂が求められる。

以上、日本における韓国語教育の状況と問題点を述べた。以前に比べて激増した韓国語学習者に対し、それに対応する教育体制はかなり遅れている。以前の韓国語学習者は、数は少ないが、かなり明確な動機を持ち、学習意欲も高かった。そのため、教員の教え方に多少問題があっても、学習者はある程度の水準まで上達していた。しかし、学習者が多くなった現在、韓国語に対する関心も学習意欲も様々である。特に、関心も意欲も低い学習者に対応するためには、しっかりした教材と教員が必要となる。日本の韓国語教育は、これからが大切な時期であると言えよう。

▌参考文献

アルク(2005)『韓国語のはじめ方・つづけ方(韓国語ジャーナル・スペシャル)』,アルク

生越直樹(2003)「일본 대학에 있어서의 한국어교육」,『日本研究』18,中央大学校日本研究所

오고시 나오키(生越直樹)(2004)「한국, 한국인에 대한 이미지 형성과 한국어 학습」,『한국언어문화학』Vol.1 No.2,국제한국언어문화학회

오고시 나오키(生越直樹)(2005)「도쿄대학의 한국어교육 및 연구」,『한국어교육』16 2,국제한국어교육학회

오고시 나오키(生越直樹) (2006)「일본 대학에서의 학습자 동기 강화 방안과 교사 자질 향상 방안」,『제1회 범세계 한국어 교육 단체・지역 대표자 세미나 한국어 해외 보급과 국제 교류의 증진』(発表論文集),韓国国際交流財団・国際韓国語教育学会

金東俊(1996)『日本에 있어서의 韓國語教育實態調査報告』 韓国教育財団

国際文化フォーラム(1999)『日本の高等学校における韓国朝鮮語教育』

国際文化フォーラム(2005)『日本の学校における韓国朝鮮語教育:大学等と高等学校の現状と課題』(국제문화포람(2005)"일본의 학교에서의 한국어교육 : 대학 등과 고등학교의 현 상황과 과제")

(http://www.tjf.or.jp/korean/chousa/ch2005_j.htm で閲覧可能)

노마 히데키(野間秀樹)・나카지마 히토시(中島仁)(2005)「일본의 한국어 교재」,『한국어교육론1』, 국제한국어교육학회편, 한국문화사

노마 히데키(野間秀樹)・나카지마 히토시(中島仁)(2005)「일본의 한국어교육」,『한국어교육론3』, 국제한국어교육학회편, 한국문화사

齊藤良子(2006)『英語・韓国語両言語学習者の学習意識と学習ストラテジー:BALLI調査とSILL調査の結果分析を通じて』,東京大学大学院総合文化研究科修士論文

第2章　日本における韓国に対するイメージ形成と韓国語学習

生越 直樹

1. はじめに

日本における韓国、韓国人に対するイメージ、あるいは韓国における日本、日本人のイメージについては、これまでもいろいろな形で調査されている。しかし、言葉の学習経験とイメージの関係については、あまり詳しい調査はなされていないようである。我々の研究チームは、言葉の学習経験が国や人に対するイメージ形成にどのような影響を及ぼすのかを知るために、日本、韓国、台湾で大学生を対象とするアンケート調査を行った。日本では韓国・韓国人・韓国語に関するイメージについて、韓国では、日本・日本人・日本語に関するイメージについて、台湾では韓国・韓国人・韓国語と日本・日本人・日本語の両方について調査を行った。本稿では、日本での調査結果を報告するとともに、韓国での調査結果との比較を行う。

2. 調査の概要

日本でのアンケート調査は、2003年10月から11月にかけてA大学および東京近辺の大学数校で行った。A大学では、選択必修の外国語として韓国語を選択した学生(1、2年生)、および自由選択科目として韓国語の授業を受けている学生、さらに、韓国語未学習者のデータを集めるため、フランス語、スペイン語の授業受講者に調査を行った[1)]。このほか、韓国語学習者のデータを増やすために、他の大学で韓国語を学習している学生にも調査を行った。その結果、韓国語学習経験者は211名(58.9%)、未学習者は147名(41.1%)、計358名のデータを収集した。なお、今回の日本調査はA大学の学生を中心として行ったため、学習経験者の約70%、未学習者は全員がA大学の学生であり、協力者がある特定の大学に偏っている。したがって、今回の結果が日本の大学生の平均的な姿を示すかどうかは、さらに調査が必要であろう。

韓国での調査は、2003年5月にソウルにあるB大学の学生180名と春川にあるC大学の学生232名、計412名を対象に行われた。日本語学習や日本・日本語に対する関係の深さを考慮して、日本関係の学科学生(139名)、教養日本語受講生(141名)[2)]、理工系学部学生(132名)の3つのグループに対して調査を行った。なお、韓国調査では、日本語学習経験者が77.2%で未学習者が22.8%であった。日本調査に比べて未学習

1) 調査は基本的に語学の授業を利用して行った。授業時間に調査票を配布し、その場で回答してもらった後回収した。韓国での調査も同様の方法で行った。

2) 主として1、2年生対象の外国語科目。日本の大学の教養科目の外国語にあたる。

者が少ないので、全体の結果を見る場合には注意を要する。

3. 韓国(日本)に対するイメージ

今回、日本調査では韓国に対してどのようなイメージを持っているか、韓国調査では日本に対してどのようなイメージを持っているかを、それぞれ質問した(付録の調査票1.1参照)。日本人学生全体の韓国に対するイメージと韓国人学生全体の日本に対するイメージを比較すると、表1のようになる[3)]。日本調査と韓国調査では韓国語(日本語)学習者の比率が異なるので、単純に比較はできないが、双方とも相手の国にややよいイメージを持っていると言えよう。少なくとも、日本と韓国の学生の間で相手の国に対するイメージが大きく異なることはなさそうである。

表1 韓国(日本調査)・日本(韓国調査)に対するイメージ(数値は%)

	韓国のイメージ	日本のイメージ
とてもよい	5.1	3.6
よい	36.1	38.9
特に他の国と変わらない	45.6	42.3
悪い	12.4	12.7
かなり悪い	1.0	2.4

3) 本稿で示す韓国調査の結果データは齊藤明美(2003)によっている。

次に、日本調査の結果を韓国語学習経験者と未学習者に分けて示したのが図1である。図1でわかるように、韓国語学習経験者と未学習者を比べると、学習経験者の方が韓国に対してよいイメージを持っている。未学習者は「特に他の国と変わらない」という回答がもっとも多く、学習経験者に比べてイメージが悪くなっているというより、韓国に対する関心が低いと見るべきかもしれない。一方、韓国調査での結果を学生の種類別に示すと、図2のようになる。韓国調査でも、日本語学習にもっとも多くの時間を使っている日本関係学科学生がもっともよいイメージを持っており、教養日本語受講者、理工系学部学生と日本語との関係が少なくなるにつれ、よいイメージが減っている。この結果から見て、言葉の学習とその国に対するイメージには明らかな相関性があり、学習者ほどよいイメージを持つと言えるだろう。

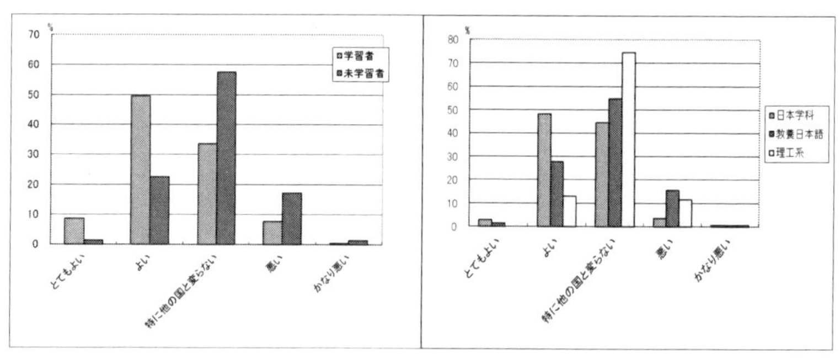

図1　韓国に対するイメージ
(学習者と未学習者)(数値は%)

図2　日本に対するイメージ
(学生の種類)(数値は%)

4. イメージ形成に関わる要素

4.1 韓国イメージの形成

さらに、今回の日本調査では、韓国に対するイメージ形成において、どのような要素が影響を与えているかを調べてみた。調査では様々な項目を示し、イメージ形成に影響を与えている度合いを、大、中、小、無の4つから選択させる方法をとった(質問票1.2参照)。図3は、回答結果を大を3、中を2、小を1と数値化し、その総数を回答者の数で割ることによって各項目の影響度を示したものである。数値が大きくなるほど、その項目は韓国のイメージ形成において大きな影響を及ぼしていることになる。図3では、韓国語学習者と未学習者を分けて示している。

調査結果を見ると、全体的な傾向として、マスコミの報道が韓国のイメージ形成に大きな影響を与えていると見られる。「新聞の報道」のほか、「過去の日韓関係」や「サッカーワールドカップ」もマスコミで大きく取り上げられた話題であり、いずれも数値が高くなっている。注目されるのは、韓国のイメージについて質問したにもかかわらず、「韓国と北朝鮮の関係」「日本と北朝鮮の関係」「北朝鮮に関する報道」という北朝鮮(朝鮮民主主義人民共和国)に関係する項目が高い数値となっている点である。現在、日本では拉致問題をはじめ、北朝鮮に関するさまざまな報道がなされている。おそらく北朝鮮に関する一連の報道が、韓国に対するイメージ形成にも影響を及ぼしているのであろう。その影響がプラスの方向に働いているのか、マイナスの方向に働いているのかは、今回の調査でははっきりしない。この点については、さらに調べる必要がある。いずれにせよ、日本の大学生が北朝鮮と韓国を関連づけて見ていることは確かである。このように、影響が大きい項目にはマスコミの報道と関連する事項が多く含まれている。

このほか、全体的に見て、「韓国製の商品」「現在の韓国の経済」「韓国企業の活動」という韓国の経済に関わる項目の数値が低い。このことから、韓国経済に関する事項はあまりイメージ形成に影響を与えていないと考えられる。今回調査した学生たちの場合、経済より政治に関する事項がイメージ形成に大きな影響を与えているようである。

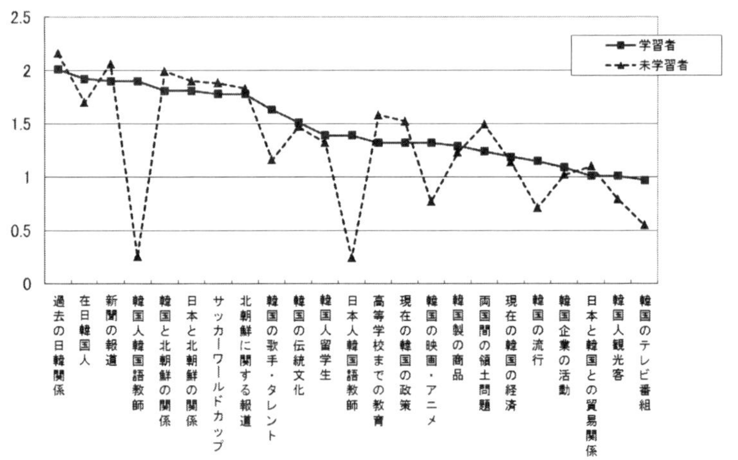

図3　韓国のイメージ形成に関わる要素

では、韓国語学習経験の有無はイメージ形成に影響を与えているのであろうか。図3でわかるように、一部の項目では学習経験者と未学習者でかなり数値が異なる。学習経験者は未学習者に比べ、「在日韓国人」「韓国人韓国語教師」「韓国の歌手・タレント」の数値が高い。数値は少し低くなるが、「日本人韓国語教師」も未学習者と大きく異なる項目である。これらはいずれも人に関する項目で、学習経験者の韓国イメージは韓国に関係する人物からかなりの影響を受けていると見られる。一方、未学習者は韓国に関係する人物と接する機会がないため、影響が低くなるのであろう。さらに、「韓国の映画・アニメ」「韓国の流行」「韓国のテレビ番組」という大衆文化に関する項目で、学習経験者と未学習者で大きな違いが見られる。学習経験者は、政治に関するマスコミ報道だけでなく、韓国に関係する人物、大衆文化というさまざまな観点から韓国のイメージを形成している。これは、韓国語を学習することにより、人との接触も含め、幅広い情報と接するようになるためではなかろうか。一方、未学習者の場合は影響を受ける分野が狭い。学習経験者より数値が高くなっている「高等学校までの教育」「現在の韓国の政策」「両国間の領土問題」という項目も教科書の記述やマスコミの報道によるもので、未学習者はマスコミ報道や書物からの情報によってイメージを形成していると考えられる。未学習者は自らが体験した情報ではなく、間接的かつ受動的な情報を基にしている点が特徴的である。

以上をまとめると、次のようになる。

1) 全体的な傾向として、今回調査した大学生における韓国イメージは、マスコミの報道、特に政治に関わる報道に大きく影響されており、経済関係による影響は小さい。

2) 学習経験者の韓国イメージは、マスコミ報道、韓国に関する人物、大衆文化というさまざまな観点から形成されている。

3) 未学習者の韓国イメージは、もっぱらマスコミや書物からの情報によっており、情報が限定的かつ受動的である。

4.2 韓国イメージと日本イメージ

イメージ形成に関わる要素については、韓国調査でも日本について同様な質問を行った。ここでは、日本調査と韓国調査の結果を比べてみる。図4は、日本調査(韓国のイメージ)と韓国調査(日本のイメージ)の結果を示したものである。両方の調査とも学習経験者と未

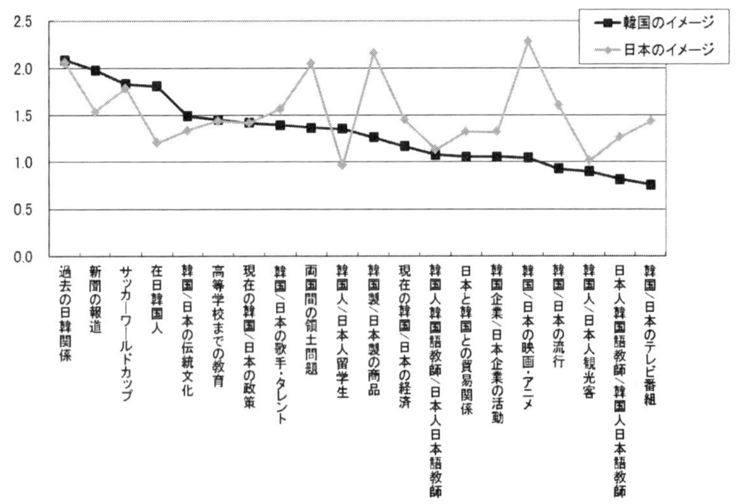

図4 イメージ形成に関わる要素(日本調査と韓国調査の結果)

学習者を合わせた数値を示し、項目の順番は日本調査で数値が高かった順になっている。なお、図4の項目名が「韓国/日本の伝統文化」などとなっているが、日本調査では「韓国の伝統文化」、韓国調査では「日本の伝統文化」となっていたものを合わせて示している。

図4でわかるように、韓国調査では「日本の映画・アニメ」「日本製の商品」の項目で数値が高く、日本調査の項目「韓国の映画・アニメ」「韓国製の商品」と大きな差がある。さらに、韓国調査の「日本の流行」「日本のテレビ番組」の項目も日本調査と大きな差がある。韓国では日本の大衆文化や製品が日本イメージの形成に大きな影響を持っているようである。

もう一つ注目される点は、「両国間の領土問題」で韓国調査と日本調査の差が大きいことである。最近起こった竹島(韓国名「独島」)をめぐる日韓両国の反応の違いも、このような領土問題に対する関心の差が背景にあるのかもしれない。このほか、日韓関係に関連する「現在の韓国/日本の政策」「日本と韓国との貿易関係」「韓国企業/日本企業の活動」でも少し差がある。また、歴史に関わる「過去の日韓関係」は日本調査と同様、韓国調査でも数値が高い。これらのことから、韓国では、政治、歴史、経済など様々な分野での日韓関係が日本のイメージ形成にかなり影響を及ぼしていると見られる。一方、日本調査では、「過去の日韓関係」の数値が高く、歴史的な日韓関係がイメージ形成に大きな影響を与えている点は韓国調査と同じである。しかし、政治・経済に関する日韓関係については、関連する項目の数値が韓国に比べ全体的に低く、韓国ほど大きな影響力は持っていないようである。

このほか、図4を見ると、韓国調査の方が全体的に数値が高い。これについては、韓国調査の方が学習経験者が多いためなのか、韓国大学生の日本に対する関心が高いためなのか、現段階では判断できない。さらに調査が必要であろう。

なお、韓国調査でも日本語学習者経験者と未学習者に分けて回答傾向を見たところ、学習経験者が未学習者よりイメージ形成において幅広い分野の影響を受けており、この点は日本での調査と同じであった。

このほか、今回の調査では、「韓国」「日本」とは別に「韓国人」「日本人」に対するイメージについても質問してみたが、結果は韓国/日本に対するイメージとほぼ同じであった。今回調査した大学生たちの場合、国と人に対してほぼ同じようなイメージを持ち、イメージ形成においても同じような事柄の影響を受けていると見られる。

5. 韓国語学習の動機と韓国語の将来性

5.1 学習の動機

今回の調査ではイメージ形成に関する質問のほか、韓国語学習の動機についても質問した(質問票2.1a参照)。現在韓国語を学習している学生に、学習の動機を尋ねたところ、図5のような結果になった。韓国調査でも日本語学習者に学習の動機を尋ねており、その結果も合わせて図5に示した。なお、図5では、日本調査で回答が多かった順番に項目を並べている。項目名が「韓国/日本のことが知りたい」などとなっている場合は、図4と同様、日本調査では「韓国のことが知りたい」、韓国調査では「日本のことが知りたい」となっていた項目である。

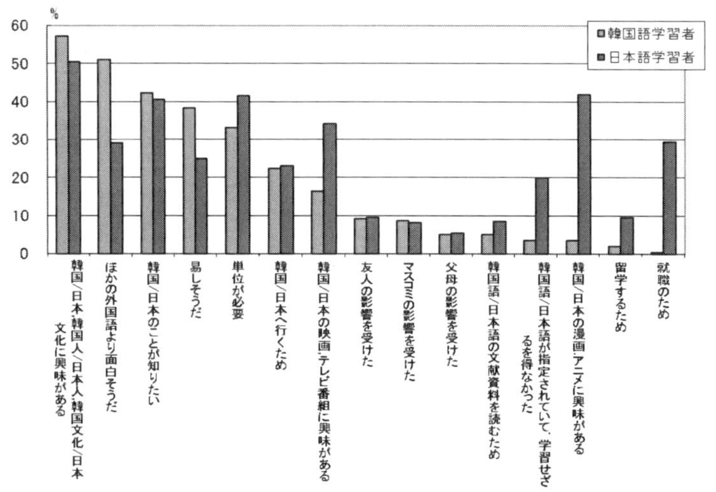

図5　国語・日本語学習動機(複数回答)(日本調査と韓国調査の結果)(数値は%)

まず、韓国語学習の動機を見ると、韓国(人、文化)に興味を持って、あるいは知りたくて、という国や人・文化に対する関心から学習した人がもっとも多い。さらに、韓国語がおもしろそう、簡単そうという韓国語自体に対する関心も大きな動機となっている。韓国(人・文化)と韓国語に対する関心が韓国語学習のもっとも大きな理由だと言えよう。

一方、日本語学習の理由を見ると、韓国語と同様、日本という国や人・文化に対する関心が大きな理由になっている。しかし、日本語自体に対する関心は韓国語の場合ほど高くない。日本語学習の動機で韓国語学習の場合と大きく異なるのは、漫画やアニメーション、映画やテレビという大衆文化に興味を持って学習している学生が多い点である。前の節で日本でも韓国でも相手の国の大衆文化がそれぞれの国や人に対するイメージの形成に大きな影響を与えていることを指摘した。韓国では、日本の大衆文化がイメージ形成に影響を与えるだけでなく、日本語学習の大きな動機になっている。韓国の大学生と日本、日本語の関係において、日本の大衆文化が非常に大きな影響要因となっていることが分かる。一方、日本の大学生の場合、韓国の大衆文化に対する興味は韓国の日本語学習者ほど高くない。韓国の大衆文化は、韓国・韓国人に対するイメージ形成では大きな影響があるが、それ自体を積極的に知ろうとするまでには至っていないと言えよう。ただし、最近日本では、韓国映画やテレビドラマが話題になることが多く、今後は積極的に興味を持つ若者も増えるのではないかと思われる。

このほかに、韓国の日本語学習者では「就職のため」という理由を挙げた人が多い。この点も日本の韓国語学習者と異なる。韓国では日本語能力が仕事上のプラスとみなされるのに対し、日本では韓国語能力がはっきりした利点と評価されないことが原因であろう。

今回の日本調査では、韓国語学習の未経験者に韓国語を学習しない理由も尋ねてみた(質問票2.2a参照)。学習しない理由でもっとも多かったのは、「他に勉強したい外国語がある」(48.9%)であり、次に「将来、韓国語を使う仕事をする可能性は低いと思う」(38.8)、「私の学科では韓国語を履修しなくてもよい」(36.7)という回答が多かった。同じ回答者に現在学んでいる言語について、その言語の学習理由も尋ねてみたところ、「将来、その言葉を使う仕事をする可能性が高いと思う」と答えた人が多くいた。このことから、日本の大学生の中にも将来のことを考えて外国語を選択している者がかなりいることがわかる。

5.2 将来性

さらに、今回の調査では、学生たちに「韓国語を勉強して将来役立つと思うか」という質問もした(質問票1.9参照)。結果は表2のようになった。この質問に対しては、学習経験者はもちろん、未学習者でも役に立つという回答が多い。役に立つと答えた人には、さらに、どのような役に立つかという質問をした(質問票1.9a参照)。韓国調査でも日本語について同様の質問をしているので、その結果も合わせて図6に示す。この質問は複数回答可なので、各項目の数値は全体のうちその項目を選択した人の割合を示している。

表2 韓国語は将来役に立つか(数字は%)

	はい	いいえ
学習者	68.9	24.4
未学習者	50.0	41.2

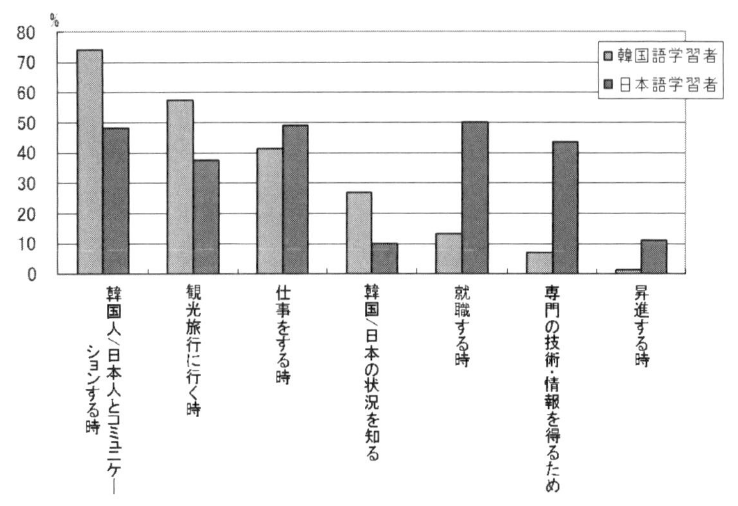

図6　韓国語/日本語は何の役に立つか(日本調査と韓国調査の結果)

まず、日本調査の結果から見ていく。韓国語学習経験の有無で回答結果が大きく違うことはなく、ここでは両者をまとめて示している。日本調査では、韓国語が韓国人とのコミュニケーションや観光に役立つと見る人が多く、就職や昇進という自分の人生設計と直接結びつけて考える人は少ない。韓国の状況や情報を得るためという回答も少ない。これらの回答傾向を見ると、回答が多いコミュニケーションや観光は必ずしも高い韓国語能力を要しない項目であるのに対し、回答が少ない状況把握、情報獲得、就職は高い韓国語能力を要求される。つまり、それほど高い韓国語能力がなくてもよい項目で数値が高くなっている。言い換えれば、今回の日本の学生たちは、自分が高い韓国語能力を身につけることを前提としていないのである。学生たちは、韓国語の高い能力を持つことが将来役に立つというより、韓国語を知っていること自体が将来役に立つと考えているようである。

一方、韓国調査では、仕事、就職、情報収集という実用的でかつ高い能力を求められる項目で数値が高い。特に、就職、情報収集の項目は日本調査よりかなり高くなっている。日本人とのコミュニケーションも高い数値であるが、日本調査に比べるとかなり低くなっている。韓国の学生たちは、自分たちが高い日本語能力を身につけるとともに、その日本語が実用的な面で役立つことを想定していると言えるだろう。

なお、今回の調査では日本と韓国の学生が目標とする韓国語/日本語能力についても尋ねた(質問票2.5参照)。質問票では会話・聴解・読解・作文の各分野について将来どのくらいできれば満足かを質問した。韓国の学生のうち、日本で韓国語を学習している学生と同程度の時間数で勉強しているのは、教養日本語の受講者である。その両者の結果を示したのが図7~10で、数値はいずれも%である。

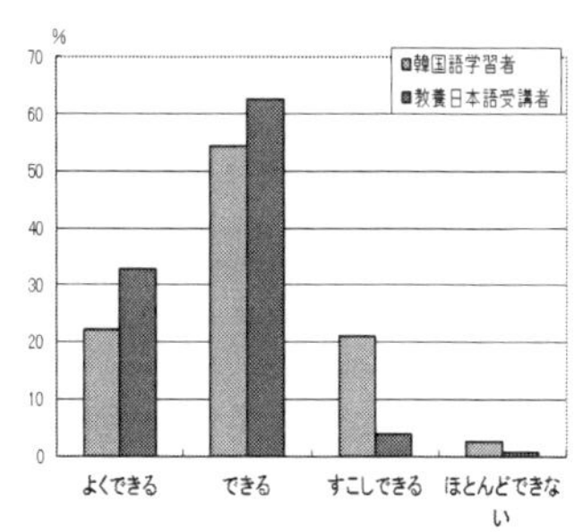

図7　韓国語/日本語 将来の会話能力

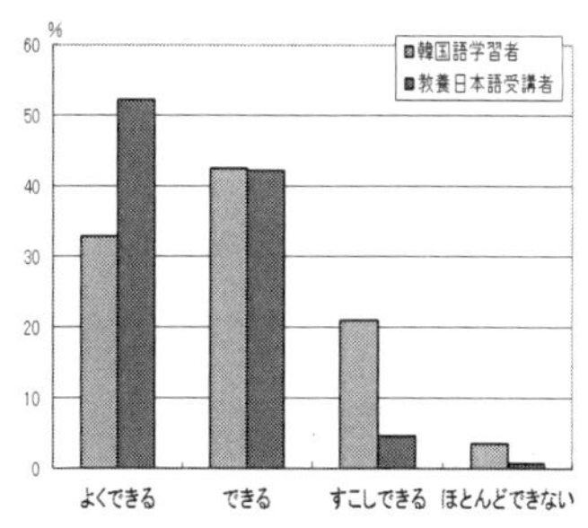

図8　韓国語/日本語 将来の聴解能力

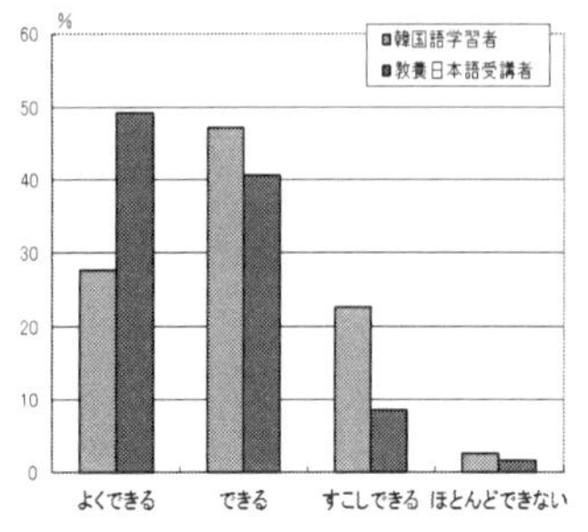

図9　韓国語/日本語 将来の読解能力

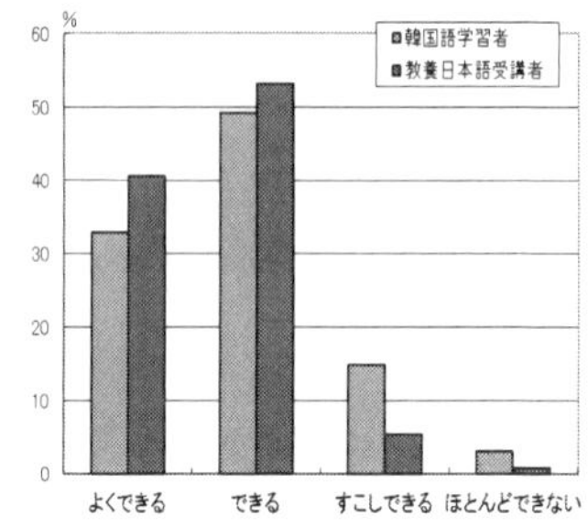

図10　韓国語/日本語 将来の作文能力

図からわかるように、両者の将来目標とする水準には少し違いが見られる。「よくできる」「できる」「すこしできる」という選択肢のうち、日本の学生は各分野とも「できる」を選択した学生がもっとも多く、韓国の学生の場合は、会話以外は「よくできる」がもっとも多く、会話でも日本の学生より「よくできる」「できる」の数値が高い。この結果からも、韓国の学生は日本の学生より高い能力を身につけようとしていることがわかる。

以上述べたことをまとめると、次のようになる。

1) 日本の学生たちの場合、韓国(人・文化)と韓国語に対する関心が韓国語学習のもっとも大きな理由になっている。一方、韓国の学生の場合、日本(人・文化)のほか、日本の大衆文化への関心が日本語学習の大きな理由になっている。

2) 韓国では、日本の大衆文化がイメージ形成に影響を与えるだけでなく、日本語学習の大きな動機になっているが、日本では、韓国の大衆文化に対する興味は韓国の日本語学習者ほど高くない。

3) 日本の学生は、韓国語の高い能力を持つことが将来役に立つというより、韓国語を知っていること自体が将来役に立つと考えている。一方、韓国の学生たちは、自分たちが高い日本語能力を身につけるとともに、その日本語が実用的な面で役立つことを想定している。

6. おわりに

本稿では、日本の大学生に行ったアンケート調査をもとに韓国・韓国人に対するイメージ形成と韓国語学習の関連性、さらに韓国語学習の動機や韓国語に対する将来性について論じた。考察に際しては、韓国で行った同様の調査を参照し、韓国での日本・日本人のイメージや日本語学習との違いについても触れた。

最後に、今回のアンケート調査に協力していただいた日本、韓国の学生諸君、授業担当の先生方、結果集計を手伝ってくれた千恵蘭さんと李光輝さんに、改めて感謝申し上げる。

参考文献

IAKLE日本支部(1995)「일본에 있어서의 Korean Language 교육의 실태 조사」,『한국어교육』5, The International Association for Korean Language Education

生越直樹(1996)「日本における韓国語教育の現状と問題点」,『日本学報』37, 韓国日本学会

生越直樹(2002)「일본 대학에 있어서의 한국어 교육과 교수법」,『국제한국어교육학회 제12차 국제학술대회 외국어로서의 한국어 교수법의 현재와 미래』(発表論文集), The International Association for Korean Language Education

生越直樹(2002)「東京大学における韓国語の教育・研究」,『東京大学・ソウル大学校フォーラム2002 東京大学における韓国学の教育と研究 -その過去・現在・未来』(発表論文集), 東京大学大学院人文社会系研究科 韓国朝鮮文化研究室

生越直樹(2004)「한국, 한국인에 대한 이미지 형성과 한국어 학습」,『한국언어문화학』Vol.1 No.2, 国際韓国言語文化学会

齊藤明美(2003)『한국, 대만에서의 일본어교육현황 및 일본에서의 한국어교육현황 고찰 ―어학교육을 위한 언어적, 문화적 배경 기초조사를 중심으로― 基礎資料(韓国篇)』

〈付録〉アンケート調査票(日本調査)

韓国及び韓国語に関するアンケート調査

調査責任者 東京大学大学院総合文化研究科 生越直樹(03-5454-6339)

このアンケート調査は日本の大学生を対象にしています。内容は,韓国,韓国人,韓国語に対するイメージ調査,及び具体的な韓国語学習に関する事柄です。
正しいとか間違っているということはありませんので,感じられたとおりに気楽に答えてください。

◎ 最初に，あなたご自身のことについて少し教えてください。
______________の部分に書き入れるか,該当する部分・番号に○を付けてください。

0-1. 所属　大学　学部　学科/学類　年
0-2. 年令　才 性別(男,女)
0-3. 国籍(日本,韓国・朝鮮，その他)
0-4. 出生地 日本(______________都道府県____________市町村区),
外国(______________________)
0-5. 家族に韓国語を話せる人がいますか。(はい　いいえ)
0-6. 韓国人の先生に韓国語を教わったことがありますか。 (はい　いいえ)
0-7. 韓国人の知り合いがいますか。(はい　いいえ)
0-8. 今まで韓国語を学習したことがありますか。(はい　いいえ)
(はいと答えた人)
0-8a. 学習期間はどのくらいですか。
1.半年未満　2. 半年以上1年未満　3. 1年以上2年未満　4. 2年以上
0-8b. いつ学習しましたか。
1.小学校以前　2.小学校時代　3.中学校時代　4.高校時代　5.大学入学後

◎ 次の質問に答えてください。

[韓国, 韓国人, 韓国語のイメージについて]

1-1. あなたは**韓国**に対してどんなイメージを持っていますか。(○を付けてください)

1. とてもよい。　2. よい。　3. 特に他の国と変らない。
4. 悪い。　5. かなり悪い。

1-2. 以下の各事項は,あなたの**韓国**に対するイメージ形成にどのくらい大きな影響を与えていますか。各事項ごとに,影響の度合を一つずつ選び, □に✓を書き入れてください。

(1) 過去の日韓関係	大□	中□	小□	無□
(2) 韓国の伝統文化	大□	中□	小□	無□
(3) 韓国の映画,アニメ	大□	中□	小□	無□
(4) 韓国の流行	大□	中□	小□	無□
(5) 韓国人観光客	大□	中□	小□	無□
(6) 新聞の報道	大□	中□	小□	無□
(7) 高等学校までの教育	大□	中□	小□	無□
(8) 韓国のテレビ番組	大□	中□	小□	無□
(9) 現在の韓国の経済	大□	中□	小□	無□
(10) 日本と韓国との貿易関係	大□	中□	小□	無□
(11) 韓国の歌手,タレント	大□	中□	小□	無□
(12) 韓国人韓国語教師	大□	中□	小□	無□
(13) 日本人韓国語教師	大□	中□	小□	無□
(14) 韓国製の商品	大□	中□	小□	無□
(15) 両国間の領土問題	大□	中□	小□	無□
(16) 現在の韓国の政策	大□	中□	小□	無□
(17) 韓国企業の活動	大□	中□	小□	無□
(18) 韓国人留学生	大□	中□	小□	無□
(19) サッカーワールドカップ	大□	中□	小□	無□
(20) 在日韓国人	大□	中□	小□	無□
(21) 韓国と北朝鮮の関係	大□	中□	小□	無□
(22) 日本と北朝鮮の関係	大□	中□	小□	無□
(23) 北朝鮮に関する報道	大□	中□	小□	無□

1-3. あなたは**韓国人**に対してどんなイメージを抱いていますか。(○を付けてください)

1. とてもよい。　2. よい。　3. 特に他の国と変らない。
4. 悪い。　5. かなり悪い。

1-4. 以下の各事項は,あなたの**韓国人**に対するイメージ形成にどのくらい大きな影響を与えていますか。各事項ごとに影響の度合を一つずつ選び,□に✓を書き入れてください。

(1) 過去の日韓関係	大□	中□	小□	無□
(2) 韓国の伝統文化	大□	中□	小□	無□
(3) 韓国の映画,アニメ	大□	中□	小□	無□
(4) 韓国の流行	大□	中□	小□	無□
(5) 韓国人観光客	大□	中□	小□	無□
(6) 新聞の報道	大□	中□	小□	無□
(7) 高等学校までの教育	大□	中□	小□	無□
(8) 韓国のテレビ番組	大□	中□	小□	無□
(9) 現在の韓国の経済	大□	中□	小□	無□
(10) 日本と韓国との貿易関係	大□	中□	小□	無□
(11) 韓国の歌手,タレント	大□	中□	小□	無□
(12) 韓国人韓国語教師	大□	中□	小□	無□
(13) 日本人韓国語教師	大□	中□	小□	無□
(14) 韓国製の商品	大□	中□	小□	無□
(15) 両国間の領土問題	大□	中□	小□	無□
(16) 現在の韓国の政策	大□	中□	小□	無□
(17) 韓国企業の活動	大□	中□	小□	無□
(18) 韓国人留学生	大□	中□	小□	無□
(19) サッカーワールドカップ	大□	中□	小□	無□
(20) 在日韓国人	大□	中□	小□	無□
(21) 韓国と北朝鮮の関係	大□	中□	小□	無□
(22) 日本と北朝鮮の関係	大□	中□	小□	無□
(23) 北朝鮮に関する報道	大□	中□	小□	無□

1-5. あなたは**韓国語**に対してどんなイメージを持っていますか。

(各項目ごとに一つを選んで○を付けてください。)

(1) ぞんざい	丁寧	どちらでもない
(2) 汚ない	きれい	どちらでもない
(3) 乱暴	おだやか	どちらでもない
(4) 嫌い	好き	どちらでもない
(5) 重苦しい	軽快	どちらでもない
(6) 聞きとりにくい	聞きとりやすい	どちらでもない
(7) 非能率的	能率的	どちらでもない
(8) くどい	あっさりしている	どちらでもない
(9) 遅い	速い	どちらでもない
(10) 固	柔らかい	どちらでもない
(11) 難しい	易しい	どちらでもない
(12) 大声で話す	小声で話す	どちらでもない

1-6. 韓国へ行ったことがありますか。

1. ある　　2. ない

(1.を選んだ人(韓国に行ったことのある人)だけ答えてください)

1-6a. 韓国へ行った目的は何ですか。(複数選択可)

① 観光　② 語学研修　③ 交流プログラム　④ 親族訪問

⑤ その他(　　　　　　)

1-6b. 一番長く滞在した期間はどのくらいですか。(　　　　　　)

1-7. 将来(また)韓国に行ってみたいですか。

1. はい　　2. いいえ　　3. どちらでもいい

(1.を選んだ人(また行きたい人)だけ答えてください)

1-7a. その理由は何ですか。(複数選択可)

① 韓国のことをもっと知りたいから。　② 習った韓国語を使ってみたいから。

③ 興味があることを直接体験したいから。　④ 近い国だから簡単に行けそうだから。

⑤ 友人に会いたいから。　⑥ 韓国語を勉強したいから。

⑦ その他(　　　　　　)

1-8. 世界共通語は英語だと言われていますが,英語ができても韓国語が必要だと思いますか。

1. はい　2. いいえ　3. その他(　)

1-9. 韓国語を勉強して将来役に立つと思いますか。

1. はい　2. いいえ　3. その他(　)

(「1.はい」を選んだ人だけ答えてください)

1-9a. 具体的にどのような点で役立つと思いますか。(複数選択可)

① 仕事をする時　② 就職する時　③ 観光旅行に行く時

④ 韓国の状況を知るため　⑤ 韓国人とコミュニケーションする時

⑥ 専門の技術,情報を知るため　⑦ 昇進する時

⑧ その他(　)

1-10. あなたは今後どの外国語を勉強すれば役に立つと思いますか。
役に立つと思う順に3つ書いてください。

(1)________________　(2)________________　(3)________________

[韓国語学習について]

2-1. あなたは韓国語を勉強したことがありますか。

a. 現在学んでいる　→ **2-1aへ**

b. 以前学んだことがある　→ **2-1bへ**

c. 一度も学んだことがない → **2-1cへ**

2-1a. (**2-1.でa.を選んだ方**(学んでいる方)**に質問します。**)韓国語を学習している理由は何ですか。(複数選択可)

a. 韓国のことが知りたい。　b. ほかの外国語より面白そうだ。

c. 易しそうだ。　d. 韓国,韓国人,韓国文化に興味がある。

e. 韓国語が指定されていて,学習せざるを得なかった。

f. マスコミの影響を受けた。　g. 友人の影響を受けた。

h. 父母の影響を受けた。　i. 韓国の映画,テレビ番組に興味がある。

j. 韓国の漫画・アニメに興味がある。　k. 韓国語の文献資料を読むため。

l. 韓国へ行くため。　m. 単位が必要.
n. 就職のため。　o. 留学するため。
p. その他（　　　　　　　　　　　　　　）

2-1b. (**2-1. でb. を選んだ方**(以前学んだ方)**に質問します。**)韓国語の学習をやめた理由は何ですか。(複数選択可)

a. 韓国に興味がなくなった。　b. 韓国語は面白くなかった。
c. 韓国語は難しかった。　d. 韓国,韓国文化はつまらなかった。
e. 現在は韓国語を履修しなくてもよくなった。　f. マスコミの影響を受けた。
g. 友人の影響を受けた。　h. 父母の影響を受けた。
i. 韓国語を勉強しても希望する就職はできないと思う。
j. 将来,韓国語を使う仕事をする可能性は低いと思う。
k. 自分の研究では韓国語の文献資料を読む必要がない。
l. 日本社会にとって韓国語は以前ほど重要な言語ではない。
m. もう必要な外国語の単位を取得した。　n. 韓国,韓国人が嫌いになった。
o. 単位がとれなかった。　p. 韓国に行く必要がない。
q. その他（　　　　　　　　　　）

2-1c. (2-1. でc. を選んだ方(学んだことのない方)に質問します。)韓国語の学習をしない理由は何ですか。(複数選択可)

a. 韓国に興味がない。　b. 韓国語は面白くなさそうだ。
c. 韓国語は難しそうだ。　d. 韓国文化が嫌いだ。
e. 私の学科では韓国語を履修しなくてもよい。　f. マスコミの影響を受けた。
g. 友人の影響を受けた。　h. 父母の影響を受けた。
i. 韓国語を勉強しても希望する就職はできないと思う。
j. 将来,韓国語を使う仕事をする可能性は低いと思う。
k. 自分の研究では韓国語の文献資料を読む必要がない。
l. 日本社会にとって韓国語は重要な言語ではない。
m. 他に勉強したい外国語がある。　n. 韓国,韓国人が嫌いだ。
o. 韓国の漫画・アニメに興味がない。　p. 韓国のテレビ番組は面白くない。
q. 韓国に行く必要がない。　r. その他(　　　　　　　　　　)

2-2. **(現在韓国語を履修していない人に質問します。)**

あなたが現在,英語以外に学んでいる外国語は何ですか。もし複数ある場合は,
もっとも熱心に学んでいる言葉を一つだけ選んでください。

a. ドイツ語　b. フランス語　c. スペイン語　d. ロシア語　e. イタリア語
f. アラビア語　g. 中国語　i. その他(　　　　　　　　)

2-2a. あなたがその言語を学ぼうと思ったのはなぜですか。(複数選択可)

a. その言葉を使う国に興味がある。　b. 面白しろそうだ。
c. 易しそうだ。　d. いろいろな外国語の学習に興味がある。
e. 私の学科ではその外国語を履修しなければならない。
f. マスコミの影響を受けた。　g. 友人の影響を受けた。
h. 父母の影響を受けた。　i. その言葉を勉強すると就職の時に有利だ。
j. 将来,その言葉を使う仕事をする可能性が高いと思う。
k. 自分の研究ではその言葉で書かれた文献資料を読む必要がある。
l. 日本社会にとってその外国語は重要な言語だ。
m. 今はあまり重要ではないが,将来は重要な言語になりそうだ。
n. その国の文化に興味がある。
o. その国の製品が好きだ。　p. その国に行くため。
q. 特に理由はない。　r. その他 (　　　　　　　　)

◎ 現在韓国語を履修していない人は,これで終りです。
ここからの質問には現在韓国語を学習している人のみ答えてください。

2-3. 韓国語を学習する事によって韓国語に対するイメージが変わりましたか。

1. はい　2. いいえ

2-4. 英語と比べて韓国語はどんな言語だと思いますか。

1. 英語より難しい。
2. 英語と比べて特に変わりはない。難しくも易しくもない。
3. 英語より易しい。

2-5. 現在, 自身の韓国語の能力で何ができると思いますか。また将来, 韓国語がどのくらいできれば満足ですか。((　　)の中に該当するアルファベットを記入してください。)

(1) 韓国語の会話について

現在の程度 (　　　　　)　　将来の希望 (　　　　　)

a. よくできる(専門的な討論ができる)　　b. できる(韓国で一人で旅行ができる)

c. すこしできる(韓国語で買物ができる)　d. ほとんどできない

(2) 韓国語の聴解について

現在の程度 (　　　　　)　　将来の希望 (　　　　　)

a. よくできる(テレビを見たり, ラジオを聴いた時,内容が十分に理解できる程度)

b. できる(テレビドラマで言っている内容がおおよそわかる)

c. すこしできる(テレビドラマの内容がすこし理解できる)

d. ほとんどできない

(3) 韓国語の読解について

現在の程度 (　　　　　)　　将来の希望 (　　　　　)

a. よくできる(辞書を引かずに小説が読める)

b. できる(辞書を引かずに新聞が読める)

c. すこしできる(辞書を引きながら新聞が読める)

d. ほとんどできない

(4) 韓国語の作文について

現在の程度 (　　　　　)　　将来の希望 (　　　　　)

a. よくできる(レポートが書ける)　　b. できる(メールが書ける)

c. すこしできる(簡単なメモが書ける)　d. ほとんどできない

2-6. あなたにとって韓国語で難しいのは下のどれですか。(複数選択可)

a. 会話　b. 聴解　c. 読解　d. 作文　e. その他(　　　　　)

2-7. 韓国語を学習する時,あなたにとって難しいのは何ですか。(複数選択可)

a. ハングル文字　b. 発音　c. イントネーション　d. 分かち書き
e. 正書法・綴り　f. 単語　g. 接続語尾　h. 文末語尾　i. 時制　j. 助詞
k. 外来語　l. 漢字語　m. 変則(変格)動詞　n. 敬語　o. 韓国語らしい表現
p. インフォ　マルな会話　q. フォーマルな会話　r. その他(　　　　　)

2-8. あなたにとって韓国語で易しいのは下のどれですか。

a. 会話　b. 聴解　c. 読解　d. 作文

2-9. 韓国語を学習する時,あなたにとって易しいのは何ですか。(複数選択可)

a. ハングル文字　b. 発音　c. イントネーション　d. 分かち書き
e. 正書法・綴り　f. 単語　g. 接続語尾　h. 文末語尾　i. 時制　j. 助詞
k. 外来語　l. 漢字語　m. 変則(変格)動詞　n. 敬語　o. 韓国語らしい表現
p. インフォ　マルな会話　q. フォーマルな会話　r. その他(　　　　　)

2-10. 韓国語を学習する時,具体的にはどのような方法で学習しますか。(複数選択可)

a. 韓国語の教科書を暗記する　b. 授業を大切にする　c. 授業の予習, 復習をする
d. 韓国の書物・新聞を読む　e. カセットテープ,CDを聴く　f. ビデオテープを見る
g. ラジオを聴く　h. テレビを見る　i. 韓国人と会話をする
j. テレビゲームをする　k. 漫画を読む　l. 韓国の歌をうたう
m. 語学学校に行く　n. 韓国への旅行　o. 韓国語で文通をする
p. インタ　ネットをする　q. その他(　　　　　)

2-11. いままでやってみた韓国語学習法の中で役に立った方法は何ですか.

(2　10のa~qの中から3つ選んでください。)

(1)________________　(2)________________　(3)________________

2-12. 韓国語の授業に望む内容(授業で学びたい内容)や方法は何ですか。

(3つ選択してください。)

(1) 内容

a. 会話　b. 聴解　c. 作文　d. 読解
e. 文法　f. 翻訳　g. 発音　h.その他(　　　　　)

(2) 方法 - 韓国人の先生に教わるとすればどういうふうに教えてもらいたいですか。望む方法はどんな方法ですか。(5つ選択してください)

a. クイズやゲームを多く取り入れてほしい。　b. 歌を教えてほしい。
c. 漫画や絵などを使って教えてほしい。　d. ビデオを使って教えてほしい。
e. 韓国語だけで授業してほしい。　f. 教科書に忠実に教えてほしい。
g. 母国語の翻訳をたくさん入れてほしい。　h. 文法をしっかり教えてほしい

i. 会話中心に授業をしてほしい　j. 書きことば中心の授業をしてほしい
k. 作文ができるように教えてほしい　l. 文型練習をたくさんしてほしい
m .読解中心の授業をしてほしい　n. 聴解中心の授業をしてほしい
o. 韓国の生活,文化を教えてほしい　p. 韓国の社会について教えてほしい
q. 韓国の政治,経済を教えてほしい
r. 韓国人とコミュニケ　ションができるようにしてほしい
s. その他(　　　　　　　　　　　　　　　)

(3) 方法 - 日本人の先生に望む方法はどんな方法ですか。(5つ選択してください)
a. クイズやゲームを多く取り入れてほしい。　b. 歌を教えてほしい。
c. 漫画や絵などを使って教えてほしい。　d. ビデオを使って教えてほしい。
e. 韓国語だけで授業してほしい。　f. 教科書に忠実に教えてほしい。
g. 母国語の翻訳をたくさん入れてほしい。　h. 文法をしっかり教えてほしい。
i. 会話中心に授業をしてほしい。　j. 書きことば中心の授業をしてほしい。
k. 作文ができるように教えてほしい。　l. 文型練習をたくさんしてほしい。
m. 読解中心の授業をしてほしい。　n. 聴解中心の授業をしてほしい。
o. 韓国の生活,文化を教えてほしい。　p. 韓国の社会について教えてほしい。
q. 韓国の政治,経済を教えてほしい。
r. 韓国人とコミュニケ　ションができるようにしてほしい。
s. その他(　　　　　　　　　　　　　　　)

2-13. 家で韓国語を学習する時に,何に重点を置いて学習していますか。
(2つ選択してください)
a. 会話　b. 聴解　c. 読解　d. 発音　e. 単語　f. 作文
g. 文法　h. その他(　　　　　　　　　　　　　　　)

2-14. 韓国語の学習をする時,現在のあなたの学習環境で問題があるとすれば,
どんな点ですか。(複数選択可)
a. 韓国語の新聞がない　b. 韓国語関係のカセットテ　プ,CDが少ない
c. 一クラスの学生数が多い　d. 韓国語教材の種類が少ない
e. 韓国人の先生が少ない　f. 授業時間数が少ない。
g. クラス以外では使うチャンスがない　h. その他(　　　　　　　　　　)

2-15. 大学を卒業した後,韓国語を使って何かしたいと考えていますか。

a. 大学院に進学したい　b. 留学したい　c. 翻訳家になりたい

d. 通訳になりたい　e. 観光旅行をしたい

f. 仕事上韓国語を必要とする会社に就職したい

g. 入社試験に韓国語が必要な会社に就職したい

h. 娯楽(ゲーム)　i. 情報収集　j. 特になし

k. その他(　　　　　　　　　　)

ご協力どうもありがとうございました。

第3章 日本における韓国語学習者の韓国, 韓国人, 韓国語に対するイメージ変化

齊藤良子

1. はじめに

近年、日本の大学において、韓国語学習者が増加しており、英語以外の語学としてメジャーな第二外国語の一つとしての立場を確立しつつあると考えられる。日本の韓国語学習者は様々な動機から韓国語を選択し、学んでいるが、彼らは韓国、韓国人、韓国語についてどのようなイメージをもっているのだろうか。そして、そのイメージは韓国語を学習することによって変化するのであろうか。また、もし変化するとすればどのように変化するのであろうか。本研究では韓国語学習者がもっている韓国、韓国人、韓国語に対するイメージと学習経験による変化を明らかにすることを目的とし、2008年6月にイメージ調査(以下「前期調査」)と、同年12月にイメージ変化調査(以下「後期調査」)の計2回、質問紙を用いた調査を行い、その結果を分析した。本研究では、まず最初に、韓国、韓国人、韓国語に対するイメージ研究の先行研究について言及し、次に、前期調査から明らかになった初級韓国語学習者の韓国、韓国人、韓国語に対するイメージ調査の結果を論じ、最後に、後期調査から明らかに

なった初級韓国語学習者の学習経験による韓国、韓国人、韓国語に対するイメージ変化について論じる。

2. 先行研究

韓国、韓国人、韓国語についてのイメージの先行研究としては纓坂(2008)、韓国語学習者のイメージ研究は、오고시(生越)(2004)、生越(2006)、金(2004, 2006)、林炫情・姜姫正(2007)がある。また、韓国、韓国人に対するイメージ変化については、長谷川(2005, 2011)がある。

纓坂(2008)は、韓国語学習経験の有無にかかわらず、大学生と成人を調査対象者とし、韓国のイメージとその要因について調査した。その結果、大学生の韓国イメージは食べ物、スポーツ等、また、黒髪等の身体的特徴にとどまり、韓国人イメージは肯定的ではあったが、単純で表層的であったことを明らかにした。

次に、韓国語学習者と未学習者の韓国、韓国人、韓国語に対するイメージの違いについては次のような研究がある。

오고시(2004)は、日本の大学で調査を行った結果、韓国語学習者の方が未学習者よりも韓国や韓国人に良い印象をもっていること、その印象の要因として、国の印象はマスコミの報道、人の印象には韓国の大衆文化が大きく影響していることを明らかにした。

生越(2006)は、日本人大学生の韓国語学習者を対象に、韓国と韓国語に関するイメージ調査を行った。その結果、오고시(2004)同様、学習経験者の方が未学習者に比べ良いイメージをもっていること、

マスコミの報道が韓国のイメージ形成に大きな影響を与えていること、韓国文化や韓国人が韓国語学習の動機になっていることを明らかにした。

金(2004,2006)では、大学、韓国学校、文化センターで韓国語を学んでいる学習者を対象に日本における外国語としての韓国語の教育状況と韓国語学習者の意識の実態について考察した。その結果、言葉のイメージ調査において、韓国語に対して「親しみやすい」「能率的」「好き」というイメージをもっていることを明らかにした。

林炫情・姜姫正(2007)は、日本の大学で韓国語・朝鮮語の授業、または韓国・朝鮮文化論を受講している学生を対象にアンケート調査を行い、韓国語学習者の多くは、韓国語に対し「好き」「親しみやすい」というイメージをもっていることを明らかにした。

韓国、韓国人イメージ変化については、長谷川(2005,2011)がある。

長谷川(2005)は、質問紙調査により韓国ドラマ「冬のソナタ」の視聴行動と視聴者の韓国人に対する態度変容の関係について質的・量的に分析を行った。その結果、韓国人に対するイメージはドラマ視聴によって好転し、韓国人に対する関心も高まり、日本での韓国ドラマの放映は両国間の異文化コミュニケーションの観点から望ましい結果を生んでいることを明らかにした。

長谷川(2011)では、日本人大学生がもつ韓国人に対するイメージが韓国のドラマを視聴することによってどのように変化するのかを調査した。その結果、ドラマ視聴前の調査における韓国人に対するイメージは、全体的に食べ物やテレビでみた街並み等の表層的なものと、韓流ドラマの流行に伴って生じた新しいイメージが混在しているものが中心であった。一方、ドラマ視聴後の調査では、長谷川(2005)同様、韓国の文化的特徴についての理解が深まり、親近感が増した結果、「韓国や韓国人への肯定感が増加した」ことを明らかにした。

3. 目的

本研究は、韓国語学習者のもっている韓国、韓国人、韓国語に対するイメージとその変化について明らかにすることを目的とし2008年6月と同年12月に日本の大学で第二外国語として初級韓国語を学習している日本人学習者を対象とし、韓国、韓国人、韓国語に対するイメージ調査とその変化に関する調査を実施し、調査分析を行った。

4. 方法

4.1 調査参加者

本研究では、イメージの変化を明らかにするために、大学で第二外国語として初級韓国語を学習している大学生を対象として調査を行った。これは、学習期間や学習方法が同じ学習者を対象とし、調査を実施するためである。また、日本では、韓国語を学ぶ多くの学習者は、専攻科目として韓国語を学ぶのではなく、英語以外の外国語、つまり第二外国語として韓国語を学ぶことの方が多い。そのため、より一般的な韓国語学習者がもっているイメージを明らかにするために、大学で第二外国語として学んでいる学習者を調査対象とした。

本研究の調査では、K大学で前期、後期をとおして同じ授業を受けている学習者を調査対象とした。調査は前期の6月と後期の12月の計2回実施した。調査参加者は、前期調査と後期調査の両方に参加した者も、どちらか片方だけに参加した者も分析対象者とした。これは、後期調査のみに参加した者であっても、調査を実施した初級韓国語の授業と同じ内容を、調査を実施しなかった初級韓国語の授業で学んでおり[1)]、学習内容や学習経験等において両方の調査に参加している者と後期調査のみ参加した者の間に差はなく、学習経験によるイメージ変化の調査を行うにあたり問題はないと考えたからである。

4.2 質問紙

本研究では、前期調査として「イメージ調査」、後期調査として「イメージ変化調査」を行った。まず、前期調査のイメージ調査質問紙には、SD(Semantic Differential)法を用いた。調査項目は、田中(1969)、岩下(1979,1983)を参考に予備調査を行い、前期調査は、韓国

1) 調査を行った大学は、半期ごとのセミスター制のカリキュラムであるため、同じテキストを用い同じ内容を教授する韓国語初級クラスが複数開講されており、後期に前期と異なるクラスに移動できるよう、前期に行う学習内容に目安がある。そのため、前期で調査を行わなかったクラスから、移動してきて後期調査だけに参加した学生であっても、前期調査に参加した学生と学習経験や内容はほぼ同じであるため、学習経験によるイメージの変化についての調査を行うにあたり問題はないと判断した。

についてのイメージ31項目、韓国人についてのイメージ31項目、韓国語についてのイメージ30項目で構成した。また、この質問紙は5点尺度法を用いた。

後期調査では、前期調査で用いたSD法をベースとし、独自に作成したイメージ変化質問紙を用いた。質問紙は、韓国、韓国人、韓国語に対するイメージがどのように変化したのかについて、韓国イメージ31項目、韓国人イメージ31項目、韓国語イメージ30項目で構成した。この質問紙は7点尺度法を用いた。各質問紙の詳細は各章で述べる。

5. 日本人韓国語学習者の韓国、韓国人、韓国語に対するイメージ

5.1 調査手続き

5.1.1 前期調査参加者

調査参加者は調査時にK大学で「朝鮮語初級」を受講していた日本人大学生39名である。39名は、男性14名、女性25名であり、平均年齢は18.9才(*SD*=.88)であった。調査参加者の学年は1年生から3年生で、1年生21名、2年生14名、3年生4名であった。前期調査の参加者は同年4月から大学で韓国語の文法の授業を週1度受講している。調査時の文法の習得内容は、ハングルが読めるようになり、基礎的な文法を理解できるようになったところである。

5.1.2 調査方法

K大学で筆者が担当した「朝鮮語初級」の授業時間内に質問紙を配布し、回答を求め、授業中に回収した。実施時間は30分程度であった。

この調査では、韓国語学習者を対象に「あなたが思う(韓国、韓国人、韓国語)のイメージ」について尋ねた。前期調査質問紙は、先に述べたとおり、SD法を用い、韓国についてのイメージ31項目、韓国人についてのイメージ31項目、韓国語についてのイメージ30項目で構成した。項目の回答形式は、各項目の左右に示されているイメージに関することばをもとに、「1.かなり右側のイメージ」「2.やや右側のイメージ」「3.どちらともいえない」「4.やや左側のイメージ」「5.左側のイメージ」の5点尺度法[2)]で答えてもらった。これは、評点が高ければ左側のイメージ、低ければ右側のイメージとなる。例えば、質問が「好きなイメージ:嫌いなイメージ」についてである場合、評点が高ければ「好きな」イメージ、評点が低ければ「嫌いな」イメージであると答えることになる。

5.1.3 分析方法

韓国、韓国人、韓国語についてのイメージ調査の結果を項目ごとに平均値と標準偏差を算出し、学習者がそれぞれに対してどのようなイメージをもっているのかを明らかにした。

2) 本調査では、調査紙の左右にイメージに関することばが書いてあり、調査参加者が左右どちらのイメージをもっているか答える、というSD調査紙の特徴を調査参加者にわかりやすく伝え、正確に答えてもらうために、「右のイメージ」「左のイメージ」という尺度を採用した。

因子分析は、主因子法、プロマックス回転で行った。固有値の減衰状況と因子の解釈可能性から因子を抽出した。因子構成要素としては、因子負荷量が.4以上の項目を採用した。その結果、韓国イメージは5因子、韓国人イメージは4因子、韓国語イメージは6因子が妥当であると考えられた。また、内的整合性を検討するためにα係数を算出したが、その結果は概ね十分な値が得られた。因子分析負荷量、および、α係数、因子相関、また項目ごとの平均値と標準偏差は、韓国イメージは表1、韓国人イメージは表2、韓国語イメージは表3に示す。

以下因子別に詳しく検討していく。その際、結果の数値は表のとおりであるが、項目ごとの平均値が3.5以上を「比較的高い」、4以上を「高い」と表現し、2.5以下を「比較的低い」、2以下を「低い」と表現した。また、3.5から2.5の間は「どちらともいえない」の範疇であるとし「明確なイメージがない」と表現した。なお、各項目番号は「Q○○」と表記する。

5.2 韓国のイメージ

5.2.1 因子分析の結果

前期韓国イメージ調査31項目について上記のとおり因子分析を行い、5因子が抽出された。第1因子は、好き、かっこいい、楽しい、よい、などに関する項目の因子負荷量が高いことから、「韓国好評価因子」と命名した(分散比は17.96%)。第2因子は、愛国心や、団結力、競争的、などに関する項目の因子負荷量が高いことから、「愛国心因子」と命名した(分散比は15.09%)。第3因子は、信頼できる、秩序を守る、伝統的な、などに関する項目の因子負荷量が高いことから、「忠誠性因子」と命名した(分散比は7.52%)。第4因子は、近代的、豊か、先進的、などに関する項目の因子負荷量が高いことから、「先進国性因子」と命名した(分散比は6.58%)。第5因子は、活気がある、せっかち、強い、などに関する項目の因子負荷量が高いことから、「活発性因子」と命名した(分散比は4.58%)。5因子の累積分散比は51.72%であった。以下因子ごとに詳しく検討していく。なお、因子分析負荷量、および、α係数、因子相関、また項目ごとの平均値と標準偏差は表1に示す。

5.2.2 韓国のイメージの結果と考察

韓国に対するイメージ調査の結果は次のとおりである。韓国好評価因子では、Q13、Q30、Q26の平均値が比較的高かった。愛国心因子では、Q11、Q10、Q12の平均値が高く、Q2の平均値が比較的高かった。忠誠性因子では、Q17の平均値が高く、Q5、Q27、Q24の平均値が比較的高かった。活発性因子では、Q9の平均値が比較的高かった。

この結果から、韓国語学習者は、韓国について、「好き(Q13)で、楽しい(Q30)、よい(Q26)国(韓国好評価因子)」「情熱的(Q2)で、愛国心(Q11)と、団結力が強く(Q10)、上下関係が厳しい(Q12)国(愛国心因子)」「伝統的(Q17)で、民主的な(Q5)国であり、近く(Q27)て、なじみのある(Q24)国(忠誠性因子)」「活気がある(Q9)国(活発性因子)」であるというイメージをもっていることが明らかになった。他方、先

表1　前期調査　韓国イメージ尺度の因子パターンおよび平均値(M)と標準偏差(SD)

項目	因子 I	II	III	IV	V	共通性	M	SD
I　韓国好評価　(α=.87)								
Q13.好きな:嫌いな	**.94**	.30	-.03	-.15	-.01	.77	3.69	.77
Q30.楽しい:楽しくない	**.85**	-.01	-.04	-.07	.04	.68	3.64	.74
Q26.よい:わるい	**.78**	.22	.22	-.02	-.09	.70	3.69	.73
Q14.かっこいい:かっこわるい	**.67**	-.13	.08	-.11	.27	.53	3.18	.68
Q16.おしゃれな:おしゃれじゃない	**.59**	.19	.07	.13	-.27	.46	3.03	.71
II　愛国心（α=.81)								
Q11.愛国心が強い:愛国心が弱い	.21	**.83**	.07	.10	-.23	.58	4.38	.75
Q10.団結力が強い:団結力が弱い	.25	**.63**	.11	.06	.08	.45	4.15	.78
Q29.陽気な:陽気でない	.25	**-.60**	-.17	-.04	.08	.45	3.05	.65
Q18.友好的な:敵対的な	.09	**-.60**	.19	.27	.28	.56	3.26	.82
Q2.情熱的な:冷静な	.23	**.58**	.07	.09	.26	.51	3.69	.89
Q12.上下関係が厳しい:上下関係が厳しくない	.14	**.54**	.16	.04	.16	.39	4.13	.80
Q19.協調的な:競争的な	.28	**-.50**	.20	.17	-.27	.73	2.97	.96
Q21.平和的な:攻撃的な	.42	**-.47**	.05	.21	-.01	.64	3.10	.85
III　忠誠性（α=.75)								
Q8.信頼できる:信頼できない	.17	.20	**.66**	.00	-.04	.52	3.28	.76
Q5.民主的な:非民主的な	-.19	-.06	**.58**	.34	-.07	.50	3.59	.88
Q7.秩序を守る:秩序を守らない	-.01	.21	**.58**	.16	.01	.44	3.41	.94
Q22.自立的な:依存的な	.54	.10	**-.57**	.01	.09	.43	3.38	.78
Q17.伝統的な:伝統的でない	.10	.00	**.53**	-.32	.24	.37	4.03	.74
Q15.可愛い:可愛くない	.11	.18	**.51**	-.08	.14	.33	3.18	.68
Q27.近い:遠い	.17	-.13	**.42**	-.21	-.02	.26	3.97	.67
Q24.なじみのある:なじみのない	.12	.04	**.41**	.16	.12	.29	3.59	.75
IV　先進国性（α=.76)								
Q1.近代的:近代的でない	-.34	.22	.15	**.77**	.01	.68	3.38	.85
Q3.豊かな:貧しい	-.04	.11	-.01	**.73**	-.14	.51	3.31	.80
Q31.先進的:発展途上的	.37	-.08	-.33	**.63**	-.09	.62	3.26	.79
Q20.開放的な:閉鎖的な	.01	-.14	-.02	**.63**	.32	.53	3.13	.66
Q23.国際的な:国際的でない	.13	.41	.06	**.44**	.09	.41	3.28	.72
V　活発性（α=.68)								
Q9.活気がある:活気がない	.17	-.08	.23	-.02	**.82**	.74	3.95	.65
Q25.のんびりした:せっかちな	.14	-.38	.31	-.27	**-.49**	.72	2.72	.69
Q4.理解しやすい:理解しにくい	.27	-.05	.13	.03	**-.47**	.38	3.18	.85
Q28.強い:弱い	-.19	.27	.33	.05	**.45**	.52	3.38	.63

因子間相関

	I	II	III	IV	V
I	1.00	-.27	.30	.26	-.08
II		1.00	-.08	-.07	.35
III			1.00	.26	.04
IV				1.00	.08
V					1.00

進国性については明確なイメージをもっていないことがわかった。

以上の結果から韓国語学習者は韓国に対して、好き、楽しい、よい、近い、なじみのあるといった肯定的なイメージをもっており、さらに愛国心や団結力が強い、伝統的といったイメージももっていることがわかった。

5.3 韓国人のイメージ

5.3.1 因子分析の結果

前期調査の韓国人イメージ調査31項目について、韓国イメージと同様の因子分析を行った。その結果、以下の4因子が抽出された。第1因子は、親しみやすい、情が厚い、親孝行な、などに関する項目の因子負荷量が高いことから、「恩情心性因子」と命名した(分散比は18.24%)。第2因子は、気が強い、はっきりと言う、積極的な、などに関する項目の因子負荷量が高いことから、「主張性因子」と命名した(分散比は16.43%)。第3因子は、真面目な、正義感が強い、勤勉な、などに関する項目の因子負荷量が高いことから、「堅実性因子」と命名した(分散比は10.59%)。第4因子は、好きな、よい、かっこいい、優しい、などに関する項目の因子負荷量が高いことから、「韓国人好評価因子」と命名した(分散比は7.00%)。4因子の累積分散比は52.25%であった。これらの韓国人に対するイメージ因子分析の結果、次のことがわかった。なお、因子分析負荷量、および、α係数、因子相関、また項目ごとの平均値と標準偏差は表2に示す。

5.3.2 韓国人のイメージの結果と考察

韓国人に対するイメージ調査の結果は次のとおりである。恩情心性因子では、Q14の平均値が高く、Q15、Q3、Q1の平均値が比較的高かった。主張性因子では、Q30の平均値が高く、Q25、Q16、Q13、Q9の平均値が比較的高かった。堅実性因子では、Q5の平均値が高く、Q10、Q29、Q8の平均値が比較的高く、Q20の平均値が比較的

表2 前期調査 韓国人イメージ尺度の因子パターンおよび平均値(M)と標準偏差(SD)

項目	因子				平均値	M	SD
	I	II	III	IV			
I. 恩情性 (α =.85)							
Q2. 社交的な:社交的でない	**.94**	.22	-.07	-.26	.78	3.49	.97
Q4. 親しみやすい:親しみにくい	**.83**	-.06	-.09	-.11	.65	3.44	.88
Q15.情が厚い:情が薄い	**.68**	.15	.28	.13	.68	3.82	.82
Q3. 礼儀正しい:礼儀正しくない	**.67**	-.10	.47	-.24	.67	3.87	.89
Q1. 明るい:暗い	**.64**	.22	-.32	-.03	.45	3.62	.94
Q14.親孝行な:親不孝な	**.58**	.21	.24	.01	.45	4.10	.91
Q19.友好的な:敵対的な	**.47**	-.21	-.06	.07	.32	3.18	.94
II. 主張性 (α =.84)							
Q25.気が強い:気が弱い	.07	**.91**	.11	.25	.84	3.90	.85
Q16.感情的な:感情的でない	.04	**.80**	-.04	.05	.61	3.97	.81
Q13.はっきりと言う:はっきりと言わない	-.07	**.78**	-.21	.07	.61	3.90	.94
Q18.頑固な:柔軟な	-.08	**.60**	.38	-.22	.69	3.49	.91
Q9. 積極的な:消極的な	.16	**.56**	.04	.09	.32	3.87	.77
Q11.謙虚な:ずうずうしい	.29	**-.52**	.33	.19	.60	3.05	.83
Q30.上下関係が厳しい:上下関係が厳しくない	.05	**.51**	.25	.27	.39	4.05	.92
Q22.協調的な:競争的な	.29	**-.41**	-.16	.20	.43	2.82	.82
III. 堅実性 (α =.85)							
Q5. 真面目な:不真面目な	.18	.06	**.78**	-.19	.67	4.00	.86
Q10.正義感が強い:正義感が弱い	.14	.29	**.76**	.08	.77	3.82	.85
Q29.知的な:知的でない	-.32	.06	**.73**	.28	.65	3.59	.88
Q20.いい加減な:いい加減でない	-.02	.11	**-.67**	-.12	.48	2.36	.81
Q8. 勤勉な:怠慢な	-.09	.16	**.64**	-.14	.49	3.95	.79
Q21.慎重な:慎重でない	-.23	-.50	**.56**	-.02	.48	3.31	.73
Q6. 信頼できる:信頼できない	.29	-.11	**.56**	.16	.52	3.28	.76
IV. 韓国人好評価 (α =.42)							
Q31.好きな:嫌いな	.20	.42	-.15	**.75**	.69	3.41	.79
Q17.よい:わるい	.24	-.13	.12	**.65**	.69	3.62	.85
Q27.可愛い:可愛くない	-.45	.08	.21	**.60**	.41	3.31	.73
Q26.かっこいい:かっこわるい	-.16	.04	.28	**.56**	.37	3.33	.66
Q24.優しい:優しくない	.17	-.19	-.08	**.51**	.45	3.31	.83
Q28.近い:遠い	-.29	.14	-.12	**.46**	.21	3.82	.72

因子間相関

	I	II	III	IV
I	1.00	-.12	.11	.36
II		1.00	.14	-.23
III			1.00	.09
IV				1.00

低かった。韓国人好評価因子では、Q17、Q28の平均値が比較的高かった。

この結果から、韓国語学習者は、韓国人について、「親孝行(Q14)で、情が厚く(Q15)、礼儀正しく(Q3)、明るい(Q1)人(恩情心性因子)」「上下関係が厳しく(Q30)、気が強く(Q25)、感情的(Q16)で、はっきりと言い(Q13)、積極的な(Q9)人(主張性因子)」「真面目(Q5)で、いい加減ではなく(Q20)、正義感が強く(Q10)、勤勉な(Q8)人(堅実性因子)」「よい(Q17)、近い(Q28)人(韓国人好評価因子)」というイメージをもっていることがわかった。以上の結果から、韓国語学習者は韓国人に対する評価が高いことがわかり、肯定的なイメージをもっていることが明らかになった。その一方で、「社交的な:社交的でない(恩情性因子)」「親しみやすい:親しみにくい(恩情性因子)」「友好的な:敵対的な(恩情性因子)」「好きな:嫌いな(韓国人好評価因子)」「優しい:優しくない(韓国人好評価因子)」など、親近感に関する明確なイメージがもたれていないようであった。この親近感がないという結果は、纓坂(2008)で明らかになった、韓国人イメージは肯定的ではあるが、単純で表層的であったという結果と関連があるといえるだろう。

5.4 韓国語のイメージ

5.4.1 因子分析の結果

前期調査の韓国語イメージ調査30項目について、韓国イメージと同様の因子分析を行った。その結果、以下の6因子が抽出された。第1因子は、評判の良い、人気のある、よい、好きな、などに関する項目の因子負荷量が高いことから、「韓国語好評価因子」と命名した(分散比は17.20%)。第2因子は、英語に似ている、世界で通じる、役に立つ、などに関する項目の因子負荷量が高いことから、「有効性因子」と命名した(分散比は11.39%)。第3因子は、おしゃれな、音がきれいな、文字がきれいな、都会的な、などに関する項目の因子負荷量が高いことから、「洗練性因子」と命名した(分散比は8.51%)。第4因子は、弱い、やわらかい、怖くない、などに関する項目の因子負荷量が高いことから、「硬軟性因子」と命名した(分散比は7.89%)。

第5因子は、個性的な、独特な、不思議な、などに関する項目の因子負荷量が高いことから、「独自性因子」と命名した(分散比は5.52%)。第6因子は、なじみやすい、可愛い、日本語に似ている、などに関する項目の因子負荷量が高いことから、「親近性因子」と命名した(分散比は3.97%)。6因子の累積分析比は54.47%である。これらの韓国語イメージの因子分析の結果、次のことがわかった。なお、因子分析負荷量、および、α係数、因子相関、また項目ごとの平均値と標準偏差は表3に示す。

5.4.2 韓国語のイメージの結果と考察

韓国語に対するイメージ調査の結果は次のとおりである。韓国語好評価因子ではQ4、Q6、Q7の平均値が比較的高かった。有効性因子では、Q30の平均値が高く、Q27の平均値が比較的高く、Q26の平均値が比較的低かった。硬軟性因子では、Q19の平均値が比較的高かった。独自性因子では、Q15、Q16、Q10の平均値が高く、Q20の平均値が比較的高かった。親近性因子では、Q1、Q25の平均値が比較的高かった。

この結果から、韓国語学習者は、韓国語について、「好き(Q7)、よい(Q4)、親しみやすく(Q3)、軽快な(Q6)言葉(韓国語好評価因子)」「楽しく(Q30)、役に立つ(Q27)、英語に似ていない(Q26)言葉(有効性因子)」「強い(Q19)言葉(硬軟性因子)」「個性的(Q15)で、独特(Q16)で、不思議(Q20)で、速い(Q10)言葉(独自性因子)」「なじみがあり(Q1)、日本語に似ている(Q25)言葉(親近性因子)」というイメージをもっていることが明らかになった。その一方で、韓国語の洗練性について明確なイメージをもっていないこともわかった。以上の結果

表３　前期調査　韓国語イメージ尺度パターンおよび平均値(M)と標準偏差(SD)

項目	因子 I	II	III	IV	V	VI	平均値	M	SD
I. 韓国語好評価 (α=.80)									
Q18.評判の良い：評判の悪い	**.74**	.34	.08	.12	-.18	-.07	.73	3.18	.76
Q17.人気のある：人気のない	**.72**	.29	-.01	-.05	-.11	-.43	.66	3.31	.80
Q4. よい：わるい	**.66**	-.03	.09	.10	-.13	.02	.52	3.67	.74
Q6. 軽快な：重苦しい	**.65**	-.27	-.20	.11	.23	.13	.64	3.56	.99
Q3. 親しみやすい：親しみにくい	**.65**	-.07	-.24	-.06	-.21	.12	.44	3.64	.78
Q7. 好きな：嫌いな	**.53**	.27	.07	.23	.22	.10	.61	3.87	.73
Q29.簡単な：難しい	**-.47**	.04	-.07	.10	-.06	.02	.23	2.74	1.02
Q22.明るい：暗い	**.41**	-.38	.32	.14	.00	-.28	.54	3.31	.73
II. 有効性 (α=.71)									
Q30.楽しい：楽しくない	-.02	**.68**	-.05	.55	.18	.05	.67	4.00	.69
Q26.英語に似ている：英語に似ていない	.05	**.65**	.02	.00	-.25	.03	.46	2.44	.91
Q28.世界で通じる：世界で通じない	.05	**.62**	.13	-.27	.06	.07	.55	2.79	.86
Q27.役に立つ：役に立たない	.16	**.56**	.06	-.24	.25	.02	.54	3.87	.80
III. 洗練性 (α=.67)									
Q14.おしゃれな：おしゃれでない	.18	.20	**.77**	-.25	.01	.13	.71	2.92	.74
Q23.音がきれいな：音がきれいでない	.03	-.28	**.75**	-.03	.09	-.13	.60	2.92	.77
Q24.文字がきれいな：文字がきれいでない	-.40	.31	**.64**	.07	.05	.03	.58	3.28	.86
Q11.都会的な：都会的でない	.04	.05	**.49**	-.31	.04	-.04	.24	3.00	.46
IV. 硬軟性 (α=.71)									
Q19.強い：弱い	.08	.09	.09	**-.76**	.02	.00	.56	3.59	.79
Q8. やわらかい：堅い	.34	.03	-.38	**.73**	-.11	-.13	.60	2.85	.87
Q21.怖い：怖くない	-.18	.36	-.20	**-.53**	-.20	.07	.66	2.77	.87
V. 独自性 (α=.64)									
Q15.個性的な：個性的でない	-.17	.03	.17	.09	**.71**	-.10	.49	4.21	.73
Q16.独特な：独特でない	.10	.07	-.06	-.02	**.68**	.17	.57	4.31	.69
Q10.速い：遅い	.30	-.07	-.39	-.16	**.49**	.10	.58	4.13	.80
Q20.不思議な：不思議でない	-.18	-.07	.09	-.04	**.41**	.03	.18	3.64	.99
VI. 親近性 (α=.61)									
Q1. なじみのある：なじみのない	.29	.05	-.01	-.49	-.06	**.69**	.63	3.56	.91
Q13.可愛い：可愛くない	-.13	.18	.08	.01	.29	**.63**	.59	3.10	.94
Q25.日本語に似ている：日本語に似ていない	-.29	-.08	-.34	.40	-.07	**.55**	.57	3.92	.90
Q2. 丁寧な：ぞんざいな	.17	.09	.25	.14	-.42	**.48**	.68	3.18	.94

因子間相関

	I	II	III	IV	V	VI
I	1.00	.04	.21	.20	.10	.21
II		1.00	.02	-.19	.09	.12
III			1.00	.35	-.16	.18
IV				1.00	-.05	.30
V					1.00	.12
VI						1.00

から、韓国語学習者は韓国語に対し、好き、よい、親しみやすい、なじみやすい、楽しいというイメージをもっていること、韓国語学習者は韓国語に親近感をもっていること、さらに、不思議、個性的、独特というイメージをもっていることから、親近感だけでなく、不思議な言葉であるとも思っていることがわかった。この、韓国語学習者が韓国語に対して好き、親しみやすいというイメージをもっているという結果は、金(2004, 2006)と、林炫情・姜姫正(2007)の結果と類似していた。

6. 日本人韓国語学習者の韓国、韓国人、韓国語のイメージ変化

6.1 調査手続き

6.1.1 調査参加者

後期調査の調査参加者は、調査時にK大学で「朝鮮語初級」を受講していた大学生54名であり、このうち前期と後期の両調査に参加したのは19名、後期調査のみ参加は35名である。後期調査参加者は、男性20名、女性34名、平均年齢は19.5才(SD=1.09)であった。調査参加者の学年は、1年生から4年生で、1年生33名、2年生8名、3年生7名、4年生3名であった。調査参加者は同年の4月から大学の授業で、韓国語を週1度学んでいる。調査を行った12月はカリキュラム上、1月に行われる期末試験直前であり、授業内容としては、大学における1年目の韓国語の学習内容をほぼ全て学び終えている状態で、名詞、動詞の現在形、過去形、疑問形、否定形等を習得している。

6.1.2 調査方法

K大学で筆者が担当した「朝鮮語初級」の授業時間内に質問紙を配布し、回答を求め、授業中に回収した。実施時間は30分程度であった。

後期調査の質問紙は、前期調査に用いたSD法を基礎とした質問紙を独自に作成した。この質問紙は、イメージ変化について、韓国イメージ31項目、韓国人イメージ31項目、韓国語イメージ30項目で構

成されており、「韓国語を学んだことによってあなたの(韓国、韓国人、韓国語)のイメージは変わりましたか?」という質問項目で尋ねた。項目の回答形式は、「1.非常に右側のイメージに変わった」「2.右側のイメージに変わった」「3.やや右側のイメージに変わった」「4.変わらない」「5.やや左側のイメージに変わった」「6.左側のイメージに変わった」「7.非常に左側のイメージに変わった」の7点尺度法であり、評点が高ければ左側のイメージに変わった、評点が低ければ右側のイメージに変わったということとなる。例えば、質問項目が「好きなイメージに変わった:嫌いなイメージに変わった」の場合、評点が高ければ「好きな」イメージに変わった、低ければ「嫌いな」イメージに変わったと答えていることになる。

6.1.3 分析方法

後期調査の結果を前期調査で明らかになったイメージ因子に沿って分類し、それぞれのイメージの変化について検討した。なお、それぞれの平均値と標準偏差を韓国イメージ変化は表4、韓国人イメージ変化は表5、韓国語イメージ変化は表6に示す。以下因子別に詳しく検討していくが、各項目の平均値が、4.5以上を「比較的高い」、5以上を「高い」と表現した。また、3.5以下を「比較的低い」、3以下を「低い」と表現した。さらに、4.5から3.5の間を「変わらない」と表現した。なお、各項目番号は「Q○○」と表記する。

6.2 韓国のイメージ変化の結果と考察

韓国に対するイメージ変化の調査結果は次のとおりである。なお、項目ごとの平均値と標準偏差は表4に示す。韓国好評価因子では、Q13、Q30、Q26の平均値が比較的高かった。愛国心因子では、Q11、Q10、Q12の平均値が高く、Q18の平均値が比較的高かった。忠誠性因子では、Q17、Q27の平均値が高く、Q5、Q24の平均値が比較的高かった。先進国性因子では、Q1、Q3の平均値が比較的高かった。活発性因子では、Q9の平均値が高かった。この結果から、次のように変化したイメージと変化しなかったイメージが明らかになった。

表4　後期調査　韓国イメージ変化尺度の平均値（M）と標準偏差（SD）

	M	SD
I. 好評価		
Q13.好きな:嫌いな	4.59	1.28
Q30.楽しい:楽しくない	4.50	1.24
Q26.よい:わるい	4.50	1.24
Q14.かっこいい:かっこわるい	4.09	.86
Q16.おしゃれな:おしゃれじゃない	4.07	1.04
II. 愛国心		
Q11.愛国心が強い:愛国心が弱い	5.61	1.19
Q10.団結力が強い:団結力が弱い	5.09	1.23
Q29.陽気な:陽気でない	4.45	1.09
Q18.友好的な:敵対的な	4.41	1.26
Q2. 情熱的な:冷静な	4.70	1.06
Q12.上下関係が厳しい:上下関係が厳しくない	5.41	1.29
Q19.協調的な:競争的な	4.09	1.27
Q21.平和的な:攻撃的な	4.16	1.07
III. 忠誠心		
Q8. 信頼できる:信頼できない	4.20	1.18
Q5. 民主的な:非民主的な	4.57	1.04
Q7. 秩序を守る:秩序を守らない	4.38	1.33
Q22.自立的な:依存的な	4.20	.92
Q17.伝統的な:伝統的でない	5.20	1.20
Q15.可愛い:可愛くない	4.04	.93
Q27.近い:遠い	5.07	1.29
Q24.なじみのある:なじみのない	4.55	1.26
IV. 先進国性		
Q1. 近代的:近代的でない	4.54	1.13
Q3. 豊かな:貧しい	4.64	1.02
Q31.先進的:発展途上的	4.11	1.02
Q20.開放的な:閉鎖的な	4.27	1.04
Q23.国際的な:国際的でない	4.45	1.06
V. 活発性		
Q9. 活気がある:活気がない	5.05	1.15
Q25.のんびりした:せっかちな	3.54	1.08
Q4. 理解しやすい:理解しにくい	4.30	1.29
Q28.強い:弱い	4.21	.99

まず、変化したイメージをみると、学習者は韓国語学習を通じて韓国のイメージが、「好きな(Q13)、楽しい(Q30)、よい(Q26)国(韓国好評価因子)」「愛国心が強い(Q11)、団結力が強い(Q10)、上下関係が厳しい(Q12)、情熱的な(Q2)国(愛国心因子)」「伝統的な(Q17)、近い(Q27)、民主的な(Q5)、なじみのある(Q24)国(忠誠性因子)」「近代的な(Q1)、豊かな(Q3)国(先進国性因子)」「活気がある(Q9)国(活発性因子)」というイメージに変化したことがわかった。

この結果を前期調査の結果と比較してみると、後期調査で平均値が高かった、または比較的高かった項目は、前期調査でも平均値が高い、または比較的高かったことがわかった。このことから、前期調査時点で学習者がもっていたイメージが学習を通じて強化されることが明らかにされた。

また、前期調査では、特にイメージをもっていないという結果がでた、先進国性因子の「近代的:近代的でない(Q1)」と「豊かな:貧しい(Q3)」の2項目は、後期調査によって「近代的イメージに変わった」と「豊かなイメージに変わった」ことが明らかにされた。このことから、前期調査時点で明確なイメージをもっていなかったイメージでも学習を通じ、新たなイメージをもつようになるということもわかった。以上のことから、韓国語学習を通じて韓国に対するイメージが強化され、より肯定的なイメージに変わり、新たなイメージをもつようになることがわかった。

次に、イメージが変わらなかった項目は、韓国好評価因子では、「かっこいい:かっこわるい(Q14)」「おしゃれな:おしゃれじゃない(Q16)」、愛国心因子では、「陽気な:陽気でない(Q29)」「友好的な:

敵対的な(Q18)」「協調的な:競争的な(Q19)」「平和的な:攻撃的な(Q21)」、忠誠性因子では、「信頼できる:信頼できない(Q8)」「秩序を守る:秩序を守らない(Q7)」「自立的な:依存的な(Q22)」「可愛い:可愛くない(Q15)」、先進国性因子では、「先進的:発展途上的(Q31)」「開放的な:閉鎖的な(Q20)」「国際的な:国際的でない(Q23)」、活発性因子では、「のんびりした:せっかちな(Q25)」「理解しやすい:理解しにくい(Q4)」「強い:弱い(Q28)」であった。これらの項目の平均値はいずれも3.5から4.5の間であったため、韓国語学習をとおして、これらのイメージは変化しないことが明らかになった。

この結果を前期調査の結果と比較してみると、後期調査でイメージが「変わらない」ことが明らかになった多くの項目は、前期調査でも「明確なイメージがない」という結果がでている。このことから、前期調査時点で明確なイメージがない韓国についてのイメージは半年間の韓国語学習を行っても、ほとんど変わらないことが明らかになった。

最後に、因子間による変化についてみてみると、学習によって変化した因子は、愛国心因子と忠誠心因子であり、あまり変化しない因子は、韓国好評価因子、先進国性因子、活発性因子であることがわかった。

以上の結果から韓国に対するイメージは韓国語学習を行うことによって、前期調査で明らかにされた学習者のもつ肯定的なイメージを強化し、さらに新たなイメージをもつようになることがわかった。また、오고시(2004)、生越(2006)で、学習経験者の方が未学習者よりも韓国、韓国語に対して良いイメージをもっていることが明ら

かになったが、本研究結果から、学習経験によって肯定的なイメージが強化されるため学習経験者と未学習者とのイメージの差が明確になるのではないかと考えられる。

6.3 韓国人のイメージ変化の結果と考察

韓国人に対するイメージ変化の調査結果は次のとおりである。なお、項目ごとの平均値と標準偏差は表5に示す。恩情性因子では、Q3、Q1、Q14の平均値が高く、Q2、Q4、Q15、Q19の平均値が比較的高かった。主張性因子では、Q25、Q16、Q30の平均値が高く、Q13、Q9の平均値が比較的高かった。堅実性因子では、Q5の平均値が高く、Q10、Q8の平均値が比較的高かった。韓国人好評価因子では、Q17、Q28の平均値が比較的高かった。この結果から、変化したイメージと変化しなかったイメージが明らかになった。

まず、変化したイメージをみると、韓国語学習者の韓国人に対するイメージは学習を通じて、「礼儀正しく(Q3)、明るく(Q1)、親孝行(Q14)で、社交的(Q2)で、親しみやすく(Q4)、情が厚く(Q15)、友好的(Q19)な人(恩情性因子)」「気が強く(Q25)、感情的(Q16)で、上下関係が厳しく(Q30)、はっきりと言い(Q13)、積極的(Q9)な人(主張性因子)」「真面目(Q5)で、正義感が強く(Q10)、勤勉な(Q8)人(堅実性因子)」「よい(Q17)、近い(Q28)人(韓国人好評価因子)」というイメージに変わったことがわかった。

この結果を前期調査と比較してみると、変化している項目の多くにおいて、後期調査で平均値が高かった、または比較的高かったイメージの項目は、前期調査でも平均値が高い、または比較的高かっ

表５　後期調査　韓国人イメージ変化尺度の平均値（M）と標準偏差（SD）

	M	SD
I.　恩情性		
Q2. 社交的な:社交的でない、イメージに変わった	4.93	1.19
Q4. 親しみやすい:親しみにくい、イメージに変わった	4.84	1.28
Q15.情が厚い:情が薄い、イメージに変わった	4.79	1.17
Q3. 礼儀正しい:礼儀正しくない、イメージに変わった	5.07	1.35
Q1. 明るい:暗い、イメージに変わった	5.04	1.24
Q14.親孝行な:親不孝な、イメージに変わった	5.13	1.34
Q19.友好的な:敵対的な、イメージに変わった	4.75	1.19
II.　主張性		
Q25.気が強い:気が弱い、イメージに変わった	5.09	1.20
Q16.感情的な:感情的でない、イメージに変わった	5.11	1.38
Q13.はっきりと言う:はっきりと言わない、イメージに変わった	4.98	1.24
Q18.頑固な:柔軟な、イメージに変わった	4.41	1.29
Q9. 積極的な:消極的な、イメージに変わった	4.98	1.18
Q11.謙虚な:ずうずうしい、イメージに変わった	4.07	1.17
Q30.上下関係が厳しい:上下関係が厳しくない、イメージに変わった	5.43	1.22
Q22.協調的な:競争的な、イメージに変わった	4.05	1.29
III.　堅実性		
Q5. 真面目な:不真面目な、イメージに変わった	5.09	1.34
Q10.正義感が強い:正義感が弱い、イメージに変わった	4.68	1.08
Q29.知的な:知的でない、イメージに変わった	4.36	1.20
Q20.いい加減な:いい加減でない、イメージに変わった	3.91	.88
Q8. 勤勉な:怠慢な、イメージに変わった	4.88	1.32
Q21.慎重な:慎重でない、イメージに変わった	4.20	1.13
Q6. 信頼できる:信頼できない、イメージに変わった	4.45	1.17
IV.　韓国人好評価		
Q31.好きな:嫌いな、イメージに変わった	4.48	1.22
Q17.よい:わるい、イメージに変わった	4.70	1.32
Q27.可愛い:可愛くない、イメージに変わった	4.23	1.04
Q26.かっこいい:かっこわるい、イメージに変わった	4.21	.93
Q24.優しい:優しくない、イメージに変わった	4.39	.97
Q28.近い:遠い、イメージに変わった	4.79	1.20

たことがわかった。このことから、前期調査で明らかになった韓国語学習者がもっている韓国人イメージが肯定的な方向に強化されていることが明らかになった。さらに、恩情性因子の「社交的な：社交的でない(Q2)」「親しみやすい：親しみにくい(Q4)」「友好的な：敵対的な(Q19)」の3つのイメージは前期調査では明確なイメージがないことが明らかになったが、後期調査では韓国人イメージが社交的で親しみやすく、友好的なイメージに変わったことがわかった。

次に、変化しなかったイメージ項目は、主張性因子の「頑固な:柔軟な(Q18)」「謙虚な:ずうずうしい(Q11)」「協調的な:競争的な(Q22)」イメージ、堅実性因子の「知的な:知的でない(Q29)」「いい加減な:いい加減でない(Q20)」「慎重な:慎重でない(Q21)」「信頼できる:信頼できない(Q6)」イメージ、韓国人好評価因子の「好きな:嫌いな(Q31)」「可愛い:可愛くない(Q27)」「かっこいい:かっこわるい(Q26)」「優しい:優しくない(Q24)」の項目であった。

この結果を前期調査と比較してみると、前期調査の時点で明確なイメージがないことが明らかになった項目は後期調査でもイメージが「変わらない」ことがわかった。一方、前期調査で韓国語学習者が韓国人は「知的な、いい加減でない(堅実性因子)」イメージをもっていることが明らかになったが、この2つのイメージのみ、その肯定的なイメージは強化されず「変わらない」ということが明らかになった。

最後に、因子間の変化についてみてみると、恩情性因子、主張性因子、堅実性因子の平均が比較的高いことから、この3因子のイメージは学習によって変化することがわかった。他方、韓国人好評価因子は半年間の学習では変わらないことがわかった。

以上のように、韓国語学習者がもつ韓国人イメージは学習を通じ、肯定的なイメージが強化され、明確なイメージがなかった多くのイメージはそのまま変わらないことが明らかになったが、「社交的」「親しみやすい」「友好的」のように、新たなイメージをもつようになることもあり、韓国語学習を通じ、韓国人のイメージが以前よりも親近感のあるイメージに変わったのではないかと思われる。本研究から明らかになった、韓国人に直接会わなくても、韓国

関係のものに触れることによって、韓国人のイメージがより肯定的になるという結果は長谷川(2005、2011)と同様であった。さらに、오고시(2004)で、学習経験者の方が未学習者よりも韓国人に対して良いイメージをもっていることが明らかになったが、韓国イメージ同様、本研究の結果から、学習経験によって肯定的なイメージが強化され、学習経験者と未学習者とのイメージの差が明確になるのではないかと考えられる。

6.4 韓国語のイメージ変化の結果と考察

韓国語に対するイメージ変化の調査結果は次のとおりである。なお、項目ごとの平均値と標準偏差は表6に示す。韓国語好評価因子では、Q3、Q4、Q7の平均値が比較的高かった。有効性因子では、Q27、Q30の平均値が比較的高く、Q26の平均値が低かった。独自性因子では、Q15、Q16の平均値が高く、Q10、Q20の平均値が比較的高かった。親近性因子では、Q1、Q25の平均値が高く、Q2の平均値が比較的高かった。以上の結果から、変化したイメージと変化しなかったイメージが明らかになった。

まず、変化したイメージをみてみると、韓国語学習者は韓国語の学習をとおして、韓国語は「よい(Q4)、親しみやすい(Q3)、好きな(Q7)言葉(韓国語好評価因子)」「楽しくて(Q30)、役に立つ(Q27)、英語に似ていない(Q26)言葉(有効性因子)」「個性的で(Q15)、独特で(Q16)、不思議な(Q20)、速い(Q10)言葉(独自性因子)」「なじみのある(Q1)、日本語に似ている(Q25)、丁寧な(Q2)言葉(親近性因子)」のイメージに変化したことがわかった。

表６　後期調査　韓国語イメージ変化尺度の平均値（M）と標準偏差（SD）

	M	SD
I. 韓国語好評価		
Q18. 評判のよい:評判の悪い、イメージに変わった	4.13	.88
Q17. 人気のある:人気のない、イメージに変わった	4.25	1.03
Q4. よい:わるい、イメージに変わった	4.91	1.23
Q6. 軽快な:重苦しい、イメージに変わった	4.46	1.16
Q3. 親しみやすい:親しみにくい、イメージに変わった	4.89	1.25
Q7. 好きな:嫌いな、イメージに変わった	4.93	1.36
Q29. 簡単な:難しい、イメージに変わった	3.91	1.52
Q22. 明るい:暗い、イメージに変わった	4.23	.87
II. 有効性		
Q30. 楽しい:楽しくない、イメージに変わった	4.95	1.41
Q26. 英語に似ている:英語に似ていない、イメージに変わった	2.91	1.55
Q28. 世界で通じる:世界で通じない、イメージに変わった	3.79	1.04
Q27. 役に立つ:役に立たない、イメージに変わった	4.84	1.07
III. 洗練性		
Q14. おしゃれな:おしゃれでない、イメージに変わった	3.73	.90
Q23. 音がきれいな:音がきれいでない、イメージに変わった	3.95	1.13
Q24. 文字がきれいな:文字がきれいでない、イメージに変わった	4.18	1.19
Q11. 都会的な:都会的でない、イメージに変わった	3.86	.82
IV. 硬軟性		
Q19. 強い:弱い、イメージに変わった	4.45	1.14
Q8. やわらかい:堅い、イメージに変わった	3.89	1.26
Q21. 怖い:怖くない、イメージに変わった	3.96	1.03
V. 独自性		
Q15. 個性的な:個性的でない、イメージに変わった	5.07	1.36
Q16. 独特な:独特でない、イメージに変わった	5.45	1.20
Q10. 速い:遅い、イメージに変わった	4.93	1.29
Q20. 不思議な:不思議でない、イメージに変わった	4.70	1.19
VI. 親近性		
Q1. なじみのある:なじみのない、イメージに変わった	5.16	1.32
Q13. 可愛い:可愛くない、イメージに変わった	3.86	.98
Q25. 日本語に似ている:日本語に似ていない、イメージに変わった	5.54	1.53
Q2. 丁寧な:ぞんざいな、イメージに変わった	4.66	1.24

この結果を前期調査と比較してみると、変化している項目の多くにおいて、後期調査で平均値が高かった、または比較的高かったイメージの項目は、前期調査でも平均値が高い、または比較的高かったことがわかった。このことから、前期調査で明らかになったイメージの多くが学習によって強化されていることがわかった。さらに、親近性因子において、前期調査から明確なイメージを持たないということが明らかになった「丁寧な:ぞんざいな(Q2)」イメージが、後期調査では平均値が比較的高く、学習によって韓国語が「丁

寧な」イメージに変わったことがわかった。

次に、イメージが変わらなかったものは、韓国語好評価因子では、「評判のよい:評判の悪い(Q18)」「軽快な:重苦しい(Q6)」「簡単な:難しい(Q7)」「明るい:暗い(Q22)」、有効性因子では、「世界で通じる:世界で通じない(Q28)」、親近性因子では「可愛い:可愛くない(Q13)」の項目のイメージが、さらに、洗練性因子と硬軟性因子では、すべての項目のイメージが変化しないことがわかった。

この結果を前期調査結果と比較したところ、前期調査で明確なイメージがないことが明らかになったイメージは、後期調査でもイメージが「変わらない」ことがわかった。しかし、韓国語好評価因子では、前期調査で平均値の高かった「軽快な:重苦しい(Q6)」の項目のイメージは後期調査結果では変化のない範囲の値であったため、韓国語は「軽快な」イメージのまま変化しないことがわかった。また、硬軟性因子において、前期調査結果で、韓国語は「強い」というイメージをもっていることがわかったが、後期調査結果では「強い:弱い(Q19)」イメージは「変わらない」であったことから、韓国語は「強い」というイメージのまま変化しないことが明らかになった。

最後に、因子間の変化についてみてみると、独自性因子と、親近性因子のイメージが変化しやすいことがわかった。また、韓国語好評価因子、有効性因子、洗練性因子、硬軟性因子はあまり変化しないことが明らかになった。

以上の結果から、韓国語学習者の韓国語に対するイメージは、学習を通じ、多くの場合、前期調査で明確にされているイメージが強化されるか、または、変わらない場合がほとんどであるが、「丁寧な」イメージのように、新たなイメージをもつこともあることが明らかにされた。生越(2006)で、学習経験者の方が未学習者よりも韓国語に対して良いイメージをもっていることが明らかになったが、韓国、韓国人イメージ同様、本研究の結果から、学習経験によって肯定的なイメージが強化されるため、学習経験者と未学習者とのイメージの差が明確になるのではないかと考えられる。

7. 結論

本研究では韓国語学習者の韓国、韓国人、韓国語に対するイメージとその変化について明らかにするために、2008年6月(前期調査)と2008年12月(後期調査)に初級韓国語学習者を対象として、前期調査でイメージ調査を、後期調査でイメージ変化調査を行った。

その結果、前期調査では、韓国語学習者は韓国、韓国人、韓国語に対して、概ね好意的で肯定的なイメージをもっていることがわかった。また、後期調査で明らかになったイメージ変化を前期調査と比較したところ、「イメージが変化した」ことが明らかになった多くのイメージは、前期調査で明らかになったイメージが強化されたものである場合が多く、学習者のイメージは学習経験を通じ、強化されることがわかった。その一方で、後期調査でイメージが「変わらない」ことが明らかになったイメージの多くは、前期調査で「明確なイメージがない」ことが明らかになった項目であった。しかし、前期調査で、明確なイメージがないことが明らかになった項目であっても、韓国イメージの「近代的」「豊かな」イメージや、韓国人イメージの「社交的」「親しみやすい」「友好的」イメージや、韓国語イメージの「丁寧な」イメージのように、韓国語学習を通じて学習者が新たなイメージももつようになることも明らかにされた。これらの学習者が新たにもつようになったイメージはいずれも、肯定的で親近感を持たせるようなイメージであるといえるだろう。

以上の結果から、韓国語学習者の韓国、韓国人、韓国語に対するイメージは学習によって変化していることがわかった。さらに、これらの変化は肯定的なものが多く、学習によって、肯定的なイメージを強化し、さらに肯定的で親近感のある新たなイメージをもつようにもなることが明らかにされた。また、韓国語を学ぶことによって、韓国語に対するイメージだけでなく、韓国、韓国人に対してのイメージも良くなることがわかった。このことから、日本人が韓国語を学ぶということが日本と韓国の友好の架け橋となるといえるだろう。

参考文献

岩下豊彦(1979)『オスグッドの意味論とSD法』川島書店.

岩下豊彦(1983)『SD法によるイメージの測定：その理解と実施の手引』川島書店.

纓坂英子(2008)「韓流と韓国・韓国人イメージ」.『駿河台大学論叢』, pp.29-47.

오고시나오키(2004)「한국, 한국인에 대한 이미지 형성과 한국어학습」.『한국언어문화학』, 1(2), pp.151-162.

生越直樹(2006)「韓国に対するイメージ形成と韓国語学習」.『言語情報・テクスト』, 13, pp.27-41, 東京大学大学院総合文化研究科言語情報専攻

金由那(2004)「韓国・朝鮮語教育の現状と学習者の意識に関する調査研究：愛知県所在教育機関の日本人および在日韓国朝鮮人学習者を対象として」.『ことばの科学』, 17, pp.215-236.

金由那(2006)「日本における韓国語学習者の学習目的と学習意識」. 任榮哲編 真田信治(監修), 『韓国人による日本社会言語学研究』おうふう, pp. 223-243.

田中靖政(1969)『記号行動論:意味の科学』共立出版株式会社.

長谷川典子(2005)「テレビドラマ「冬のソナタ」の受容研究：日韓コミュニケーションの視点から」『多文化関係学』, 2, pp.15-30, 多文化関係学会

長谷川典子(2011)「韓流ドラマ視聴による韓国人イメージの変容：日本人学生へのPAC分析調査結果から」.『北星学園大学文学部北星論集』, 第48巻(第2号), pp.12-33.

林炫情・姜姫正(2007)「韓国語および韓国文化学習者の意識に関する調査研究」.『人間環境学研究』, 5 (2), pp.17-31, 広島修道大学

第4章 日本における韓国語学習者の学習に対する好意が学習ビリーフと学習ストラテジーに与える影響

齊藤良子

1. はじめに

日本で韓国語を学ぶ人の多くは、大学や高校の第二外国語として、または趣味として自らの意志で学ぶことが多く、必修科目の英語のように強制的に学ぶことはあまりない。学習を始めるきっかけや動機は様々であり、また、学習開始後の学習経験も様々であるため、韓国語学習に対する好意度には個人差があると考えられる。本研究では第二外国語として韓国語を学習している学習者の韓国語学習に対する好意度が、学習ビリーフ[1)]や学習ストラテジー[2)]にどのような影響を与えているかを明らかにすることを目的とする。本研究では、好意度調査は著者が独自に作成した質問紙を用い、ビリーフ調査は、Horwitz(1987)のBeliefs about Language Learning Inventory (BALLI)[3)]を用い、ストラテジー調査は、Oxford(1990)のStrategy

1) 学習ビリーフとは、学習者が学習に対してもっている考え、つまり、学習意識のことである。

2) 学習ストラテジーとは、学習者が外国語学習時に用いる学習戦略、つまり、学習方法のことである。

Inventory for Language Learning(SILL)[4]を用い調査、研究を行った。ここでは、まず、外国語学習に対する好意度、BALLI、SILLについての先行研究を概説し、次に、調査方法について論じる。そして、調査から得られた結果を分析する。

2. 先行研究

2.1 外国語学習に対する好意に関する先行研究

外国語学習における学習者の目標言語に対する好意度の研究は、学習動機研究(Gardner & Lambert,1972;Gardner,1985)における学習者の情意的要因のひとつとして研究されてきている。しかし、それらの研究の多くは、学習不安など否定的な感情に関するものであり、言語学習に対する好意などの肯定的な感情が、学習に与える影響についての実証的研究はあまり多くない。ところが、小池(2003)は、一般的に外国語学習に対して学習者が肯定的な態度[5]をもっていれば、学習が促進され、その達成度によって、さらに肯定的な態度が増強されるが、否定的な態度をもっていると、学習に失敗し、さらに否定的な態度が増強される場合があるとしている。このことから、言語学習に対する感情的要因の研究は否定的な感情についてだけでなく、肯定的な感情についても研究することが重要であるといえるだ

3) BALLIについては2.2で詳しく述べる。

4) SILLについては2.3で詳しく述べる。

5) ここでの態度とは、社会的態度のことであり、その中心的構成要因のひとつは感情的要因である(Rosenberg&Hovland,1960)。

ろう。外国語学習に対する好意の重要性についてはUshioda(2001)とNoels(2003)が次のように言及している。

Ushioda(2001)は、言語学習者の動機を調査し、クラスター分析[6]を行った。その結果、動機のクラスターのひとつとして「actual learning process」クラスターを見いだしている。これは、言語に関する喜び、好意(liking)、ポジティブな学習経験、個人的な満足感を含んでおり、好意が言語習得において重要な要因であることを示唆している。また、Noels(2003)はDeci and Ryan (1985)のself-determination theory(自己決定理論)を発展させ、言語学習の動機をintrinsic reason(内発的動機)、extrinsic reason(外発的動機)、integrative reason(統合的動機)の3つに分けている。そのなかのintrinsic reasonは、言語学習を楽しみ、理解を深めたいという動機であり、この動機も好意と深く関係しているといえる。

このように、言語学習における好意の重要性に関する研究はいくつかあるが、好意がどのように学習ビリーフやストラテジーに影響するのかについての実証的研究はあまりみられない。しかし、Dornyei(2005)は、言語学習について、「motivation→behavior→outcome」というプロセスを示唆し、動機づけが行動を促し、それが結果(成績や質問をするという行動)につながるとした。このDornyei(2005)の動機モデルにUshioda(2001)やNoels(2003)をあてはめてみると、学習者が目標言語学習に対し、好意をもっていれば、学

6) クラスター分析とは、質問項目などの対象を類似したもので同一集団にまとめ、分類するためのひとつの手法である。この分析で明らかになった各々の集団をクラスターという。

習動機が高められ、そのことによって学習が促され、学習に成功する可能性が高くなると考えられる。このことからも、学習者の学習動機を高めるためには、学習に対する肯定的な感情が与える影響について研究することが重要であると考える。

2.2 BALLIを用いた先行研究

Beliefs about Language Learning Inventory(BALLI)とは、Horwitz(1987)が、学生の外国語学習に関する論争や、問題に関する意見を調べるために開発した評定尺度を用いた質問紙のことである。この質問紙は「言語学習の適性」「言語学習の難易度」「言語学習の性質」「コミュニケーション・ストラテジー」「言語学習の動機」の5つの領域について尋ねている。BALLIを用いた研究には次のようなものがある。

Horwitz(1987)は、自身が開発したBALLIを実際に使用し、テキサス大学でドイツ語、フランス語、スペイン語を学ぶ141名の学習者のビリーフを調査し、それぞれの言語グループのパターンを分析した。その結果、グループ間に差異はみられなかった。

Keith(1993)は、東北学院大学の英文科の学生と東北大学で必修の英語の授業を受講している学生、計175名を対象としBALLIに独自の質問項目を加えた質問紙を用い、英語学習者のビリーフを調査した。東北学院大学と東北大学の結果を比較したところ、「言語学習の適性」と「言語学習の動機」に違いがみられた。また、東北学院大学の結果を学年ごとに比較し、学年ごとの英語学習に対するビリーフの違いを明らかにした。

加藤(2004)は、すでに日本への留学が決定している韓国人日本語学習者(日韓共同理工系学部留学生)を対象とし、日本語学習についてBALLIを用いて調査した。この結果を、韓国の他の大学や高校で日本語を学んでいる学習者、さらに、フランス人やドイツ人など、他の国の日本語学習者と比較し、日韓共同理工系学部留学生のビリーフの特徴を明らかにした。

このほかにもBALLIを用いたビリーフ調査は数多く(野山,1995;糸井,2003)、対象とする目標言語や調査参加者の母語も様々であり、外国語学習者のビリーフ研究に多く使用されている。

2.3 SILLを用いた先行研究

Strategy Inventory for Language Learning(SILL)とは、Oxford(1990)が自身の作った学習ストラテジーの分類に基づき、外国語学習の態度を網羅し、学習者の学習態度全体を把握することができる評定尺度を用いた質問紙のことである。その学習ストラテジーは、「記憶ストラテジー」「認知ストラテジー」「補償ストラテジー」「メタ認知ストラテジー」「情意ストラテジー」「社会的ストラテジー」の6領域に分類されている。Oxford(1990)はSILLの目的を、「外国語を教えている教師に外国語学習ストラテジーについて理解してもらい、生徒をより優れた学習者にさせることが出来るようになってもらうこと」としている。SILLの質問紙は広く実施試験を重ね、妥当性、信頼性ともに高いことが実証され、研究、指導において広く用いられている。

SILLを使用した調査は多く、中国語、英語、フランス語、ドイツ語、イタリア語、日本語、韓国語、ロシア語、スペイン語、タイ語、トルコ語等の様々な言語を学習している学習者を対象に世界各地で用いられている(Oxford,1990)。また、近年は日本においてもSILLを使用した研究が積極的に行われている(前田,2002;Yamato,2000,2002)。

木村・斎藤・遠藤(1995—2001)、木村・遠藤(2002—2004)[7]では、青山学院大学文学部英米文学科の1年生に毎年SILLを用いた調査を実施し、継続的に学生の英語学習に関する学習ストラテジーを調査している。この調査によって、海外生活経験者と一般学生の学習ストラテジー使用の違いを明らかにした。

荒井(2000)は、英語学習者が学習ストラテジーをどの程度意識しているのかという点について研究するために、日本人英語学習者である東洋学園大学の1年生(126名)と3、4年生(36名)を対象に調査を行った。調査方法は、自由記述式であり、学習者に学習者自身が考える効率的な外国語学習の方法やコツについて自由に答えさせ、その結果をSILLのカテゴリーにあてはめ、比較検討し、その特徴について論述した。

加藤(2004)は、韓国人日本語学習者の日韓共同理工系学部留学生を対象に、日本語学習についてSILLを用いた学習ストラテジー調査を行った。この学習ストラテジー調査の結果を、日本語を学んでいる他大学の学生、高校生、さらに、フランス人やドイツ人など、他の国籍の日本語学習者と比較し、日韓共同理工系学部留学生の学習ストラテジーの特徴を明らかにした。

7) 木村・斎藤・遠藤(1995-2001)と木村・遠藤(2002-2004)は、全て青山学院大学で同じ質問紙を用い継続的に行われている調査結果に関する論文である。

このほかにも、SILLは多様な目標言語や母語をもった学習者を対象とした学習ストラテジー研究(Grainger,1997;Griffiths,2003;伴,1989,1992;伊東,1993)に広く用いられている。本研究は、日本人韓国語学習者における韓国語学習への好意度が学習ビリーフと学習ストラテジーに与える影響について、好意度質問紙、BALLI、SILLを用い、以下の方法で実証的な研究を行った。

3. 方法

3.1 調査対象

韓国語学習歴が1年以上あり、調査時に日本の首都圏にある大学(国立1校、私立3校、計4校)で中級韓国語の授業を受講していた日本人大学生188名(男性103名、女性85名)を調査対象とした。1年以上の学習歴がある学習者を対象とした理由は、1年間の韓国語学習を通じて学習者自身が、韓国語学習に対する意識や学習方法をある程度確立していると考えたためである。また、4校の大学で調査を行ったのは、複数の大学で調査を行うことによって一般的な韓国語学習者の態度を明らかにすることができると考えたためである。

3.2 質問紙

調査に用いた質問紙は属性質問紙[8)]、好意度質問紙、学習ビリー

8) 属性質問紙とは、表1に示した学習者の学年、年齢、学習時間等を尋ねた質問紙である。

フ質問紙、学習ストラテジー質問紙で構成されている。本質問紙を作成する上で、事前に予備調査を行い、質問項目の調整を行ったが、質問項目は、基本的にビリーフ調査はBALLIに、ストラテジー調査はSILLに従っている。好意度質問紙は筆者が独自に作成した。なお、本調査の評定尺度は、いずれも「1(反対する)、2(やや反対する)、3(どちらとも言えない)、4(やや賛成する)、5(賛成する)」の5点尺度法を採用した。

3.3 調査日と手続き

2006年5月から6月にかけて、各大学の中級韓国語の授業中に配布し、回答後その場で回収した。回答は無記名である。

4. 結果と考察

4.1 韓国語学習への好意度

本研究は、好意度調査の結果をもとに、BALLIおよびSILLの分類に従って分析を行った。好意度調査項目は、韓国語学習への好意度に関する、「31.韓国語の勉強ができることが嬉しい」[9]「32.韓国語の勉強は他の科目の勉強よりも楽しい」「33.韓国語を勉強することが好きだ」「34.韓国語の勉強をすることは苦痛だ」「35.韓国語の勉強をすることはストレスがたまる」の5項目で構成されている。ただし、上記の34.35.は逆転項目である。これら5項目への各個人の合計

9) 各項目の番号は、調査を行った際の質問項目の番号である。

の平均を算出し、3分割法により韓国語学習に対する好意度が高いグループ68人(M=4.71,SD=.23)、中間的なグループ56人(M=3.81,SD=.25)、好意度が低いグループ64人(M=2.43,SD=.70)、の3群に分けた。この3つのグループのうち好意度の高いグループをHighグループ(以下「Hグループ」)とし、好意度の低いグループをLowグループ(以下「Lグループ」)とした。この2群の間のt検定[10)]を行った結果、統計的に有意差がみられた(t(130)=25.30,p<.001)。なお、上記の5項目は、統計的に好意度測定尺度として十分な信頼性を持っているということが裏付けられている。[11)]

好意度によって分けられたHとLの2つのグループの学習ビリーフ、学習ストラテジーの各項目について平均値(M)と標準偏差(SD)を算出し、t検定を行った。この結果を学習ビリーフは表2から表6に、学習ストラテジーは表7から表12に示す。以下、この結果をもとに、HグループとLグループの両者を比較、検討していく。

4.2 学習者の属性

ここでは、韓国語学習への好意度と学習者の属性との関係をみていく。分析の結果は表1[12)]に示す。

10) 本研究では有意確率を5%に設定してt検定を行った。しかし、20回に1回はランダムエラーで有意差が検出されてしまう。本調査では多くの検定を行っているため、この点は本研究の限界点であると言えよう。

11) 因子分析(プロマックス、最尤法)した結果、1因子が抽出された。この因子の説明率(分散の100分比)は70.253%である。5項目の内的整合性を検討するためにCronbachのα係数を算出したところ、α=.921と十分な値が得られた。

12) 各表のt値の右側のアステリスク(*)については***はt検定の結果、統計的に0.001%の水準で有意な差がみられたことを示す。同様に、**は0.01%の水準で有意な差がみられ、*は0.05%の水準で有意な差がみられたことを示している。これを各

表1 好意度の高(H)低(L)と学習者属性

	Hグループ(N=68)		Lグループ(N=64)		t値
	M	SD	M	SD	
学習者の学年	2.529	0.762	2.156	0.407	3.477 **
学習者の年齢	19.956	1.043	19.703	0.830	1.535
学校の韓国語の授業時間数	3.000	1.981	2.245	1.280	2.582 *
韓国語会話の機会の有無	0.647	0.481	0.250	0.436	4.954 ***
その他に行っている韓国語学習	0.375	1.048	0.000	0.000	2.862 **

***p<.001, **p<.01, *p<.05

まず、Hグループの学習者はLグループの学習者に比べ、学年が高いことが明らかになり、高学年学習者ほど韓国語学習に好意をもっていることが明らかにされた。さらに、大学の韓国語の授業数や「その他に行っている韓国語学習」に統計的有意差があり、ともにHグループの方が、Lグループに比べより多く学習していることがわかった。また、韓国語会話の機会の有無にも統計的有意差がみられ、好意度が高い学習者ほど会話の機会があることがわかった。この結果から、HグループはLグループに比べ、より多くの韓国語学習を行い、会話の機会もあることが明らかになった。

4.3 学習ビリーフ

ここでは、韓国語学習への好意度とHorwitz(1987)の5つのビリーフ領域との関係をみていく。ビリーフ調査の結果は表2から表6に示す。

第1の「言語学習の適性」領域では、5項目中4項目に統計的有意差がみられた。結果は表2に示す。

表では「***p〈.001、**p〈.01、*p〈.05」のように示す。

表2 好意度の高(H)低(L)と「言語学習の適性」との関係

	Hグループ(N=68)		Lグループ(N=64)		t値
	M	SD	M	SD	
1.大人より子どもの方が韓国語を学習するのはやさしい。	3.882	1.086	3.516	1.182	1.858
2.韓国語を学習する特別な能力を持っている人がいる。	2.676	1.029	3.234	1.269	2.782 **
3.日本人は韓国語の学習が得意だ。	4.015	0.906	3.484	1.168	2.924 **
4.私は韓国語を学習する特別な能力を持っている。	2.279	1.131	1.750	0.959	2.891 **
5.だれでも韓国語が話せるようになる。	4.265	1.017	3.469	1.221	4.079 ***

***$p<.001$, **$p<.01$, *$p<.05$

この領域は、学習者が学習者自身の年齢や性別、生まれもった外国語学習に関する才能についてどのようなビリーフをもっているかを調査する領域である。統計的有意差がみられた項目をみると、「5.だれでも韓国語が話せるようになる」(図1参照)や、「3.日本人は韓国語の学習が得意だ」ではHグループの方がLグループよりもその平均値が高い。つまり、好意度の高い学習者の方が学習に対し、肯定的に、また楽観的にとらえているといえるだろう。

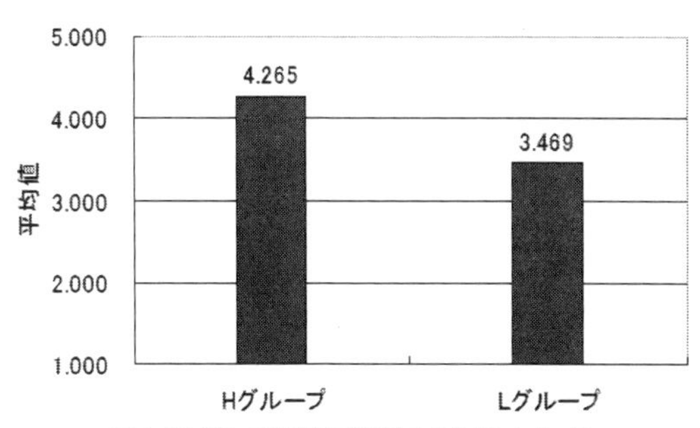

図1 「5.だれでも韓国語が話せるようになる」のHグループとLグループの平均値の比較

その一方で、「2.韓国語を学習する特別な能力を持っている人がいる」における平均値は、Hグループより、Lグループの方が高く、韓国語学習に対する好意度が低い学習者の方が、韓国語を学ぶには特別な能力が必要であると考えていることがわかった。

第2の「言語学習の難易度」領域では、5項目中1項目に統計的有意差がみられた。結果は表3に示す。

表3 好意度の高(H)低(L)と「言語学習の難易度」との関係

	Hグループ(*N*=68)		Lグループ(*N*=64)		
	M	SD	M	SD	*t*値
6.韓国語は、簡単なことばだ。	3.309	1.237	2.922	1.264	1.777
7.私は韓国語を今以上に、上手に話せるようになると思う。	4.368	0.731	3.266	1.324	5.965 ***
8.韓国語を話すことは、聞くことよりやさしい。	3.294	1.282	3.094	1.318	0.885
9.韓国語は、話したり聞いたりするより、読んだり書いたりする方がやさしい。	3.897	1.174	3.984	0.917	0.474
10.韓国語は、難しい言語だ。	2.706	1.210	3.000	1.247	1.375

$^{***}p<.001$, $^{**}p<.01$, $^{*}p<.05$

この領域は、韓国語学習の難易度の認知に関する領域である。各項目をみると、統計的有意差がみられた項目「7.私は韓国語を今以上に、上手に話せるようになると思う」(図2参照)では、Hグループの方が平均値が高く、ここでも好意度の高い学習者の方が前向きで、肯定的に学習に取り組んでいることがわかった。その他の「6.韓国語は、簡単なことばだ」「10.韓国語は、難しい言語だ」等の4項目では統計的有意差がみられず、学習者の好意度の差は難易度に対する考え方に影響を与えていないともいえる。しかし、平均値を比較してみると、有意差はみられなかったものの、Hグループの方が、いずれの項目においても、韓国語は簡単だ、難しくないと考えているという傾向がみられた。このことから、この点はさらに詳しい検討が必要であるといえるだろう。

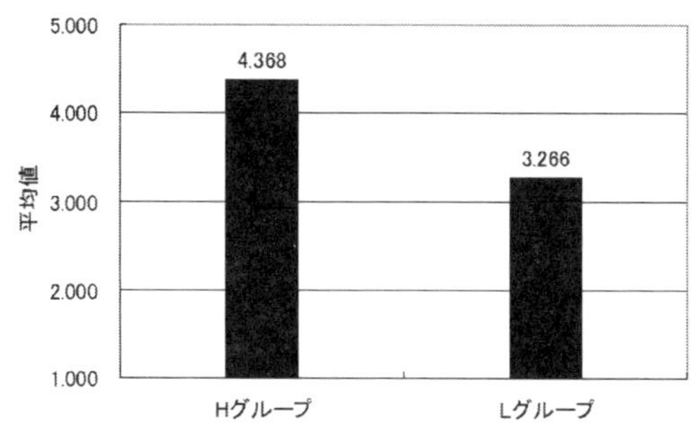

図2 「7.私は韓国語を今以上に、上手に話せるようになると思う」のHグループとLグループの平均値の比較

第3の「言語学習の性質」領域では、5項目中1項目に統計的有意差がみられた。結果は表4に示す。

表4 好意度の高(H)低(L)と「言語学習の性質」との関係

	Hグループ(N=68)		Lグループ(N=64)		t値
	M	SD	M	SD	
11.韓国語学習で大切なのは、単語の学習だ。	4.338	0.857	4.297	0.867	0.276
12.韓国語学習で大切なのは、文法の学習だ。	3.824	0.961	3.625	1.016	1.154
13.韓国語学習で大切なのは、日本語からの翻訳の方法を学ぶ事だ。	2.941	1.157	2.797	0.979	0.771
14.韓国語は韓国語圏で学習するのが良い方法である。	4.603	0.672	3.844	1.087	4.857 ***
15.韓国語を話すためには、その国の韓国語の文化について知る必要がある。	4.176	0.913	3.875	1.031	1.780

$^{***}p<.001$, $^{**}p<.01$, $^{*}p<.05$

この領域は、言語学習とはどうあるべきか、目標言語学習において大切な要素は何なのかに関する領域である。統計的有意差がみられた項目は「14.韓国語は韓国語圏で学習するのが良い方法である」のみであった。このことから、好意度の差によって韓国語圏で学ぶことの重要性に違いがみられることがわかった。他方、統計的有意差がみられなかった項目をみてみると、Hグループ、Lグループともに文法学習、単語学習、韓国文化の知識が重要であると考えており、また一方で、翻訳の方法を学ぶことは重要ではないと考えていることが明らかになった。

第4の「コミュニケーション・ストラテジー」領域では、5項目中3項目に統計的有意差がみられた。結果は表5に示す。

表5 好意度の高(H)低(L)と「コミュニケーション・ストラテジー」との関係

	Hグループ(*N*=68)		Lグループ(*N*=64)		*t*値
	M	SD	M	SD	
16.韓国語圏のネイティブ・スピーカーとその言葉を学習をするのは楽しい。	4.412	0.902	3.391	1.136	5.739 ***
17.韓国語でわからない言葉があったら、自分で意味を推測してもいい。	4.059	1.020	4.016	0.934	0.253
18.韓国語を繰り返し練習することは重要だ。	4.956	0.207	4.625	0.745	3.520 **
19.CD等オーディオ機器を使い、韓国語を練習することは大切だ。	4.456	0.836	4.172	0.883	1.898
20.私は、他の人と韓国語を話す事に不安を感じて臆病になる。	2.956	1.419	3.750	1.333	3.309 **

$^{***}p<.001$, $^{**}p<.01$, $^{*}p<.05$

この領域は、目標言語の具体的な学習方法と授業内に自発的に行われるコミュニケーションの練習について調査する領域である。まず、統計的有意差のある項目をみると、「16.韓国語圏のネイティブ・スピーカーとその言葉を学習をするのは楽しい」ではHグループの方が平均値が高く、「20.私は、他の人と韓国語を話す事に不安を感じて臆病になる」ではLグループの方が平均値が高い。このことから、好意度の高い学習者が前向きで積極的なのに対して、好意度の低い学習者は消極的で不安が強いことが明らかにされた。次に、統計的有意差がみられなかった項目をみてみると、「19.CD等オーディオ機器を使い、韓国語を練習することは大切だ」の平均値がHグループ、Lグループともに高く、両者ともに重要であると考えていることがわかった。

第5の「言語学習の動機」領域では、5項目中3項目に統計的有意差がみられた。結果は表6に示す。

表6 好意度の高(H)低(L)と「言語学習の動機」との関係

	Hグループ(N=68)		Lグループ(N=64)		t値	
	M	SD	M	SD		
21.日本人は、韓国語を話すことは重要だと思っている。	2.809	1.011	2.844	1.057	0.194	
22.私が韓国語を学習するのは、韓国語圏の人をもっと理解したいからだ。	3.779	1.183	2.703	1.217	5.152	***
23.韓国語を学習したら、良い仕事のチャンスがあるだろう。	3.691	1.069	3.375	1.291	1.536	
24.私は韓国語が上手に話せるようになりたい。	4.824	0.622	3.922	1.264	5.249	***
25.私は韓国語圏出身の友達が欲しい。	4.544	0.836	3.625	1.120	5.363	***

***p<.001, **p<.01, *p<.05

この領域は、学習者が現在もっている言語学習の動機に関する領域である。そこで、この項目をGardner(1985)の動機分類に従い、統合的動機づけ13)と道具的動機づけ14)に分類してみると、統合的動機づけに関する項目である「22.私が韓国語を学習するのは、韓国語圏の人をもっと理解したいからだ」「24.私は韓国語が上手に話せるようになりたい」「25.私は韓国語圏出身の友達が欲しい」において、Hグループと Lグループの間に統計的に有意差がみられ、Hグループの方がその平均値が高かった。このことから、韓国語学習に対して好意度の高い学習者の方が、韓国文化や韓国人に対して関心が高いことが明らかになった。一方、道具的動機づけに関する項目である「23.韓国語を学習したら、良い仕事のチャンスがあるだろう」では統計的有意差はみられなかった。このことから、韓国語学習において好意度は、道具的動機づけよりも、統合的動機づけの方に強く影響しているといえる。

13) 統合的動機づけとは、言語学習そのものに対する興味や、その言語を使っている人々、その言語が使われている地域に対する興味から言語を学ぶ動機づけである。

14) 道具的動機づけとは、試験や就職など、学習者の実利益のためにその言語を学ぶ動機づけのことである。

以上のビリーフ調査の結果から次のことが明らかになった。まず、好意度の高い学習者は好意度の低い学習者に比べ、誰でも韓国語が話せるようになり、学習者自身も今以上に上手に話せるようになると思っていること、韓国文化や韓国人に対して関心が高く、韓国語は韓国語圏で学習するのが良い方法であると考えており、韓国語圏のネイティブ・スピーカーと学習をするのは楽しいと感じていることが明らかになった。つまり、好意度の高い学習者は韓国語学習に積極的、肯定的、楽観的であることがわかった。他方、好意度の低い学習者は、好意度の高い学習者に比べ、韓国語を学習する特別な能力を持っている人がいると考えており、学習者自身は、他の人と韓国語を話すことに不安を感じて臆病になっていることがわかった。また、韓国語学習者は好意度の高低にかかわらず、文法学習、単語学習、オーディオ機器を使った練習、韓国文化の知識が重要であると考えていることが明らかになった。

4.4 学習ストラテジー

ここでは、韓国語学習への好意度とOxford(1990)の学習ストラテジーの6領域との関係をみていく。なお、各項目の結果は表7から表12に示す。

第1の「記憶ストラテジー」領域では、9項目中5項目に統計的有意差がみられた。結果は表7に示す。

この領域は、外国語で読んだり聞いたりしたことを新しい情報として貯蔵し、想起するためのストラテジーである。統計的有意差がある項目をみると、HグループはLグループに比べ、新出単語は、文の中で使って覚えたり、授業の復習をよくしたりすることがわかっ

表7 好意度の高(H)低(L)と「記憶ストラテジー」との関係

	Hグループ(*N*=68)		Lグループ(*N*=64)		
	M	SD	M	SD	*t*値
1.新出単語は、文の中で使って覚える。	3.588	1.136	2.938	1.308	3.057 **
2.新出単語を覚えるため、単語の音とその単語が持つイメージや絵を結びつける。	3.279	1.348	3.063	1.379	0.914
3.新出単語は、それが使われる状況を心に描いて記憶する。	3.221	1.337	2.688	1.220	2.389 *
4.新出単語を覚えるために、カードを使う。	2.500	1.588	2.250	1.458	0.940
5.新出単語を覚えるために、語呂合わせを使う。	2.162	1.334	2.641	1.452	1.975 *
6.新出単語の意味を体を使って表現してみる。	1.706	1.305	1.422	0.832	1.480
8.新出単語を覚える時、その場所(ページ、黒板)などと一緒に覚える。	2.824	1.371	2.984	1.527	0.637
18.授業の復習をよくする。	3.059	1.359	2.000	1.098	4.904 ***
30.自分が既に知っていることと、韓国語で新たに学んだ事との関連を考える。	3.485	1.310	2.922	1.325	2.456 *

***p<.001, **p<.01, *p<.05

た。その一方で、「5.新出単語を覚えるために、語呂合わせを使う」では、Lグループの方がHグループよりも平均値が高く、Lグループの方が語呂合わせを用いて単語を暗記する頻度が高いことがわかった。

第2の「認知ストラテジー」領域では、14項目中8項目に統計的有意差がみられた。結果は表8に示す。

表8 好意度の高(H)低(L)と「認知ストラテジー」との関係

	Hグループ(*N*=68)		Lグループ(*N*=64)		
	M	SD	M	SD	*t*値
7.韓国語の新出単語と似ている日本語の単語を探す。	3.750	1.449	3.578	1.434	0.684
9.新出単語は、何回も声に出したり、書いたりする。	4.235	1.094	3.734	1.300	2.400 *
10.韓国語のネイティブ・スピーカーのように話すよう心掛けている。	3.559	1.297	2.641	1.252	4.133 ***
11.韓国語の発音練習をしている。	3.632	1.413	2.422	1.232	5.232 ***
12.知っている韓国語の単語を、様々な状況で使ってみる。	3.500	1.113	2.266	1.250	5.999 ***
13.韓国人に対して、積極的に韓国語で会話を始める。	2.721	1.444	1.656	1.011	4.877 ***
14.韓国語のテレビ番組、映画を見る。	3.632	1.445	2.359	1.373	5.183 ***
15.韓国語の本や雑誌を読むのが楽しい。	2.824	1.326	1.672	0.927	5.749 ***
16.韓国語でメモ、手紙、メール、レポートを書く。	2.412	1.509	1.328	0.757	5.166 ***
17.韓国語の文章を読むとき、先ず全体をざっと読み、次に初めに戻り詳しく読む。	2.588	1.374	2.281	1.303	1.315
19.韓国語の中に決まった言い回しを見つけようとする。	3.324	1.298	2.813	1.332	2.232 *
20.韓国語の単語は、理解できる最小単位に分けて理解するようにする。	3.147	1.261	3.078	1.325	0.306
21.一語一語訳さないで全体で意味を取るようにする。	3.000	1.270	2.641	1.239	1.644
22.聞いたり読んだりした韓国語は、要約(まとめ)を作る。	2.162	1.300	1.766	1.178	1.831

***p<.001, **p<.01, *p<.05

この領域は、学習者が目標言語の新しい情報を貯え、それを使用することに役立つものである。統計的有意差がみられた項目をみると、すべてHグループの方が平均値が高く、Hグループの方がLグループよりも、認知ストラテジーを多く用い、韓国語学習に積極的に取り組んでいることが明らかになった。この結果から、好意度の高低が学習方法に影響を及ぼしていると考えられる。また、統計的有意差がみられなかった項目をみると、「7.韓国語の新出単語と似ている日本語の単語を探す」「9.新出単語は、何回も声に出したり、書いたりする」の2項目は、Hグループ、Lグループ共に平均値が高く、好意度にかかわらず、使用頻度が高いことが明らかになった。

第3の「補償ストラテジー」領域では、7項目中3項目に統計的有意差がみられた。結果は表9に示す。

表9　好意度の高(H)低(L)と「補償ストラテジー」との関係

	Hグループ(*N*=68)		Lグループ(*N*=64)		*t*値
	M	SD	M	SD	
23.知らない単語を理解しようとするとき、その意味を推測する。	3.838	1.217	3.406	1.256	2.007 *
24.韓国語での会話中、適切な言葉が思いつかない時、ジェスチャーを使う。	3.765	1.235	3.125	1.453	2.731 **
25.韓国語で適切な単語を知らない時、自分で新語を作る。	1.809	1.200	1.641	1.118	0.832
26.韓国語の文章を読む時、新出単語を全く調べずに読む。	1.706	0.947	1.891	1.156	1.007
27.韓国語会話で相手が次に何を言うか予測しようとする。	2.338	1.205	2.016	1.215	1.531
28.韓国語の単語を思い出せない時、同じ意味の単語や語句で言い換える。	3.324	1.332	3.031	1.425	1.218
29.韓国語を使う機会をできるだけ見つけようとする。	3.176	1.455	1.938	1.037	5.602 ***

***$p<.001$, **$p<.01$, *$p<.05$

この領域は、学習者が外国語を理解したり、発話したりする際に、足りない知識を補うためのストラテジーである。統計的有意差のみられた項目をみると、HグループはLグループに比べ、韓国語を使う機会をできるだけ見つけようとしており(図3参照)、会話中、適切な言葉が思いつかない時にジェスチャーを使い、知らない単語を理解しようとするとき、その意味を推測することが明らかになった。このことから、好意度の高い学習者の方が積極的に韓国語で会話をする機会を探し、その会話中に用いるストラテジーも身につけていると考えられる。

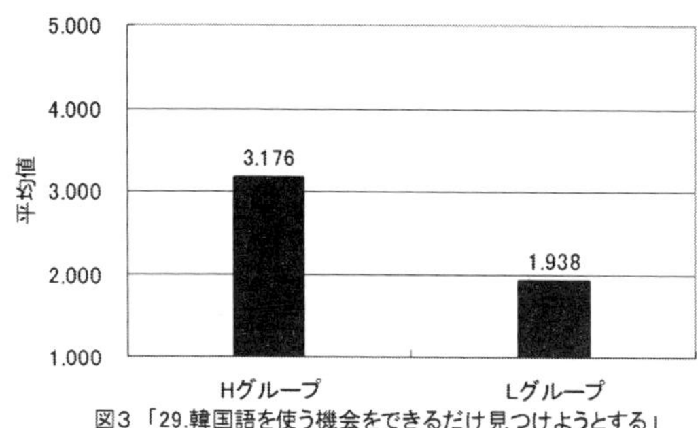

図3「29.韓国語を使う機会をできるだけ見つけようとする」のHグループとLグループの平均値の比較

一方、Hグループ、Lグループ共に、「25.韓国語で適切な単語を知らない時、自分で新語を作る」「26.韓国語の文章を読む時、新出単語を全く調べずに読む」はほとんど行われていないことが明らかになった。

第4の「メタ認知ストラテジー」領域では、9項目全てに統計的有意差がみられた。結果は表10に示す。

表10　好意度の高(H)低(L)と「メタ認知ストラテジー」との関係

	Hグループ(N=68)		Lグループ(N=64)		t値
	M	SD	M	SD	
31.自分の韓国語の間違いに気付き、自分の韓国語力向上のために有効に使う。	4.162	1.002	3.094	1.205	5.551 ***
32.韓国語を話している人がいたら、注意をそらさずに聞くようにする。	4.103	1.067	2.922	1.360	5.567 ***
33.韓国語が上達するための方法を探す。	4.103	1.024	2.734	1.172	7.156 ***
34.韓国語学習の時間を確保するため、自分の学習計画を立てる。	2.868	1.424	2.016	1.161	3.754 ***
35.韓国語で話せる人を探す。	3.015	1.471	1.656	0.912	6.330 ***
36.韓国語を読む機会をできるだけ探す。	3.235	1.283	1.781	1.000	7.234 ***
37.自分の韓国語力向上に関して明確な目標がある。	3.515	1.398	2.016	1.315	6.335 ***
38.自分の韓国語力が上達したかを考える。	3.691	1.162	2.766	1.282	4.350 ***

***p<.001, **p<.01, *p<.05

この領域は、学習者が自らの学習の位置づけ、順序立て、計画、評価といった機能を使って言語学習の過程を調節するストラテジーである。統計的有意差のみられた項目はすべてHグループの方が平均値が高く、学習に対する好意度の高い学習者の方が、韓国語が上達するための方法を探したり(図4参照)、韓国語を話したり、読んだりする機会を探し、韓国語力向上に関する明確な目標があるなど、好意度の低い学習者に比べ、学習に対し極めて積極的に取り組んでいることが明らかになった。

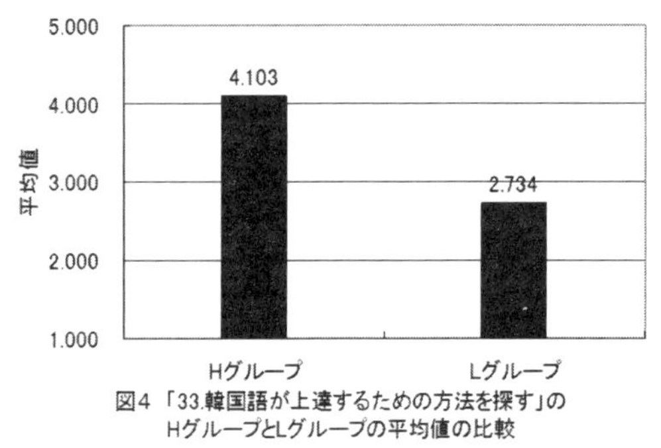

図4 「33.韓国語が上達するための方法を探す」のHグループとLグループの平均値の比較

第5の「情意ストラテジー」領域では、6項目中5項目に統計的有意差がみられた。結果は表11に示す。

表11 好意度の高(H)低(L)と「情意ストラテジー」との関係

	Hグループ(N=68)		Lグループ(N=64)		
	M	SD	M	SD	t値
39.韓国語を使うことが不安な時、落ち着くようにする。	3.176	1.145	2.656	1.275	2.469 *
40.間違いを恐れず韓国語を話すよう自分を励ます。	3.456	1.275	2.359	1.226	5.031 ***
41.韓国語がうまく使えた時、自分をほめる。	3.838	1.154	2.750	1.403	4.879 ***
42.韓国語を使っているときに、緊張している。	3.779	1.170	3.875	1.202	0.463
43.言語学習日記に自分の感情を書く。	1.662	1.141	1.188	0.560	3.002 **
44.韓国語を学習している時、どう感じているかを、他の人に話す。	2.500	1.531	1.750	1.155	3.163 **

***$p<.001$, **$p<.01$, *$p<.05$

この領域は、感情、動機づけ、態度を調整するストラテジーである。統計的有意差がみられた項目から、HグループはLグループに比べ、間違いを恐れず韓国語を話すよう自分を励ましたり、韓国語がうまく使えた時、自分をほめるストラテジーを使用していることがわかった。その一方で、「42.韓国語を使っているときに、緊張している」では統計的有意差はみられず、Hグループ、Lグループ共に平均値が高く、好意度の高低に関わらず、韓国語を使っている時には緊張していることがわかった。

第6の「社会的ストラテジー」領域では、6項目中5項目に統計的有意差がみられた。結果は表12に示す。

表12　好意度の高(H)低(L)と「社会的ストラテジー」との関係

	Hグループ(N=68)		Lグループ(N=64)		t値
	M	SD	M	SD	
45.相手の言っていることがわからない時、ゆっくり話すか、もう一度言うように頼む	4.235	1.094	3.750	1.260	2.367 *
46.自分が韓国語を話していて間違った時は、相手に訂正してくれるように頼む。	3.691	1.352	2.688	1.355	4.257 ***
47.他の学習者と韓国語を練習する。	3.000	1.602	2.594	1.422	1.537
48.韓国語のネイティブ・スピーカーからの助けを求める。	3.235	1.575	2.281	1.291	3.793 ***
49.クラスでは常に韓国語で質問する。	1.912	1.156	1.313	0.732	3.534 **
50.韓国語が使われている国の文化を学ぶようにしている。	3.838	1.288	2.609	1.268	5.519 ***

*** p<.001, ** p<.01, * p<.05

この領域は、学習者が他の学習者とのコミュニケーションを通して学習することを助けるものである。統計的有意差がみられた項目をみると、Hグループの方がLグループに比べ、相手の言っていることがわからない時、ゆっくり話すか、もう一度言うように頼んだり、自分が韓国語を話していて間違った時は、相手に訂正してくれるように頼んだり、韓国語のネイティブ・スピーカーからの助けを求めるようにしていること、さらに、韓国語が使われている国の文化を学ぶようにしていることがわかった。このことから、好意度の高い学習者のほうが積極的に学習の助けを相手に求めていることがわかった。

以上の学習ストラテジーのHグループとLグループの比較によって次のような結果が明らかになった。まず、好意度の高い学習者は好意度の低い学習者に比べ、授業の復習をよくし、韓国語を使う機会をできるだけ見つけようとしていること、さらに、メタ認知ストラテジーを多く用いていることから、韓国語学習について考えたり、計画を立てたりしていることが明らかになった。このことから、好意度の高い学習者は低い学習者に比べ、積極的に学習に取り組んでいることがわかった。また、好意度の低い学習者は、好意度の高い学習者に比べ単語を暗記する時に語呂合わせを多く使用することがわかった。

次に、好意度の高低にかかわらず、韓国語学習者は韓国語の新出単語と似ている日本語の単語を探したり、新出単語は何回も声に出したり、書いたりすることが明らかになった。また、好意度の高低に関わらず、韓国語を使っている時には緊張していることもわかった。

以上の結果から、好意度の高い学習者の方が低い学習者に比べ、積極的に学習に取り組んでおり、学習ストラテジーも多く使用していることが明らかになった。このことから好意度は学習ストラテジーに大きな影響を与え、好意度の高さが韓国語学習を促進させることが示唆された。

5. まとめ

本研究は、日本人韓国語学習者の韓国語学習に対する好意度が、学習ビリーフと学習ストラテジーにどのような影響を与えるかを明らかにすることを目的とした。用いた質問紙は属性質問紙、好意度質問紙、ビリーフ質問紙、ストラテジー質問紙で構成されている。好意度質問紙は筆者が独自に作成し、ビリーフ質問紙は、Horwitz(1987)のBeliefs about Language Learning Inventory (BALLI)に基づき、ストラテジー質問紙は、Oxford(1990)のStrategy Inventory for Language Learning(SILL)に基づき作成した。

調査データをもとに韓国語学習に対する好意度の高低の学習ビリーフへの影響を分析した結果、好意度の高い学習者は、好意度の低い学習者に比べ、より統合的動機づけが強く、韓国文化や韓国人に対して関心が高く、韓国語圏出身の友達が欲しいと思っていることがわかった。また、韓国で韓国語を学ぶことは良い学習法であると考えていること、韓国語母語話者と学習をするのは楽しいと思っていること、また、誰でも韓国語が話せるようになり、学習者自身も今以上に会話力が上達すると思っていることも明らかになった。一方、好意度の低い学習者は、高い学習者に比べ、韓国語を学習する特別な能力を持っている人がいると考えていること、他の人と韓国語を話すことに不安を感じて臆病になっていることがわかった。

次に、韓国語学習に対する好意度の高低の学習ストラテジーへの影響を分析した結果、好意度の高い学習者は、低い学習者に比べ、韓国語学習に関する明確な目標があり、韓国語が上達するための方法を探したり、韓国語学習について考えたり、計画を立てたりして、積極的に学習に取り組んでおり、授業の復習をよくし、韓国語を使う機会をできるだけ見つけようとしていることがわかった。また、韓国語会話練習において、自分が間違ったときは、相手に訂正してくれるように頼んだり、韓国語のネイティブ・スピーカーからの助けを求めたり、会話中、適切な言葉が思いつかない時にジェスチャーを使ったりしていることが明らかになった。一方、好意度の低い学習者は、好意度の高い学習者に比べ、学習に対し消極的であり、好意度の低い学習者の方が多く使用しているストラテジーは語呂合わせを用いた単語暗記法のみであった。

以上のように好意度の高い学習者と低い学習者の間には多くの相違点がみられた。そして、韓国語学習に対する好意度が高い学習者ほど韓国語学習に対して、より積極的、肯定的、楽観的であることが明確にされ、好意度が学習ビリーフと学習ストラテジーにポジティブな影響を与えていることが明らかになった。今後は、好意度と学習ビリーフや学習ストラテジーとの因果関係、また、好意度が言語学習のどの分野に影響を与えるのか、なぜ影響を与えるのかについて、より詳細に検討していきたいと考えている。さらに、韓国語だけでなく、他の言語においても、好意度と学習ビリーフと学習ストラテジーとの関係性を調査し、本研究で得られた結果との比較を行い、目標言語学習への好意が第二外国語学習に与える影響について広く研究していきたいと考えている。

参考文献

荒井貴和(2000) 「学習ストラテジーに対する学習者の意識-英語を学習している日本人大学生を対象とした調査-」『東洋学園紀要』8, pp.57-66.

糸井江美(2003) 「英語学習に関する学生のビリーフ」『文学部紀要』 16-2, 文教大学文学部, pp.85-100.

伊東祐郎(1993) 「日本語学習者の学習ストラテジー選択」『東京外国語大学留学生日本語教育センター論集』19, pp.77-92.

加藤清方(2004) 『日韓共同理工系学部留学生の日本留学意識と日本語学習心理に関する基礎研究』 東京学芸大学教育学部.

木村松雄・遠藤健治(2002) 「TOEFL-TIPを用いた英語学力と学習ストラテジーからみた一般学生と帰国学生の相違に関する研究(2002年度)」『青山学院大学文学部紀要』44, pp.47-62.

木村松雄(2003) 「TOEFL-TIPを用いた英語学力と学習ストラテジーからみた一般学生と帰国学生の相違に関する横断的研究(2003年度)」『青山学院大学文学部紀要』45, pp.113-132.

木村松雄(2004) 「英語学力(TOEFL-TIP)と学習ストラテジー(SILL)及びビリーフ(BALLI)から見たみた一般学生と帰国学生の相違に関する横断的研究(2004年度)」『青山学院大学文学部紀要』46, pp.85-108.

木村松雄・斎藤勉・遠藤健治(1995) 「大学教養課程に於ける英語学力と外国語学習ストラテジーの継年的研究(I)」『青山学院大学文学部紀要』37, pp.161-179

木村松雄(1996) 「大学教養課程に於ける英語学力と外国語学習ストラテジーの継年的研究(II)」『青山学院大学文学部紀要』38, pp.73-96.

木村松雄(1997) 「The Strategy Inventory for Language Learning(SILL)を用いた外国語学習方略の研究」『青山学院大学文学部紀要』 39, pp.103-128.

木村松雄(1998) 「大学教養課程に於ける英語学力と外国語学習ストラテジーの横断的研究」『青山学院大学文学部紀要』40,pp.123-143.

木村松雄(1999) 「英語学力と外国語学習ストラテジーの研究」『青山学院大学文学部紀要』41, pp.99-124.

木村松雄(2000) 「英語学力, 学習意識と外国語学習ストラテジーの研究」『青山学院大学文学部紀要』 42, pp.63-84.

木村松雄(2001) 「英語学力と学習ストラテジーからみた一般学生と帰国学生の相違に関する総括的報(1995-2001)」『青山学院大学文学部紀要』 43, pp.71-105.

小池生夫(編集主幹)(2003) 『応用言語学事典』 研究社.

野山広(1995) 「JFL場面における「ビリーフス」調査の重要性と活用に関する一考察:豪州・メルボルン地区の高校生の場合を事例として」『日本語教育論集』 12, pp.61-90.

伴紀子(1989) 「日本語学習者の適用する学習ストラテジー」『アカデミア文学・語学編』 47, pp.1-21.

伴紀子(1992) 「言語学習のための学習ストラテジー」カッケンブッシュ寛子・尾崎明人・ 鹿島央・藤原雅憲・籾山洋介(編) 『日本語研究と日本語教育』 名古屋大学出版会, pp.213-223.

前田啓朗(2002) 「高校生の英語学習方略使用と学習達成 - 学習動機と学習に関する認知的評価との関連」『Language Education&Technology』 39, pp.137-148.

Deci,E.L.&Ryan,R.M.(1985) Intrinsic motivation and self-determination in human behavior.New York:Plenum.

Dornyei,Z.(2005)Thepsychology ofthe language learner:Individual differences in second languageacquisition.London:Lawrence Erlbaum Associates.

Gardner,R.C.(1985) Social psychology and second language learning:The role of attitudes and motivation. London:EdwardArnold.

Gardner,R.C.&Lambert,W.E.(1972) Attitudes and motivation in second language learning. Rowley,MA:NewburyHouse.

Grainger,R.P.(1997) Language-learning strategies for learners of Japanese:Investigating ethnicity. Foreign Language Annals,30,pp.378-385.

Griffiths,C.(2003) "Patterns of language learning strategy use".System,31,pp.367-383.

Horwitz.E.K.(1987) "Surveying student beliefs about language learning."In A.L.Wenden& J.Rubin (Eds.),Learner strategies in language learning(pp.119-129). Hemel Hemostead: Prentice Hall.

Keith,A.(1993) "A Survey of student language learning beliefs. Essays and Studies in English Language & Literature"84.『東北学院大学学術研究会』 pp.31-59.

Noels,K.A.(2003) "Learning Spanish as a second language:Learners'orientations and perceptions of their teachers'communication style."In Z.Dornyei(Ed.), Attitudes, orientations, and motivations in language learning(pp.97-136). Oxford:Blackwell.

Oxford,L.R.(1990) Language learning strategies:What every teacher should know.Heinle&Heinle Publishers.

Rosenberg,M. J.&Hovland,C.I.(1960) "Cognitive,affective,and behavioral components of attitudes."In M. J.Rosenberg, C.I.Hovland,W. J.McGuire, R.P.Abelson,& J.W.Brehm (Eds.), Attitude organization and change.(pp.1-14.)Yale university press.

Ushioda,E.(2001) "Language learning at university:Exploring the role of motivational thinking."In Z.Dornyei&R.Schmidt(Eds.), Motivation and second language acquisition (pp.91-124). Honolu-lu,HI:UniversityofHawaiiPress.

Yamato,R.(2000) "Awareness and real use of reading strategies." JALT Journal, 22, pp.140-165.

Yamato,R.(2002) "A Study on motivation and strategy in an EFL setting." JACET Bulletion, 35, pp.1-13.

第5章 台湾における韓国に対するイメージ形成と韓国語学習 — 日本調査との比較を中心に —

生越 直樹

1. はじめに

前章では日本の大学生を対象に行ったアンケート調査をもとに、日本における韓国に対するイメージと韓国語学習の関係について論じた。我々は、韓国、韓国人イメージと韓国語学習の関係に関して、日本で行った調査と同様の調査を台湾でも行った。筆者の知る限りでは、これまでのところ、台湾において韓国語学習に関する調査は余り行われていないようである。今回の調査は、台湾での韓国語学習の動機・背景を知る手がかりになるとともに、日本の調査結果と比較することにより、両地域の異同も明らかにすることができる。さらに、韓国、台湾で行った日本語教育に関する調査とも関連させることにより、学習する言語を話す国や人のイメージと学習言語との関係をより包括的に捉えることができると考える。

以上、様々な観点からの分析が可能であるが、本稿では、特に日本での調査結果と比較しつつ、韓国語学習に関する台湾での調査結果を分析していくことにする。

2. 台湾における韓国語教育

台湾における韓国語教育の実態については、あまり詳しい調査がなされていないようである。ここでは채련강(2005)で示されている台湾の状況を簡単に紹介しておく。

台湾の大学で韓国語学科が設置されているのは、国立政治大学(学科定員30名)と私立の中国文化大学(学科定員90名)の2校である。政治大学は1950年代、中国文化大学は1960年代に韓国語を学ぶ課程が設置され、その後、学科となり、現在に至っている。このほか第2外国語として韓国語を教えている大学が2005年現在で3校あり、今後さらに増える予定だそうである。さらに、いくつかの高校でも韓国語を第2外国語として教えているところがあり、6校程度の大学では付属の社会教育センターで一般向けの韓国語講座を行っている。また、国立教育放送局では毎日ラジオで韓国語放送が行われている。

韓国と台湾の関係は、1992年に外交関係が断絶されるなど、決して順調とは言えなかったが、経済面など民間次元での交流は引き続き活発に行われているほか、日本と同様、文化面で近年「韓国ブーム」が起こっており、韓国語教育のさらなる発展が期待されている。

3. 調査の概要

台湾でのアンケート調査は、2004年に台北にあるM大学で行った。[1) この大学で韓国語学科に所属する学生、つまり韓国語を専門に学習している学生131名のデータを収集した。(台湾韓国語調査と呼ぶ。)これに対し、日本で行ったアンケート調査では、韓国語を専門に学習している学生はおらず、選択必修あるいは自由選択科目として韓国語を学習している学生211名と、韓国語の学習経験のない学生147名であった。(日本韓国語調査と呼ぶ。)本稿では、比較のために、台湾韓国語調査と日本韓国語調査の結果を示すことがあるが、両調査では回答者の性格が異なっているので注意が必要である。また、場合に応じて、篠原信行氏が行った台湾の大学生に対する日本・日本語に関する調査(台湾日本語調査と呼ぶ。)の結果を使うことがある。篠原氏による調査の概要については、第Ⅱ部第2章をご覧いただきたい。

4. 韓国に対するイメージ

まず、韓国に対してどのようなイメージを持っているか、という質問(付録の調査票1.1参照)に対する回答結果を表1に示す。表1には日本での結果も合わせて示しておく。

---

1) 調査はT大学でも行った。しかし、T大学の回答者はM大学と異なり、自由選択科目として韓国語の授業を受けているうえ、学習者の平均年齢もかなり違っていた。また、人数も少ないこと(22名)から、今回の分析には含めない。

表1　韓国に対するイメージ
(台湾韓国語調査131名・日本韓国語調査358名)(数値は%)

	台湾韓国語調査	日本韓国語調査
とてもよい	10.7	5.1
よい	44.3	36.1
特に他の国と変わらない	37.4	45.6
悪い	4.6	12.4
かなり悪い	1.5	1.0

表1のように、台湾調査での韓国のイメージは日本調査より少しよいイメージになっている。これは、台湾調査の回答者が学科で学習する者であるためかもしれない。そこで、日本調査の回答者を学習者211名と未学習者147名に分け、台湾調査の回答者(台湾学科学習者)と比較してみた。その結果が図1である。

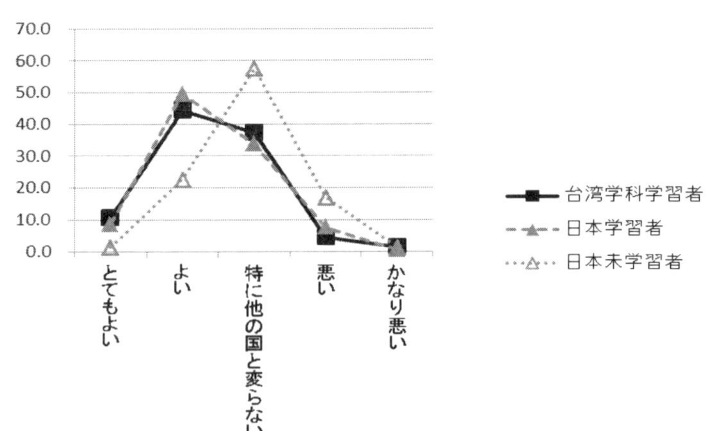

図1　韓国(台湾韓国語調査・日本韓国語調査)に対するイメージ(数値は%)

図1のように、台湾学科学習者と日本学習者はほとんど同じ回答傾向を示していることがわかった。どちらも「よい」イメージを持つ人がやや多い。一方、日本未学習者は「特に他の国と変わらない」という回答が最も多く、多くの人が「よい」イメージも「悪い」イメージも持っていないことがわかる。日本学習者が学科で学んでいないのに台湾学科学習者と同じ回答傾向を見せることは大変興味深い。日本学習者の多くは、選択必修の科目として韓国語を選んでいるので、進級・卒業をするためにはその科目の単位を取らなければならない。韓国語の学習が自分の成績や進路に関係する点は、重さは違うが学科での学習と似ている点がある。つまり、どちらの場合も学習対象として韓国語を選択するときに、何らかの決心をして選択したのである。そういう韓国語学習への姿勢が韓国のイメージ形成に関係するのかもしれない。

5. イメージ形成に関わる要素

日本調査と同様、韓国に対するイメージ形成において、どのような要素が影響を与えているかについても調べてみた。調査方法は日本調査と同様で、様々な項目を示し、イメージ形成に影響を与えている度合いを、大、中、小、無の4つから選択させる方法をとった(質問票1.2参照)。回答の大を3、中を2、小を1と数値化し、その総数を回答者の数で割ることによって各項目の影響度を示したのが、図2である。数値が大きくなるほど、その項目は韓国のイメージ形成において大きな影響を及ぼしていることになる。図2には、篠原氏が行った日本のイメージに関する調査(台湾日本語調査)結果も合わせて示しておく。なお、台湾日本語調査は回答者に日本語を学習していない学生も含まれており、韓国語学科の学生だけである台湾韓国語調査とは回答者の属性が若干異なっている。

項目で「韓国/日本の歌手~」など「韓国/日本」となっているのは、韓国語調査で「韓国の歌手~」、日本語調査で「日本の歌手~」となっていた項目である。

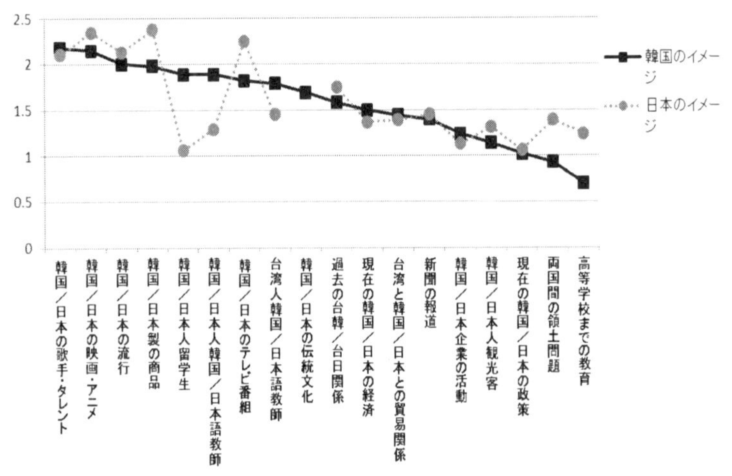

図2　韓国/日本のイメージ形成に関わる要素
(台湾韓国語調査131名と台湾日本語調査474名)

韓国のイメージ形成に関しては、「韓国の歌手・タレント」「韓国の映画・アニメ」「韓国の流行」などいわゆるサブカルチャーに関わる項目で数値が高くなっている。サブカルチャーに関心を持っているため韓国語学科に入ったのか、学科に入ってからサブカルチャーに関心を持つようになったのか、その関係は今回の調査でははっきりしないが、韓国語学習とサブカルチャーにはかなり強い関係がありそうである。

一方、日本のイメージ形成に大きな影響を与えているのも、やはりサブカルチャーに関わる項目である。図2を見ると、その影響の程度は韓国の場合より若干大きいと言えるだろう。ほかに、「領土問題」「高等学校までの教育」でも日本の方が数値が高い。韓国と比べると、日本のイメージ形成には両国の歴史的な関係がより大きく影響しているようである。逆に、「留学生」「韓国人/日本人教師」の項目では、日本語調査の方が韓国語調査より数値が低い。これは台湾日本語調査の回答者に日本語を学習していない人が含まれているためと考えられる。未学習者は直接日本人教師や日本人留学生に接する機会がないため、この項目の数値が低くなったのであろう。以上の結果を全体的に見ると、韓国イメージ、日本イメージともに、もっとも大きい影響がサブカルチャー関係、次に経済関係、影響が少ないのが歴史関係という傾向は、よく似ている。このことから、台湾ではサブカルチャーが学習言語に大きな影響を与えていると見られる。

次に、この結果を日本での韓国イメージ形成と比較してみよう。図3は韓国イメージ形成に関する質問について、今回の台湾韓国語調査の結果と日本韓国語調査の結果(第1部第2章参照)を合わせて示したものである。ただし、台湾調査では未学習者がいないので、条件を合わせるため、日本調査も韓国語学習者のみの数値を示した。

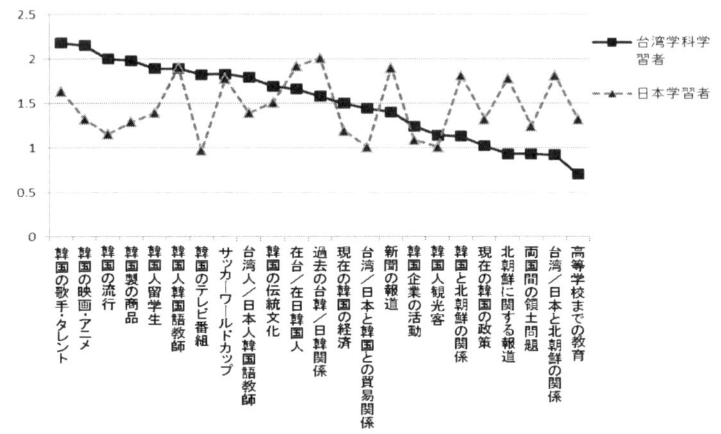

図3 韓国のイメージ形成に関わる要素
(台湾学科学習者131名と日本学習者211名)

これまで指摘したように、台湾ではサブカルチャーの影響が大きいが日本ではそれほど大きくはない。逆に日本では台湾に比べて歴史や政治に関する教育や報道の影響が大きい。齊藤明美氏による調査で、韓国における日本のイメージ形成においても、サブカルチャーの影響が大きいことが明らかになっている(第Ⅲ部第3章参照)。そうすると、韓国、台湾においては学習言語とサブカルチャーの関係が大きいのに対し、日本ではそうではないという結果になる。日本での調査は2003~2004年にかけて行ったものであり、その時点ではいわゆる韓流ブームはまだ本格的に起こっていなかった。韓流ブームが始まってからは韓国のサブカルチャーに対する情報が急激に増えている。現時点で調査を行えば、また異なる結果が出る可能性がある。

いずれにせよ、今回の調査時点では韓国のイメージ形成に及ぼすサブカルチャーの影響という点で、台湾と日本でかなり大きな違いがあった。この違いが時間的経過によって変化するものなのか、また、この違いが台湾、日本における外国語学習全般に言えることなのか、などさらに広範囲の調査を行う必要があろう。

6. 韓国語学習の動機と韓国語の将来性

6.1 学習の動機

今回の調査では、韓国語学習の動機についても質問した(質問票2.1a参照)。図4は台湾の結果(台湾学科学習者)と日本韓国語調査のうち韓国語学習者の回答結果(日本学習者)を示したものである。図では、台湾調査で回答が多かった順番に項目を並べている。

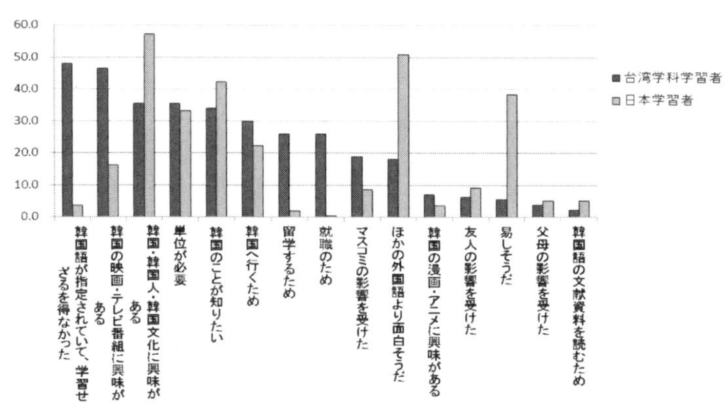

図4 韓国語学習動機(複数回答)
(台湾学科学習者131名と日本学習者211名)(数値は%)

台湾調査で「韓国語が指定されていて、学習せざるを得なかった」「単位が必要」という項目で数値が高いのは、回答者が学科学習者であるためだろう。さらに、「韓国に行くため」「留学するため」「就職のため」という将来の進路を意識した項目で高い数値となっているのも、学科で韓国語を学習しているためと思われる。同時に「映画・テレビ番組に興味がある」「韓国・韓国人・韓国文化に興味がある」「韓国のことが知りたい」という項目でも数値が高いことから、韓国自体に興味を持つ学生も多くいることがわかる。

これに対し、日本調査では「韓国・韓国人・韓国文化に興味がある」「韓国のことが知りたい」という項目で数値が高く、韓国(人・文化)に対して関心を持っている学生が多い。これは台湾調査と同じである。ただし、韓国映画やテレビへの興味は薄い。調査時点の日本ではまだ韓国の映画やドラマに関する情報が少なかったためであろう。また、日本調査では留学や就職のためという意識は低い。これは日本社会で仕事する上で韓国語の要求度が低いこと、さらに選択科目で学習していることが原因と考えられる。また、台湾調査と異なり、「ほかの外国語より面白そうだ」「易しそうだ」という項目で数値が高い。これらも日本の学習者が選択科目で学習していることと関係していると思われる。選択科目ではいくつかの外国語を比較して選ぶため、これらの観点が動機となるのであろう。台湾と日本の結果を見ると、台湾では学習動機として映画・テレビ、留学、就職など目的がはっきりしている項目が選ばれている。一方、日本調査では韓国(人・文化)への興味、韓国が知りたいなど、韓国(人・文化)への漠然とした興味が動機となっている。この違いが台湾と日本の外国語学習に対する姿勢の違いを反映したものなのか、学科学習者と選択科目での学習者という学習形態の違いによるものなのか、現時点では判断できない。さらなる調査が必要である。

次に、篠原氏が行った台湾日本語調査の結果と比較してみよう。韓国語あるいは日本語の学習動機について尋ねた結果を図5にまとめてみた。日本語調査では学科学習者だけでなく選択科目での学習者も含まれているので、学科学習者だけの韓国語調査とは、回答者の属性が若干違っている。なお、項目名が「韓国/日本のことが知りたい」などとなっている場合は、韓国語調査では「韓国のことが知りたい」、日本語調査では「日本のことが知りたい」となっていた項目である。

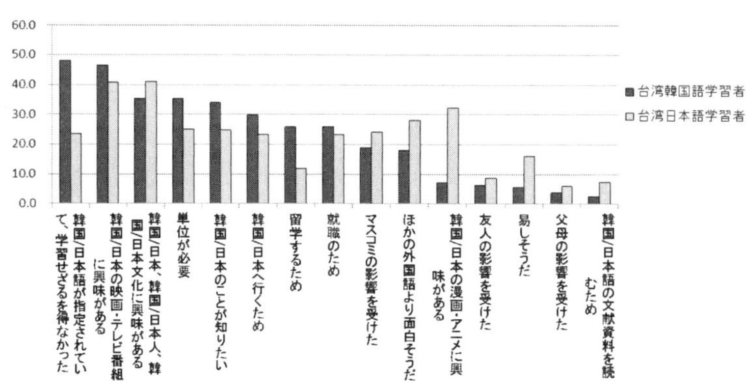

図5 韓国語/日本語学習動機(複数回答)
(台湾韓国語調査127名と台湾日本語調査311名)(数値は%)

図4を見ると、「映画・テレビ番組に興味がある」という項目は大きな差がないのに対し、「漫画・アニメに興味がある」という項目

は、韓国語と日本語で大きな差がある。サブカルチャーの中でも映画・テレビは韓国語、日本語ともに大きな動機となっているが、漫画・アニメは日本語のみが動機となっていることがわかる。そのような違いはあるものの、韓国語、日本語ともにサブカルチャーが大きな学習動機になっていることは確かである。イメージ形成に関してサブカルチャーが大きな影響を持つことが明らかになったが、学習動機としても大きな影響を持っていることがわかる。齊藤氏が韓国で行った日本・日本語に関する調査でもサブカルチャーが日本語学習の大きな動機となっている。したがって、台湾、韓国ともに、サブカルチャーが外国語の学習動機として重要な要素になっていると言えよう。一方、日本では、イメージ形成、学習動機ともにサブカルチャーが大きな影響力を持っていなかった。前に述べたように、韓国語は韓流ブームがあったので、その後変化している可能性はあるが、中国語など他の外国語学習ではどうか、など日本の状況については、もう少し詳しい調査を行う必要がある。

このほか、「就職のため」という項目は、日本語も比較的数値が高い。韓国語、日本語ともに、学習動機と将来の生活が関係していることがわかる。この点は、日本の韓国語学習者と異なる点である。一方、「韓国/日本語が指定されていて、学習せざるを得なかった」「留学するため」「易しそうだ」という項目では、韓国語学習者と日本語学習者の差が大きい。これについては、回答者の属性の違いが関係している可能性がある。日本語学習者の中には選択履修の学習者も含まれるので、その影響が出たのではなかろうか。

6.2 将来性

さらに、学生たちに「韓国語を勉強して将来役立つと思うか」という質問もした(質問票1.9参照)。次の表2は、今回の台湾韓国語調査の結果(台湾学科学習者)である。比較のために日本韓国語調査のうち学習者のみの結果(日本学習者)を合わせて示した。

表2 韓国語は将来役に立つか
(台湾学科学習者131名と日本学習者209名)(数値は%)

	はい	いいえ	その他
台湾学科学習者	87.0	7.6	5.3
日本学習者	68.9	24.4	6.7

台湾調査では、将来役立つという回答が圧倒的に多い。韓国語学科に入学した学生であるから、当然と言えるかもしれない。役に立つと答えた人には、さらに、どのような役に立つかという質問もしている(質問票1.9a参照)。表2と同様、日本学習者の結果も合わせて図6に示す。なお、この質問は複数回答可なので、各項目の数値は韓国語が将来役立つと回答した人全体のうちその項目を選択した人の割合を示している。

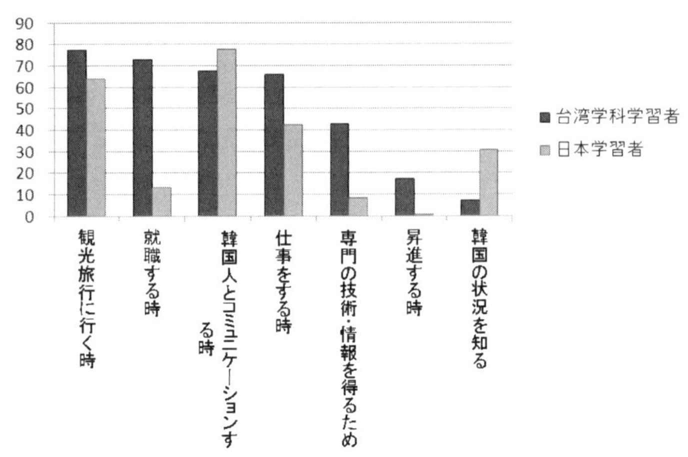

図6 韓国語は何の役に立つか
(台湾学科学習者114名と日本学習者144名)(数値は%)

すでに第Ⅰ部第2章で指摘したように、日本の韓国語学習者は、韓国人とのコミュニケーションや観光など、高い韓国語能力がなくてもできる項目において数値が高い。日本学習者は、高い韓国語能力と言うより、韓国語を知っていること自体が将来役立つと考えていると思われる。これに対し、台湾学科学習者は、就職や仕事で役立つとしており、実用的で高い韓国語能力を要する場面で役立つことを想定している。彼らは韓国語学科で学習しており、卒業後も韓国語を使って就職・仕事をすることをめざしているためであろう。就職や仕事で役立つとする傾向は、韓国の日本語学習者とよく似ており、台湾、韓国とも外国語学習において実用的な面を重要視する傾向があると思われる。

以上述べたことをまとめると、次のようになる。

1) 韓国に対するイメージは、台湾の学科学習者と日本の学習者でほとんど同じ回答傾向を示していた。韓国語学習への積極的な姿勢が韓国のイメージ形成に関係するのかもしれない。

2) 台湾において韓国イメージ、日本イメージともに、イメージ形成にもっとも大きな影響を与えているのはサブカルチャー関係であり、次に経済関係、影響が少ないのが歴史関係である。このことから、台湾ではサブカルチャーが学習言語に大きな影響を与えていると見られる。一方、日本では韓国のイメージ形成にサブカルチャーはあまり大きな影響を及ぼしておらず、この点で台湾と大きな違いがある。ただし、調査が日本での韓流ブーム以前だったので、その後変化している可能性がある。

3) 台湾では韓国語の学習動機として映画・テレビを見る、留学、就職など具体的な目的を立てている。一方、日本では韓国(人・文化)への興味、韓国が知りたいなど、韓国(人・文化)への漠然とした興味が動機となっている。

4) 台湾では韓国語、日本語ともにサブカルチャーが大きな学習動機になっている。さらに、台湾、韓国ともに、サブカルチャーが外国語の学習動機として重要な要素になっている。一方、日本では、イメージ形成、学習動機ともにサブカルチャーが大きな影響力を持っていない。

5) 台湾の学科学習者は、韓国語が就職や仕事で役立つとしており、その傾向は、韓国での日本語学習者とよく似ている。台湾、韓国とも外国語学習において実用的な面を重要視する傾向があると思われる。

7. おわりに

本稿では、台湾の大学生に行ったアンケート調査をもとに、韓国に対するイメージ形成に影響する要因、さらに韓国語学習の動機や韓国語に対する将来性について論じた。分析では、日本で行った韓国・韓国語に関する調査、台湾で行われた日本・日本語に関する調査も比較参照しながら、台湾の韓国・韓国語のイメージについて、その特徴を明らかにした。

最後に、今回のアンケート調査に協力していただいた台湾の学生諸君、授業担当の先生方、調査実施の手配をしてくださった篠原信行先生、結果集計を手伝ってくれた千恵蘭さんに、改めて感謝申し上げる。

参考文献

生越直樹(2004)「한국, 한국인에 대한 이미지 형성과 한국어 학습」,『한국언어문화학』 Vol.1 No.2, 国際韓国言語文化学会

齊藤明美(2003)『한국, 대만에서의 일본어교육현황 및 일본에서의 한국어교육현황 고찰 ―어학교육을 위한 언어적, 문화적 배경 기초조사를 중심으로― 基礎資料(韓国篇)』

齊藤明美(2006)「韓国と台湾における日本語学習の現在と日本に対するイメージについて」,『日本語教育研究』11, 韓国日語教育学会

사이토 아케미(2007) 「한국어 회자의 일본, 일본인, 일본어에 대한 이미지 ―대학생의 전공분야별 차이를 중심으로」

篠原信行(2003)「台湾の大学生の日本と日本語に関する意識とそのイメージ形成に影響を与える要因について」,『日本言語文芸研究』4, 台湾日本語言文芸研究学会

채련강(2005)「대만의 한국어교육」『한국어교육론3』(국제한국어교육학회 편), 한국문화사

〈付録〉アンケート調査票(日本調査)

韓国及び韓国語に関するアンケート調査

調査責任者 東京大学大学院総合文化研究科 生越直樹(03-5454-6339)

このアンケート調査は台湾の大学生を対象にしています。内容は,台湾の大学生における韓国,韓国人,韓国語に対するイメージ,及び具体的な韓国語学習に関する事柄です。

正しいとか間違っているということはありませんので,感じられたとおりに気楽に答えてください。

◎ 最初に, あなたご自身のことについて少し教えてください。

______________の部分に書き入れるか,該当する部分・番号に○を付けてください。

0-1. 所属 ______________大学________学院________学系________組________年

0-2. 年令______________才 性別(男, 女)

0-3. 国籍(台湾, 韓国, 北朝鮮, その他)

0-4. 出生地 台湾(県市)

外国(______________________)

0-5. 家族に韓国語を話せる人がいますか。(はい いいえ)

0-6. 韓国人の先生に韓国語を教わったことがありますか。 (はい いいえ)

0-7. 韓国人の知り合いがいますか。(はい いいえ)

0-8. 今まで韓国語を学習したことがありますか。(はい いいえ)

(はいと答えた人)

0-8a. 学習期間はどのくらいですか。

1.半年未満 2. 半年以上1年未満 3. 1年以上2年未満 4. 2年以上

0-8b. いつ学習しましたか。

1.小学校以前 2.小学校時代 3.中学校時代 4.高校時代 5.大学入学後

◎ 次の質問に答えてください。

[韓国,韓国人,韓国語のイメージについて]

1-1. あなたは**韓国**に対してどんなイメージを持っていますか。(○を付けてください)

1. とてもよい。　2. よい。　3. 特に他の国と変らない。
4. 悪い。　5. かなり悪い。

1-2. 以下の各事項は,あなたの**韓国**に対するイメージ形成にどのくらい大きな影響を与えていますか。各事項ごとに, 影響の度合を一つずつ選び, □に✓を書き入れてください。

(1) 過去の台韓関係	大□	中□	小□	無□
(2) 韓国の伝統文化	大□	中□	小□	無□
(3) 韓国の映画,アニメ	大□	中□	小□	無□
(4) 韓国の流行	大□	中□	小□	無□
(5) 韓国人観光客	大□	中□	小□	無□
(6) 新聞の報道	大□	中□	小□	無□
(7) 高等学校までの教育	大□	中□	小□	無□
(8) 韓国のテレビ番組	大□	中□	小□	無□
(9) 現在の韓国の経済	大□	中□	小□	無□
(10) 台湾と韓国との貿易関係	大□	中□	小□	無□
(11) 韓国の歌手,タレント	大□	中□	小□	無□
(12) 韓国人韓国語教師	大□	中□	小□	無□
(13) 台湾人韓国語教師	大□	中□	小□	無□
(14) 韓国製の商品	大□	中□	小□	無□
(15) 両国間の領土問題	大□	中□	小□	無□
(16) 現在の韓国の政策	大□	中□	小□	無□
(17) 韓国企業の活動	大□	中□	小□	無□
(18) 韓国人留学生	大□	中□	小□	無□
(19) サッカーワールドカップ	大□	中□	小□	無□
(20) 在台湾韓国人	大□	中□	小□	無□
(21) 韓国と北朝鮮の関係	大□	中□	小□	無□
(22) 台湾と北朝鮮の関係	大□	中□	小□	無□
(23) 北朝鮮に関する報道	大□	中□	小□	無□

1-3. あなたは**韓国人**に対してどんなイメージを抱いていますか。(○を付けてください)

1. とてもよい。　2. よい。　3. 特に他の国と変らない。
4. 悪い。　5. かなり悪い。

1-4. 以下の各事項は, あなたの**韓国人**に対するイメージ形成にどのくらい大きな影響を与えていますか。各事項ごとに影響の度合を一つずつ選び, □に✓を書き入れてください。

(1) 過去の台韓関係	大□	中□	小□	無□
(2) 韓国の伝統文化	大□	中□	小□	無□
(3) 韓国の映画,アニメ	大□	中□	小□	無□
(4) 韓国の流行	大□	中□	小□	無□
(5) 韓国人観光客	大□	中□	小□	無□
(6) 新聞の報道	大□	中□	小□	無□
(7) 高等学校までの教育	大□	中□	小□	無□
(8) 韓国のテレビ番組	大□	中□	小□	無□
(9) 現在の韓国の経済	大□	中□	小□	無□
(10) 台湾と韓国との貿易関係	大□	中□	小□	無□
(11) 韓国の歌手,タレント	大□	中□	小□	無□
(12) 韓国人韓国語教師	大□	中□	小□	無□
(13) 台湾人韓国語教師	大□	中□	小□	無□
(14) 韓国製の商品	大□	中□	小□	無□
(15) 両国間の領土問題	大□	中□	小□	無□
(16) 現在の韓国の政策	大□	中□	小□	無□
(17) 韓国企業の活動	大□	中□	小□	無□
(18) 韓国人留学生	大□	中□	小□	無□
(19) サッカーワールドカップ	大□	中□	小□	無□
(20) 在台湾韓国人	大□	中□	小□	無□
(21) 韓国と北朝鮮の関係	大□	中□	小□	無□
(22) 台湾と北朝鮮の関係	大□	中□	小□	無□
(23) 北朝鮮に関する報道	大□	中□	小□	無□

1-5. あなたは**韓国語**に対してどんなイメージを持っていますか。

(各項目ごとに一つを選んで○を付けてください。)

(1) ぞんざい	丁寧	どちらでもない
(2) 汚ない	きれい	どちらでもない
(3) 乱暴	おだやか	どちらでもない
(4) 嫌い	好き	どちらでもない
(5) 重苦しい	軽快	どちらでもない
(6) 聞きとりにくい	聞きとりやすい	どちらでもない
(7) 非能率的	能率的	どちらでもない
(8) くどい	あっさりしている	どちらでもない
(9) 遅い	速い	どちらでもない
(10) 固い	柔らかい	どちらでもない
(11) 難しい	易しい	どちらでもない
(12) 大声で話す	小声で話す	どちらでもない

1-6. 韓国へ行ったことがありますか。

1. ある　　2. ない

(1.を選んだ人(韓国に行ったことのある人)だけ答えてください)

1-6a. 韓国へ行った目的は何ですか。(複数選択可)

① 観光　② 語学研修　③ 交流プログラム

④ 親族訪問　⑤ その他(　　　　)

1-6b. 一番長く滞在した期間はどのくらいですか。(　　　　)

1-7. 将来(また)韓国に行ってみたいですか。

1. はい　2. いいえ　3. どちらでもいい

(1.を選んだ人(また行きたい人)だけ答えてください)

1-7a. その理由は何ですか。(複数選択可)

① 韓国のことをもっと知りたいから。　② 習った韓国語を使ってみたいから。

③ 興味があることを直接体験したいから。　④ 近い国だから簡単に行けそうだから。

⑤ 友人に会いたいから。　⑥ 韓国語を勉強したいから。

⑦ その他(　　　　)

1-8. 世界共通語は英語だと言われていますが,英語ができても韓国語が必要だと思いますか。

1. はい　　2. いいえ　　3. その他(　　　　　)

1-9. 韓国語を勉強して将来役に立つと思いますか。

1. はい　　2. いいえ　　3. その他(　　　　　)

(「1.はい」を選んだ人だけ答えてください)

1-9a. 具体的にどのような点で役立つと思いますか。(複数選択可)

① 仕事をする時　② 就職する時　③ 観光旅行に行く時
④ 韓国の状況を知るため　⑤ 韓国人とコミュニケーションする時
⑥ 専門の技術,情報を知るため　⑦ 昇進する時
⑧ その他(　　　　　)

1-10. あなたは今後どの外国語を勉強すれば役に立つと思いますか。
役に立つと思う順に3つ書いてください。

(1)________　(2)________　(3)________

[韓国語学習について]

2-1. あなたは韓国語を勉強したことがありますか。

a. 現在学んでいる　→ **2-1aへ**
b. 以前学んだことがある　→ **2-1bへ**
c. 一度も学んだことがない　→ **2-1cへ**

2-1a. (**2-1.でa.を選んだ方**(学んでいる方)**に質問します。**)韓国語を学習している理由は何ですか。(複数選択可)

a. 韓国のことが知りたい。　b. ほかの外国語より面白そうだ。
c. 易しそうだ。　d. 韓国,韓国人,韓国文化に興味がある。
e. 韓国語が指定されていて,学習せざるを得なかった。
f. マスコミの影響を受けた。　g. 友人の影響を受けた。
h. 父母の影響を受けた。　i. 韓国の映画,テレビ番組に興味がある。
j. 韓国の漫画・アニメに興味がある。　k. 韓国語の文献資料を読むため。

l. 韓国へ行くため。　m. 単位が必要.

n. 就職のため。　o. 留学するため。　p. その他 (　　　　　　　　)

2-1b. (**2-1. でb. を選んだ方**(以前学んだ方)**に質問します。**)韓国語の学習をやめた理由は何ですか。(複数選択可)

a. 韓国に興味がなくなった。　b. 韓国語は面白くなかった。

c. 韓国語は難しかった。　d. 韓国,韓国文化はつまらなかった。

e. 現在は韓国語を履修しなくてもよくなった。　f. マスコミの影響を受けた。

g. 友人の影響を受けた。　h. 父母の影響を受けた。

i. 韓国語を勉強しても希望する就職はできないと思う。

j. 将来,韓国語を使う仕事をする可能性は低いと思う。

k. 自分の研究では韓国語の文献資料を読む必要がない。

l. 台湾社会にとって韓国語は以前ほど重要な言語ではない。

m. もう必要な外国語の単位を取得した。

n. 韓国,韓国人が嫌いになった。

o. 単位がとれなかった。　p. 韓国に行く必要がない。

q. その他 (　　　　　　　　)

2-1c. (**2-1. でc. を選んだ方**(学んだことのない方)**に質問します。**)韓国語の学習をしない理由は何ですか。(複数選択可)

a. 韓国に興味がない。　b. 韓国語は面白くなさそうだ。

c. 韓国語は難しそうだ。　d. 韓国文化が嫌いだ。

e. 私の学科では韓国語を履修しなくてもよい。　f. マスコミの影響を受けた。

g. 友人の影響を受けた。　h. 父母の影響を受けた。

i. 韓国語を勉強しても希望する就職はできないと思う。

j. 将来,韓国語を使う仕事をする可能性は低いと思う。

k. 自分の研究では韓国語の文献資料を読む必要がない。

l. 台湾社会にとって韓国語は重要な言語ではない。

m. 他に勉強したい外国語がある。　n. 韓国,韓国人が嫌いだ。

o. 韓国の漫画・アニメに興味がない。　p. 韓国のテレビ番組は面白くない。

q. 韓国に行く必要がない。　r. その他 (　　　　　　　　)

2-2. (**現在韓国語を履修していない人に質問します。**)

あなたが現在,英語以外に学んでいる外国語は何ですか。もし複数ある場合は,もっとも熱心に学んでいる言葉を一つだけ選んでください。

a. ドイツ語　b. フランス語　c. スペイン語　d. ロシア語　e. イタリア語
f. アラビア語　g. 日本語　i. その他(　　　　　　　　)

2-2a. あなたがその言語を学ぼうと思ったのはなぜですか。(複数選択可)

a. その言葉を使う国に興味がある。　b. 面白しろそうだ。
c. 易しそうだ。　d. いろいろな外国語の学習に興味がある。
e. 私の学科ではその外国語を履修しなければならない。
f. マスコミの影響を受けた。　g. 友人の影響を受けた。
h. 父母の影響を受けた。　i. その言葉を勉強すると就職の時に有利だ。
j. 将来,その言葉を使う仕事をする可能性が高いと思う。
k. 自分の研究ではその言葉で書かれた文献資料を読む必要がある。
l. 台湾社会にとってその外国語は重要な言語だ。
m. 今はあまり重要ではないが,将来は重要な言語になりそうだ。
n. その国の文化に興味がある。　o. その国の製品が好きだ。
p. その国に行くため。　q. 特に理由はない。
r. その他 (　　　　　　　　)

◎ **現在韓国語を履修していない人は,これで終りです。**
ここからの質問には現在韓国語を学習している人のみ答えてください。

2-3. 韓国語を学習する事によって韓国語に対するイメージが変わりましたか。

1. はい　2. いいえ

2-4. 英語と比べて韓国語はどんな言語だと思いますか。

1. 英語より難しい。
2. 英語と比べて特に変わりはない。難しくも易しくもない。
3. 英語より易しい。

2-5. 現在,自身の韓国語の能力で何ができると思いますか。また将来, 韓国語がどのくらいできれば満足ですか。((　　)の中に該当するアルファベットを記入してください。)

(1) 韓国語の会話について

現在の程度 (　　　　　)　　将来の希望 (　　　　　)

a. よくできる(専門的な討論ができる)　b. できる(韓国で一人で旅行ができる)

c. すこしできる(韓国語で買物ができる)　d. ほとんどできない

(2) 韓国語の聴解について

現在の程度 (　　　　　)　　将来の希望 (　　　　　)

a. よくできる(テレビを見たり,ラジオを聴いた時,内容が十分に理解できる程度)

b. できる(テレビドラマで言っている内容がおおよそわかる)

c. すこしできる(テレビドラマの内容がすこし理解できる)

d. ほとんどできない

(3) 韓国語の読解について

現在の程度 (　　　　　)　　将来の希望 (　　　　　)

a. よくできる(辞書を引かずに小説が読める)

b. できる(辞書を引かずに新聞が読める)

c. すこしできる(辞書を引きながら新聞が読める)

d. ほとんどできない

(4) 韓国語の作文について

現在の程度 (　　　　　)　　将来の希望 (　　　　　)

a. よくできる(レポートが書ける)　b. できる(メールが書ける)

c. すこしできる(簡単なメモが書ける)　d. ほとんどできない

2-6. あなたにとって韓国語で難しいのは下のどれですか。(複数選択可)

a. 会話　b. 聴解　c. 読解　d. 作文　e. その他(　　　　　)

2-7. 韓国語を学習する時,あなたにとって難しいのは何ですか。(複数選択可)

a. ハングル文字　b. 発音　c. イントネーション　d. 分かち書き

e. 正書法・綴り　f. 単語　g. 接続語尾　h. 文末語尾　i. 時制　j. 助詞

k. 外来語　l. 漢字語　m. 変則(変格)動詞　n. 敬語　o. 韓国語らしい表現

p. インフォ　マルな会話　q. フォーマルな会話　r. その他(　　　　　)

2-8. あなたにとって韓国語で易しいのは下のどれですか。

a. 会話　b. 聴解　c. 読解　d. 作文

2-9. 韓国語を学習する時,あなたにとって易しいのは何ですか。(複数選択可)

a. ハングル文字　b. 発音　c. イントネーション　d. 分かち書き
e. 正書法・綴り　f. 単語　g.接続語尾　h. 文末語尾　i. 時制　j. 助詞
k. 外来語　l. 漢字語　m. 変則(変格)動詞　n. 敬語　o. 韓国語らしい表現
p. インフォ　マルな会話　q. フォーマルな会話　r. その他(　　　　)

2-10. 韓国語を学習する時,具体的にはどのような方法で学習しますか。(複数選択可)

a. 韓国語の教科書を暗記する　b. 授業を大切にする　c. 授業の予習, 復習をする
d. 韓国の書物・新聞を読む　e. カセットテープ, CDを聴く　f. ビデオテープを見る
g. ラジオを聴く　h. テレビを見る　i. 韓国人と会話をする
j. テレビゲームをする　k. 漫画を読む　l. 韓国の歌をうたう
m. 語学学校に行く　n. 韓国への旅行　o. 韓国語で文通をする
p. インタ　ネットをする　q. その他(　　　　)

2-11. いままでやってみた韓国語学習法の中で役に立った方法は何ですか.

(2-10のa~qの中から3つ選んでください。)

(1)________　(2)________　(3)________

2-12. 韓国語の授業に望む内容(授業で学びたい内容)や方法は何ですか。

(3つ選択してください。)

(1) 内容

a. 会話　b. 聴解　c. 作文　d. 読解　e. 文法
f. 翻訳　g. 発音　h.その他(　　　　)

(2) 方法 - 韓国人の先生に教わるとすればどういうふうに教えてもらいたいですか。

望む方法はどんな方法ですか。(5つ選択してください)

a. クイズやゲームを多く取り入れてほしい。　b. 歌を教えてほしい。
c. 漫画や絵などを使って教えてほしい。　d. ビデオを使って教えてほしい。
e. 韓国語だけで授業してほしい。　f. 教科書に忠実に教えてほしい。
g. 母国語の翻訳をたくさん入れてほしい。　h. 文法をしっかり教えてほしい

i. 会話中心に授業をしてほしい　j. 書きことば中心の授業をしてほしい
k. 作文ができるように教えてほしい　l. 文型練習をたくさんしてほしい
m .読解中心の授業をしてほしい　n. 聴解中心の授業をしてほしい
o. 韓国の生活,文化を教えてほしい　p. 韓国の社会について教えてほしい
q. 韓国の政治,経済を教えてほしい
r. 韓国人とコミュニケ　ションができるようにしてほしい
s. その他(　　　　　　　　　　　　)

(3) 方法 - 台湾人の先生に望む方法はどんな方法ですか。 (5つ選択してください)
a. クイズやゲームを多く取り入れてほしい。b. 歌を教えてほしい。
c. 漫画や絵などを使って教えてほしい。　d. ビデオを使って教えてほしい。
e. 韓国語だけで授業してほしい。　f. 教科書に忠実に教えてほしい。
g. 母国語の翻訳をたくさん入れてほしい。　h. 文法をしっかり教えてほしい
i. 会話中心に授業をしてほしい。　j. 書きことば中心の授業をしてほしい。
k. 作文ができるように教えてほしい。　l. 文型練習をたくさんしてほしい。
m. 読解中心の授業をしてほしい。　n. 聴解中心の授業をしてほしい。
o. 韓国の生活,文化を教えてほしい。　p. 韓国の社会について教えてほしい。
q. 韓国の政治,経済を教えてほしい。
r. 韓国人とコミュニケ　ションができるようにしてほしい。
s. その他(　　　　　　　　　　　　)

2-13. 家で韓国語を学習する時に, 何に重点を置いて学習していますか。
(2つ選択してください)
a. 会話　b. 聴解　c. 読解　d. 発音　e. 単語　f. 作文
g. 文法　h. その他(　　　　　　　　)

2-14. 韓国語の学習をする時,現在のあなたの学習環境で問題があるとすれば,
どんな点ですか。(複数選択可)
a. 韓国語の新聞がない　b. 韓国語関係のカセットテ　プ,CDが少ない
c. 一クラスの学生数が多い　d. 韓国語教材の種類が少ない
e. 韓国人の先生が少ない　f. 授業時間数が少ない。
g. クラス以外では使うチャンスがない　h. その他(　　　　　　　　)

2-15. 大学を卒業した後,韓国語を使って何かしたいと考えていますか。

a. 大学院に進学したい　b. 留学したい　c. 翻訳家になりたい
d. 通訳になりたい　e. 観光旅行をしたい
f. 仕事上韓国語を必要とする会社に就職したい
g. 入社試験に韓国語が必要な会社に就職したい
h. 娯楽(ゲーム)　i. 情報収集　j. 特になし
k. その他(　　　　　　　　　　)

ご協力どうもありがとうございました。

〈付録〉アンケート調査票(台湾調查)

韓國與韓文相關問卷調查

調查負責人 東京大學研究所綜合文化研究科 生越直樹

這是一份以台灣學生為對象的問卷調查。內容是有關於台灣大學生對於韓國、韓國人及韓文的印象調查,以及一些學習韓文上的具體相關事物。

因為沒有所謂的正確答案,請依直覺輕鬆作答,謝謝。

◎ 首先,請依照您自身情況回答下列問題。

請在____________________中填入資料,或圈選符合的選項。

0-1. 就讀____________大學____________學院___________學系______組______年級

0-2. 年齡______________歲

0-3. 國籍(中華民國、南韓、北韓、其他)

0-4. 出生地 台灣(縣市)

國外(________________________)

0-5. 您家中有人會說韓語嗎? (有 沒有)

0-6. 您曾跟韓國老師學過韓文嗎? (有 沒有)

0-7. 您認識韓國朋友嗎? (有 沒有)

0-8. 您曾經學習過韓文嗎? (有 沒有)

(回答'有'的人請繼續做答)

0-8a. 您學了多久的韓文?

1.半年以下 2.半年以上未滿1年 3.1年以上未滿2年 4.2年以上

0-8b. 您是從何時開始學習的?

1.國小之前 2.國小 3.國中 4.高中 5.大學以後

◎ 請回答下列問題

〔關於對韓國、韓國人、韓語的印象〕

1-1. 請問您對**韓國**的印象如何?(請圈選)

1. 很好　2.好　3.和別的國家沒甚麼不同

4. 不好　5.很不好

1-2. 在形成對**韓國**印象的過程中,下列各個項目產生了多大的影響呢?

請逐項選出影響的程度,並請在□中打ˇ。

(1)過去的台韓關係	大□	中□	小□	無□
(2)韓國的傳統文化	大□	中□	小□	無□
(3)韓國的電影、動畫	大□	中□	小□	無□
(4)韓國的各種流行	大□	中□	小□	無□
(5)韓國觀光客	大□	中□	小□	無□
(6)報紙的報導	大□	中□	小□	無□
(7)高中以前的教育	大□	中□	小□	無□
(8)韓國的電視節目	大□	中□	小□	無□
(9)現在韓國的經濟狀況	大□	中□	小□	無□
(10)台灣和韓國的貿易關係	大□	中□	小□	無□
(11)韓國的歌手藝人	大□	中□	小□	無□
(12)韓國籍韓文老師	大□	中□	小□	無□
(13)本國籍韓文老師	大□	中□	小□	無□
(14)韓國製的商品	大□	中□	小□	無□
(15)兩國間的領土問題	大□	中□	小□	無□
(16)現在韓國的政策	大□	中□	小□	無□
(17)韓國的企業活動	大□	中□	小□	無□
(18)韓國留學生	大□	中□	小□	無□
(19)世界盃足球賽	大□	中□	小□	無□
(20)在台灣的韓國人	大□	中□	小□	無□
(21)南韓和北韓關係	大□	中□	小□	無□
(22)台灣和北韓的關係	大□	中□	小□	無□
(23)關於北韓的報導	大□	中□	小□	無□

1-3. 請問您對**韓國**人的印象如何?(請圈選)

1. 很好　　2.好　　3.和別的國家沒甚麼不同
4. 不好　　5.很不好

1-4. 在形成對**韓國**人印象的過程中, 下列各個項目產生了多大的影響?
請逐項選出影響的程度, 並請在□中打ˇ。

(1)過去的台韓關係	大□	中□	小□	無□
(2)韓國的傳統文化	大□	中□	小□	無□
(3)韓國的電影、動畫	大□	中□	小□	無□
(4)韓國的各種流行	大□	中□	小□	無□
(5)韓國觀光客	大□	中□	小□	無□
(6)報紙的報導	大□	中□	小□	無□
(7)高中以前的教育	大□	中□	小□	無□
(8)韓國的電視節目	大□	中□	小□	無□
(9)現在韓國的經濟狀況	大□	中□	小□	無□
(10)台灣和韓國的貿易關係	大□	中□	小□	無□
(11)韓國的歌手藝人	大□	中□	小□	無□
(12)韓國籍韓文老師	大□	中□	小□	無□
(13)本國籍韓文老師	大□	中□	小□	無□
(14)韓國製的商品	大□	中□	小□	無□
(15)兩國間的領土問題	大□	中□	小□	無□
(16)現在韓國的政策	大□	中□	小□	無□
(17)韓國的企業活動	大□	中□	小□	無□
(18)韓國留學生	大□	中□	小□	無□
(19)世界盃足球賽	大□	中□	小□	無□
(20)在台灣的韓國人	大□	中□	小□	無□
(21)南韓和北韓關係	大□	中□	小□	無□
(22)台灣和北韓的關係	大□	中□	小□	無□
(23)關於北韓的報導	大□	中□	小□	無□

1-5. 請問您對韓語的印象如何?(請逐一圈選出一項合適的答案)

(1)粗魯無禮	有禮合宜	兩者皆非
(2)粗野	得體	兩者皆非
(3)粗暴的	溫和的	兩者皆非
(4)不喜歡	喜歡	兩者皆非
(5)沉悶	輕快	兩者皆非
(6)發音不清楚	發音很清楚	兩者皆非
(7)無法有效地傳達意思	能有效地傳達意思	兩者皆非
(8)囉嗦絮叨	簡明輕快	兩者皆非
(9)緩慢的	快速的	兩者皆非
(10)聽起來死板僵硬	聽起來柔和輕鬆	兩者皆非
(11)困難的	容易的	兩者皆非
(12)說話音量大	說話音量小	兩者皆非

1-6. 您曾去過韓國嗎?

1.有　　2.沒有

(選擇1(曾經去過韓國)的人 請續答1 6a.1 6b.)

1-6a. 您去韓國的目的是?(可複選)

①觀光　②語言進修　③交流活動

④探親　⑤其他(＿＿＿＿＿＿＿＿＿＿＿＿)

1-6b. 最長停留多久時間?(＿＿＿＿＿＿＿＿＿＿＿＿＿＿)

1-7 將來想(再)去韓國嗎?

1.想　　2.不想　　3.沒有特別想或不想

(選擇1的人 請續答1 7a.)

1-7a. 想去的理由為何?

①想更進一步認識韓國　②想用所學的韓文跟韓國人溝通

③想親身體驗一下自己感興趣的事　④因為是鄰近國家感覺容易成行

⑤想和朋友見面　⑥想學韓文

⑦其他(＿＿＿＿＿＿＿＿＿＿＿)

1-8. 英語是世界共通的語言,既已學會英文,您認為還有必要學韓文嗎?

1.有　2.沒有　3.其他(________________)

1-9. 您認為學習韓文將來會有用嗎?

1.會　2.不會　3.其他(________________)

(回答「1.會」的人 請續答1 9a)

1-9a. 您認為在哪些方面會有具體上的幫助?(可複選)

①工作上　②求職上　③觀光旅行時

④為了取得韓國國家概況　⑤和韓國人交談時

⑥為了取得專門的技術、情報　⑦升遷時

⑧其他(　　　　　)

1-10. 您認為今後要學習哪種語言比較有用?請按有用的程度依序寫出三種

(1)__________　(2)__________　(3)__________

［關於學習韓文］

2-1. 您曾經學過韓文嗎?

a.現在正在學　→ **跳答2-1a**

b.之前曾經學過　→ **跳答2-1b**

c.從未學過　→ **跳答2-1c**

2-1a. (針對在2-1.選擇a(現在正在學)的人)請問您為何學習韓文?(可複選)

a.想了解韓國的事物　b.覺得韓語比別的語言有趣　c.覺得比較簡單

d.對韓國、韓國人、韓國文化感興趣　e.因為韓文是必修課不得不學

f.受了媒體的影響　g.受了朋友的影響　h.受了父母的影響

i.對韓國的電影、電視節目感興趣　j.對韓國的漫畫、動畫感興趣

k.為了解讀韓文的文獻資料　l.為了要去韓國　m. 為了學分

n.為了求職　o.為了留學　p.其他(________________)

2-1b. (針對在2-1. 選擇b(之前曾經學過)的人)請問您為何停止學習韓文?(可複選)

a. 對韓國失去興趣　　b. 韓文一點都不有趣

c. 韓文太難了　　d. 韓國、韓國文化很無聊

e. 現在可以不用在修讀韓文了　　f. 受了大眾傳播媒體的影響

g. 受了朋友的影響　　h. 受了父母的影響

i. 因為覺得即使學習韓文也無法找到裡想的工作

j. 因為覺得將來仰仗韓文就業的可能性不高

k. 在自己的研究領域沒有必要閱讀韓文的文獻資料

l. 對台灣社會而言韓文不再像從前的那般重要

m. 已經取得足夠的外語學分

n. 不再喜歡韓國、韓國人　　o. 無法取得學分

p. 沒有去韓國的必要　　q. 其他(________________)

2-1c. (針對在2-1. 選擇c(從未學過)的人)請問您為何不學習韓文?(可複選)

a. 對韓文沒興趣　　b. 覺得韓文一點都不有趣

c. 覺得韓文好像很難　　d. 討厭韓國文化

e. 我讀的科系不用修韓文　　f. 受到大眾傳播媒體的影響

g. 受了朋友的影響　　h. 受了父母的影響

i. 因為覺得即使學習韓文也無法找到理想的工作

j. 因為覺得將來仰仗韓文就業的可能性不高

k. 在自己的研究領域沒有必要閱讀韓文的文獻資料

l. 對台灣社會而言韓文不是重要的語言

m. 另有其他想學習的語言

n. 討厭韓國、韓國人

o. 對韓國的漫畫、動畫沒興趣　　p. 覺得韓國的電視節目不好看

q. 沒有去韓國的必要　　r. 其他(________________)

2-2. (針對現在沒有修習韓文的人)

您現在除了英語以外,還學習甚麼語言?如果正在學習兩種以上的語言，請選擇一個自己最熱中於學習的語言。

a. 德語　　b. 法語　　c. 西班牙語　　d. 俄語　　e. 義大利語

f. 阿拉伯語　　g. 日語　　h. 其他(________________)

2-2a. 請問您為何想要學習此種語言?(可複選)

a.想了解使用此種語言的國家的事物　　b.覺得好像很有趣

c.覺得好像比較簡單　　d.對學習各種外語感興趣

e.因為自己系上規定要學該語而不得不學

f.受了大眾傳播媒體的影響　　g.受了朋友的影響

h.受了父母的影響　　i.學習該種語言將來有利於就業

j.因為覺得將來仰仗該種語言就業的可能性很高

k.在自己的研究領域,必須要閱讀該種語言所寫的文獻資料

l.對台灣社會而言該種語言很重要

m.雖然現在不怎麼重要,但將來可能成為重要的語言

n.對該國的文化感興趣

o.喜歡該國的製品　　p.為了前往該國

q.沒有特別的理由　　r.其他(____________________)

◎ 現在沒有修習韓文的人,到此作答完畢。

以下的問題,請現在正在學習韓文的人作答。

2-3. 請問您有沒有因為學習韓文而改變了原先對韓文的印象?

1.有　　2.沒有

2-4. 和英文相比,您認為韓文是怎樣的一種語言?

1. 比英文難
2. 和英文沒甚麼不同。既不難也不簡單
3. 比英文容易

2-5. 您認為您現在的韓語能力能做什麼?又,您認為您的韓語能力要學到甚麼程度才能滿足?(請在()內填入適當的英文選項。)

(1) 韓文會話方面

現在的程度(　　　　　　)　　將來的希望(　　　　　　)

a.程度非常好(能夠進行專業的討論)　　b.程度很好(能獨自一人在韓國旅行)

c.還可以(能在韓國購物)　　d.幾乎完全不行

(2) 韓文聽力方面

現在的程度( ) 將來的希望( )

a.程度非常好(看電視、聽廣播時能充分了解其內容)

b.程度很好(大致了解電視戲劇的內容)

c.還可以(可以了解一點電視戲劇的內容)

d.幾乎完全不行

(3) 韓文閱讀方面

現在的程度( ) 將來的希望( )

a.程度非常好(不用查字典即可看懂韓文小說)

b.程度很好(不用查字典即可看懂韓文報紙)

c.還可以(邊查字典即可看懂韓文報紙)

d.幾乎完全不行

(4) 韓文寫作方面

現在的程度( ) 將來的希望( )

a.程度非常好(能書寫報告)

b.程度很好(會寫電子郵件)

c.還可以(會寫簡單的電子郵件)

d.幾乎完全不行

2-6. 下列何者對您來說為學習韓文較難的部分?(可複選)

a.會話 b.聽力 c.閱讀 d.寫作 e.其他(__________________)

2-7. 當您在學習韓文時, 何者較難?(可複選)

a.韓文文字 b.發音 c.聲調 d.韓文特術分開寫法
e.拼寫法 f.單字 g.接續語尾 h.句末語尾 i時態 j.助詞
k.外來語 l.漢語 m.變格(變則)動詞 n.敬語 o.道地的韓語表現
p.通俗講法 q.正式講法 r.其他(______________________)

2-8. 學習韓語對您而言下列那個部份較容易?

a.會話 b.聽力 c.閱讀 d.寫作

2-9. 當您在學習韓文時,何者較容易?(可複選)

a.韓文文字 b.發音 c.聲調 d.韓文特術分開寫法

e.拼寫法 f.單字 g.接續語尾 h.句末語尾 i.時態 j.助詞

k.外來語 l.漢語 m.變格(變則)動詞 n.敬語 o.道地的韓語表現

p.通俗講法 q.正式講法 r.其他(________________________________)

2-10. 請問您用哪些具體的方法學習韓文?(可複選)

a.念韓文教科書 b.重視課堂上的學習 c.課前預習課後複習

d.閱讀韓文書籍、報紙 e.聽CD、錄音帶 f.看錄影帶

g.收聽廣播 h.看電視 i.和韓國人交談 j.玩電動遊戲(video game)

k.看漫畫 l.唱韓國歌曲 m.上語言學校 n.到韓國旅行

o.用韓語寫信 p.上網 q.其他(________________________)

2-11. 到目前為止用過的學習方法中您覺得哪種比較有效?(請從2 10的a~q選項中選出三個)

(1)______________ (2)______________ (3)________________

2-12. 請問您希望上韓文教學課程(想在課堂上學習的內容)及方法為何?

(1) 內容(請選出三個)

a.會話 b.聽力 c.寫作 d.閱讀 e.文法 f.翻譯 g.發音

h.其他(____________________________)

(2) 方法-如果您的老師是韓國人,您希望他用什麼方式教學?(請選出五個)

a.多採問答、遊戲的方式上課 b.希望能教唱韓文歌曲

c.希望能使用漫畫、圖片當教材 d.希望能使用錄影帶教學

e.希望只用韓文上課 f.希望照著教科書上課

g.希望多用中文講解 h.希望能紮實地教好文法

i.希望上課以會話為主 j.希望上課以書面文字為主

k.希望以能學會寫作為主 l.希望能多做文法練習

m.希望上課以閱讀為主 n.希望上課以聽力為主

o.希望教學與韓國的生活、文化相關 p.希望教學與韓國的社會相關

q.希望教學與韓國的政治、經濟相關 r.希望能訓練到有能力和韓國人交談

s.其他(______________________)

(3) 方法-如果您的老師是台灣人,您希望他用什麼方式教學?(請選出五個)

a. 多採問答、遊戲的方式上課　　b. 希望能教唱韓文歌曲
c. 希望能使用漫畫、圖片當教材　　d. 希望能使用錄影帶教學
e. 希望只用韓文上課　　f. 希望照著教科書上課
g. 希望多用中文講解　　h. 希望能紮實地教好文法
i. 希望上課以會話為主　　j. 希望上課以書面文字為主
k. 希望以能學會寫作為主　　l. 希望能多做文法練習
m. 希望上課以閱讀為主　　n. 希望上課以聽力為主
o. 希望教學與韓國的生活、文化相關　　p. 希望教學與韓國的社會相關
q. 希望教學與韓國的政治、經濟相關
r. 希望能訓練到有能力和韓國人交談
s. 其他(____________________)

2-13. 當您在家學習韓文時,學習重點為何?(請選出二個)

a. 會話　b. 聽力　c. 閱讀　d. 發音　e. 單字　f. 寫作
g. 文法　h. 其他(________________)

2-14. 您目前學習韓文,在學習環境方面,有什麼問題?(可複選)

a. 沒有韓文報紙　b. 與韓文相關的錄音帶、CD不多　c. 大班教學
d. 韓文教材種類很少　e. 韓籍老師很少　f. 上課的時數很少
g. 課堂以外使用的機會很少　h. 其他(________________________)

2- 15. 大學畢業後,您打算仰仗韓文從事那方面的工作、活動?

a. 想繼續讀研究所　b. 想去留學　c. 想成為翻譯人員
d. 想成為口譯人員　e. 想去觀光旅行
f. 想到工作上必須要使用韓語的公司就職
g. 想到徵才時要考韓文的公司就職
j. 娛樂(遊戲)　i. 蒐集資訊　j. 沒有特別想做的事
k. 其他(____________________)

萬分感謝您的大力協助

第Ⅱ部 台湾における日本語教育とイメージ形成

第1章 台湾における日本語教育の概観と問題点

第2章 台湾の大学生の日本と日本語に関する意識とそのイメージ形成に与える要因について

第3章 台湾の日本語学習者は日本語学習をどのようにとらえているかー日本語学習の動機、到達目標、学習方法を中心にー

第1章　台湾における日本語教育の概観と問題点

篠原信行

1. はじめに

台湾[1]は、毎年巨額の対日貿易赤字を抱えており[2]、日本との政治外交的関係でも、歴史問題、従軍慰安婦問題、領土問題など一朝一夕には解決できそうもない難問を抱えている。これらの問題は、時として新聞紙上で喧伝されるが、それにもかかわらず、日本との経済的、人的交流の緊密度は一向に衰退していない。

現在の台湾社会、とりわけ大学の中にあっては、アメリカ志向が強いと感じられるが、その一方で、街中だけでなく大学のキャンパスにも「哈日(ハーリー)族[3]」と呼ばれる、日本のサブカルチャーに強い関心を示す若者たちも多い。80年代後半から政治的に民主化が進展し、経済的にも目覚ましい発展を遂げてきた台湾は、1994年になってマスコミにおける日本語の使用を解禁したが、その結果、日本からの

1) 中国との混同を避け、本稿では主に「中華民国」ではなく、「台湾」という呼称を用いる。

2) 2008年、日本は、台湾の第二の貿易相手国である。輸入では第一の輸入相手国で、輸出では第四の輸出国である。2007年の台湾の対日輸出額は175.6億ドル、対日輸入額は465.1億ドルである。産業構造の関係で、台湾の対日貿易は依然として赤字である。

3)「哈」は、熱愛する、熱中する、何々に狂うという意味の台湾語。「日」は日本。

大量の物品、文化、情報が流れ込むことになる。若者たちの「哈日」行動は、このような状況が生み出した社会現象の一つである。

このような台湾社会における日本語教育はどのような状況であるか、カリキュラムはどうか、学習者の学習動機は何か、またどのような問題が存在するのか、等々について概観したい。

2. 台湾の日本語教育の歴史的変遷(第二次大戦以降)

台湾は1895年に日本に割譲されてから1945年までの50年間、日本の統治下に置かれ、日本語教育が行われていた。1945年以降は、国民党政権の下、国語(中国語)が唯一の公用語とされ、公の場での日本語の使用は全面的に禁止された。

1952年に日本と中華民国の間で講和条約が調印されると、日本と中華民国の交流が徐々に活発化し、60年代に入ると経済的交流だけでなく、文化、観光、ビジネスといった人的交流も盛んになり、日本語学習の機運も徐々に高まってきた。1963年、私立中国文化学院(現　私立中国文化大学)に東方語文系日文組が設立された。日文組はロシア語組、韓文組との並立[4]であったが、台湾の大学としては初めての日本語学科で、台湾の日本語教育にとっては画期的な出来事である。次いで、1966年には私立淡江文理学院(現　私立淡江大学)、1969年には私立輔仁大学、1972年には私立東呉大学と、三年おきに台北及びその近郊の私立大学の日本語学科設立が認可された。

4) 1992年からは日本語文学系として独立した学科となった。

しかし、1972年に日本が中華民国との国交を断絶して中国と国交を樹立して以降は、経済的人的交流が年々深まっていったにもかかわらず、大学の日本語学科の増設は、1980年に国立台中商業専門学校(現　国立台中科技大学)に応用外国語科日文組が設立されるまでストップする。

1988年からの李登輝政権時代に、台湾経済は「台湾の奇跡」と形容されるような飛躍的な発展を遂げるとともに、政治的には民主化が推し進められたが、そのような流れの中、日本語も徐々に解禁の方向が見えてきた。まず、1986年に設立された国立空中大学(日本の放送大学に当たる)では、1988年から一般社会人向けの成人教育として日本語講座の放送を開始した。また、1989年には国立政治大学に東方語文系日文組が設立され、1991年には私立東呉大学に日本語教師養成を第一の目的とする日本研究所博士課程(大学院博士課程)が設置された。1992年には、台湾中部の台中市の私立東海大学に北部以外の地域の大学としては最初の日本語文学系が設立され、そして、1994年に国立台湾大学に独立した学科として日本語文学系が設立されたのである。また、長く禁止されていたテレビ・ラジオでの日本語の放映・放送が解禁され、衛星放送を通じて日本からの情報も直接入ってくるようになったのも、同じ1994年である。

1993年度からは、大学の第一外国語として英語以外の言語も自由に履修できるようになり、ほとんどの大学で日本語が外国語の必修科目として加えられ、日本語学習者が急増した。また、近年は教育部(日本の文部科学省に当たる)の指導監督の下、高級中学(高等学校)での日本語クラスの開設が進んでいる[5)]。

3. 台湾の日本語教育の現況

3.1 日本語学習者の総数

海外の日本語学習者総数は200万人強と言われるが、その中で韓国、オーストラリア、中国などアジアの学習者数が大半を占める[6)]。国際交流基金(2000)によると、韓国の学習者数がずば抜けて多い。

〈表1〉 各国の日本語学習者数

国名/地域名	学習者数
韓 国	948,104人
オーストラリア	307,765人
中 国	245,863人
米 国	112,977人

台湾の学習者数は、192,654人と上掲の〈表1〉の米国よりも多く、第4位にランクされる学習者数である。

5) 陳淑娟(1999)によると、1993年前後から学生の要求で一部の普通高校に日本語関係のクラブが設置され、1995年の『新高級中学課程標準』で日本語が選択科目として中等教育に組み入れられたという。教育部は1995年に「第一回全国第二外国語教学研討会」を開催し、1996年に「推動高級中学選修第二外国語文実験計画」を実施した。また1998年には国立台湾大学で「高中第二外国語教学研討会」を主催し、教育政策と行政措置、教師養成、教材開発、教授法、上級学校との連携などなどについて、高校大学双方の参加者を交えて議論を行った。その成果は、『高中第二外国語教学研討会成果報告書』に纏められ、「推動高級中学選修第二外国語文実験計画」に反映されている。

6) 国際交流基金日本語国際センター(2000)『海外の日本語教育の現状 1998年』

〈表2〉 台湾の日本語学習者数7)

国名/地域名	学習者数
台 湾	192,654人

また、〈表3〉から分かるように、漢字文化圏の韓国、中国、台湾では、英語と自国語に次ぐ言語として日本語が重視されている。

〈表3〉 今後の世界のコミュニケーションで必要と思われる言語8)

	1位	2位	3位	4位	5位
韓国	英語	韓国語	日本語	中国語	フランス語
中国	英語	中国語	日本語	フランス語	ロシア語
台湾	英語	中国語	日本語	台湾語	スペイン語

台湾の日本語学習者数、日本語に対する注目度から、台湾は海外の日本語教育における重要な地域の一つと言えよう。

3.2 日本語学習者の所属教育機関

前述したように、台湾の日本語学習人口は19万人強で、韓国、オーストラリア、中国に次いで多い。しかし、学習者がどのレベルの教育機関で学習しているかに関しては、韓国、中国、台湾で大きく異なっている。台湾では高等教育機関に所属する日本語学習者の比率が高く、初中等教育機関の学習者数は相対的に少ない。しかし、このような傾向も、高校レベルでの日本語教育が始まってから

7) 財団法人交流協会(2001)『台湾における日本語教育事情調査報告書(改訂版) 平成11年度』

8) 本名信行・岡本佐智子編(2000)『アジアにおける日本語教育』

は、変わりつつある。

〈表4〉 日本語学習者の所属教育機関[9)]

国名/地域名	初中等教育機関	高等教育機関	学校教育以外
台湾	29.7%	39.4%	31.6%
韓国	77.1%	15.6%	7.2%
中国	47.5%	38.9%	13.6%

また、台湾の場合、学校教育以外の教育機関で日本語を学習する比率が他と比して非常に高いのが注目される。学校教育以外の教育機関としては、補習班(日本の語学塾に当たる)、学外に開放された大学の推広部(語学センター、社会人教育部門)、政府機関や企業内の日本語教室、個人教授などがある。中でも、もっとも多くの学習者を抱えるのは補習班で、日本語クラスを設置する補習班254校の日本語学習者数は、約64.300人ほどと推定されている[10)]。

3.3 高等教育機関における学習者数の推移

台湾の高等教育機関における日本語学習者数は増加傾向にある。学習者数が増加している主な原因は、近年台湾で多くの四年制大学、科技大学、技術学院が新設されたこと、それに伴って日本語学科も新設されたことにあると思われる。しかし、日本語教育機関数は、平成8年には104校だったが、平成11年には132校(+26.9%増)に増えているのに対して、学習者数の増加は18.1%にとどまっている。ま

9) 谷口(2001)「アジアにおける日本語教育の現状」所掲のグラフより作成
10) 財団法人交流協会(2001)『台湾における日本語教育事情調査報告書(改訂版) 平成11年度』p.7

た、国立台湾大学1校に限ってみれば、〈表6〉に示すように学習者数の目立った増加は見られない。

〈表5〉 高等教育機関における日本語教育機関数と学習者数[11]

機関数			学習者数		
平成8年	平成11年	増加率	平成8年	平成11年	増加率
104校	132校	+26.9%	62,238人	73,505人	+18.1%

〈表6〉 台湾大学における日本語クラス数と履修者の推移 (( )内はクラス数)

	1999年度	2000年度	2001年度
日文(一年生必修)履修者数	400(7)	367(7)	383(7)
日文Ⅰ 履修者数	419(6)	607(8)	423(7)
日文Ⅱ 履修者数	207(7)	180(7)	334(6)
日文Ⅲ 履修者数	18(1)	42(1)	31(1)

3.4 中等教育機関における学習者数の推移

日本語学習者数の増加は、中等教育機関でも見られる。台湾の中等教育機関は、国民中学(中学校)、高級中学(普通高校)、職業学校(職業高校)の三つに分けられるが、教育部が中等学校における第二外国語教育の必要性を説き、積極的に奨励していることから、近年中等教育で日本語クラスを設ける学校が急増しており、それに伴って学習者数も増えている。また、教育改革が進められ、かつての大学聯考(統一入学試験)だけの制度から多元的な入学試験制度に変わり、多くの大学の日本語学科が推薦入学枠を設けた。そのことが日

11) 財団法人交流協会(2001)上掲書

本語学習の誘因の一つとなり、中等教育レベルでの学習者増加の一因となっている。また、教育部は1997年より中学三年生に対する第二外国語教育を認めたが、それに伴って完全中学(中高一貫教育校)の中には日本語教育の実施を始めた学校もある。

〈表7〉 中等教育機関における日本語教育機関数と学習者数

機関数			学習者数		
平成8年	平成11年	増加率	平成8年	平成11年	増加率
95校	277校	+191.6%	31,917人	57,029人	+79.7%

3.5 大学日本語学科のカリキュラム

下に掲げる〈表8〉〈表9〉は、それぞれ台湾の私立淡江大学日本語文学系と国立台湾大学日本語文学系のカリキュラムである。両校のカリキュラムを比較すると、私立淡江大学が一年から四年まで日本語の学習と日本語以外の分野の講義を並行して行っているのに対し、国立台湾大学の場合は日本語の学習が一、二年に集中しており、日本研究、日本文学関係の科目が三、四年に集中している。このように、カリキュラムの設定はある程度は各学科の自由裁量に任されており、それぞれの特色を出すためのカリキュラムが組まれている。卒業に必要な最低単位数は124~140単位ほどである。

〈表8〉 私立淡江大学日本語学科のカリキュラム(日本語学科開講の科目のみ)

一年	二年	三年	四年
初級日本語	中級日本語	高級日本語	
		名著選読(1)	名著選読(2)

	文法(1)	文法(2)	日本語修辞学
	作文(1)	作文(2)	作文(3)
		応用文(1)	応用文(2)
会話(1)	会話(2)	会話(3)	会話(4)
語言練習(1)	語言練習(2)		
日本園地	日本地理	日本文化	日本政治
	日本歴史	日本社会	日本経済
		新聞閲読	日本思想史

(2002年現在)

〈表9〉 国立台湾大学日本語学科のカリキュラム(日本語学科開講の科目のみ)

一年	二年	三年	四年
初級日本語	中級日本語	高級日本語	日本語修辞学
	日語語法	日本言語学概論	日本文学専題
日文習作(1)	日文習作	日本文学名著選読	日本小説選読
	翻訳(1)	翻訳(2)	日語口訳
日語会話(1)	日語会話(2)	日語会話(3)	英日大役
日語聴講実習		日本文学史	新聞日語
	日本文化	日本現勢	日本古典文学選読
		応用日文	日語教学
		台語日語比較	
		日文資訊管理	

(2002年現在)

3.6 学習動機

大学の日本語学科に入学して日本語を正式に学び始める学生の多くは、かつては受験制度の影響からか、明確な動機なしに日本語学科に入学してくる学生が目立った。しかし、そのような学生も、日本語学科に入って日本語の専門教育を受ける過程で比較的短期間に自己の目標を見つけてきた。下に掲げる〈表10〉は、非日本語学科の学生の学習動機についての調査結果である12)。全体としては「個人的興味」が最も高く、3位に「仕事で必要だ」と積極的な動機があげられているのに対し、4位に「系(学科)の規定」、5位「単位のため」、6位「漢字を使うので楽だ」と消極的な動機も挙げられている。

〈表10〉 大学生の日本語学習の動機(複数回答可)

学習動機	全体	男	女
個人的に興味がある	73.6%	75.3%	73.1%
マスコミの影響を受けて	38.5%	40%	38.2%
仕事で必要	34.7%	30%	36.7%
系(学科)の規定	32.4%	26.7%	34.4%
単位をとるため	14%	15.3%	13.5%
漢字を使うので楽だ	14%	16%	13.2%
留学のため	10%	10%	10%
文献資料を読むため	9.1%	27%	6%
友だちに影響されて	8.5%	10%	8.2%
その他	8.5%	12%	8.7%
父母の影響	6.9%	8.7%	6%

男女別の統計結果を比較すると、「文献資料を読む」は全体としては9.1%と決して高くないが、男子だけの数字をみると、27%と男子の学習動機の中で「系(学科)の規定」の26.7%を上回り、4番目に高い数値を示していることが注目される。

12) 篠原(2000)「台湾の高等教育機関における日本語学習者の背景と学習環境」参照。

陳(1999)は、台湾の高校生の日本語学習の動機について調査を行っている。それによると、男女別にやや相違が見られるが、男女双方とも「観光(日本へ遊びに行く)」が一番高い数値を示しており。以下、「視野(視野を広める)」「文化(日本文化に興味がある)」「漫画(日本の漫画を読む)」「就職(就職に有利)」「ゲーム」「進学」の順である。また、陳(1999)は、「観光(日本に遊びに行く)」の数値が最も高い理由を、台湾と日本との間の地理的近さに起因すると判断できようとし、民間レベルの交流や経済関係の緊密さ、流行など日本のサブカルチャーの広がりが一層好感をもたれる原因になっていると指摘し、総合的理由(「旅行」「視野」「文化」など)が道具的理由(「漫画」「ゲーム」「進学」)よりもやや高い数値を示していることを指摘している[13]。

〈表11〉 台湾の高校生の日本語履修の動機

日本語を履修する動機	男	女
就 職	6.80%	8.10%
留 学	4.00%	5.20%
進 学	5.00%	5.70%
ゲーム	8.80%	4.60%
文 化	7.10%	8.50%
漫 画	9.60%	8.10%
観 光	13.50%	14.40%
雑 誌	7.20%	7.70%
視 野	10.90%	12.40%

13) 陳(1999)「台湾高校生の日本語学習意識に関する調査研究」p.43 同調査は1997年に日本語を開講した普通高校17校の日本語履修者1735人を対象に行われた。

番 組	4.90%	4.40%
アイドル	6.00%	5.80%
親 友	2.20%	3.00%
商 品	5.30%	5.60%
その他	8.70%	6.40%

大学生と高校生と大きく異なるのは、大学生の場合、学科の規定、具体的には「大一日語[14)]」等の規定で履修せざるを得ないケースがあり、「系(学科)の規定」の数値が高かった。そのような消極的な理由で日本語を履修する学生は、「漢字を使うので楽だ」「単位をとるため」などを学習動機としてあげているのではないかと想像できる。また、大学生、特に男子学生で「文献資料を読むため」の百分比が高いこと、及び大学生の男女とも「仕事で必要だ」の百分比が高校生のそれよりもずっと高くなっている。

これらの点から、やがて大学に進学する高校生は自己の興味を満たすために日本語を学習する傾向が見られ、逆に大学生では日本語を将来の研究、仕事の道具として学習する傾向がはっきりと見て取れる。大学生の場合、陳(1999)が言う「道具的理由」が高校生よりも高い。

4. 台湾の日本語教育の問題点

4.1 教師の不足

現在、台湾の大学では非日本語学科の学生が第一外国語として日

14) 大学一年生の必修の第一外国語としての日本語

本語を履修することが認められている。国立台湾大学では毎年400名ほどが日本語を第一外国語として履修している。しかし、日本語学科では教師の数が足りないため、全学で7から8クラスしか開講できない。そのためクラスのサイズが大きくなってしまい、時間帯によっては履修者が100人を超えることもあって、きめの細かい指導は期待できないのが現況である。

現在大学で専任の講師となるためには博士号が要求されるが、台湾で日本語日本研究の博士課程を開設している大学は1校しかなく、日本語教師を志す学生は博士号を取得するためには日本へ留学しなければならない。かつて日本では博士号を取得するのが米国に比べ難しかったため、有資格者が少なかった。また、近年新設校が急増したため、教育予算が不足し、国立大学であっても予算の一部を自己捻出しなければならなくなった。人材不足に予算不足が重なって、教師不足が深刻である。15)

中等学校でも教師不足は深刻である。現在中等学校の第二外国語教育が始まり、日本語クラスの開講数が急増し、学生数も平成8年から平成11年の三年間で約80%増加している。しかし、現在の台湾の教員免許制度では、教育実習の期間が一年間と長いことや、各大学の教職課程の人数枠が少ないことから、日本語教師を大量に育成するのは難しい。台湾大学を例にとれば、日本語学科の学生が教職課程を履修すると四年での卒業はほとんど不可能になってしまう。こ

15) その後、台湾大学では非常勤講師を多数採用して各レベルでクラスを多く開講し、2009年現在ではこのような状況は大幅に改善されている。また、教師不足の問題も、日本で日本語関係の博士号取得者が増えてきており、徐々に改善されている。

のように不足する中等教育の日本語教師の人数を補うには現行の制度のままでは問題がある。一つの打開策として、他の科目を教えている現役の教師を日本語の教師として教壇に立たせるための教師養成プログラムがいくつかの大学で試みられている。筆者の見聞した例では、このような教師は大学で第二外国語として日本語を1,2年学習した経験があるだけで、実際に教室で日本語を教えるには能力的にやや問題があることが多い。

このような教師不足の問題を抜本的に解決するには、国内に中等教育の日本語教師養成のための大学院を設立しなければならないだろう。現在日本語教師の養成を主眼とする大学院は1校のみである。今後は教師養成のための大学院の設立が期待される。

4.2 教材

台湾で使われている教材は、その多くが日本で編集出版されたものに、中国語で語釈、翻訳、注釈を施したものである。そのような教材のうち、台北の出版社が版権を取って出版している「みんなの日本語」「新日本語の基礎」が多くの教育機関で使われているようだ。これらの教材はたいへん良くデザインされており、多くの教師に受け入れられているが、2.6で見たような台湾の学生の多様なニーズに必ずしも合致しているとは言えない。

数年前から、各々独自の教材を編纂する大学が出てきた。また、日本語学者の中からは、日本で出版された教材を肯定的に認めながらも、台湾語や中国語を母語とする台湾の学生により適した教材の開発を唱える学者も出てきた。出版社側も独自の教材を開発しつつある。特に、台湾の得意分野であるCAI教材や視聴覚教材などの開発に大手の出版社が積極的に取り組み始めた。最近では日本で日本語学、日本語教育学を修めた優秀な若手研究者が帰国してきている。今後は優秀な研究者の手で台湾の学習者に合った教材の作成が期待できる。

4.3 初級レベルに偏る学習者層

3.3で台湾大学の日本語クラス数と履修者数の推移を見た。台湾大学においては、日本語の初級段階のコースには約800~1000名の履修者がいるが、二年目の履修者数は初級課程の20%から25%に減少し、三年目の過程では一年目の2%から5%に激減する。学習者が一年目の学習を修了した時点で日本語の学習を放棄してしまう理由はいろいろあろう。一つの原因として、第一外国語は一年間だけが必修でその後は選択科目となることがある。また、積極的な学習動機を持って日本語学習を始めた学習者ならば、継続的に学習し続けるかもしれないが、「系(学科)の規定」「単位を取るため」など消極的な動機で学習を始めた学習者は、中上級まで学習を継続しないかもしれない。日本語教育に携わる教師はこのような学習者の興味をそそり、中上級まで学習を継続させるような授業を試みたい。

台湾で日本語学習者が初級に偏ることは、台湾大学を例に見たが、それは「日本語能力検定試験」の受験者数からも見ることができる。〈表12〉は1999年の日本語能力検定試験の国別の受験者数である。

〈表12〉 1999年度日本語能力検定試験国別受験者数[16)]

国/地域	4級	3級	2級	1級	全体
韓国	6,698人	14,198人	13,301人	10,123人	44,326人
中国	4,875人	11,585人	1,979人	12,819人	43,262人
台湾	6,664人	5,829人	4,714人	2,785人	19,424人

台湾の4級の受験者数は韓国のそれとほぼ同数であるが、2級1級の台湾の受験者数は韓国の三分の一程度しかないのである。

4.4 大学当局の迷い

台湾大学では、学生に対し、卒業までに英語の能力試験に合格しなければならないという規則を設けている。国際語である英語を身に付けないことは学生自身の将来に悪い影響があると考える大学当局の老婆心に基づく判断だろう。しかし、一般の学生にとって英語がどんなに重要だとしても、少なくとも日本語学科の学生にとって最も重要な外国語は日本語であるはずだ。「あいうえお」から学習し始めて四年という限られた時間で日本語をマスターするのはとても困難であるが、加えて英語の学習も強いられるとなると、負担はいっそう重くなる。台湾では過去、第一外国語は英語と決められ、ほかの外国語は選択できなかった。その後、社会の多様化に伴い、必要に応じて他の言語も第一外国語として認めるように方向転換した。その流れを受けて、第二外国語教育の開始学年を中学、高校にまで引き下げ、最終的には小学校まで引き下げる方針を打ち出して

16) 国際交流基金・財団法人日本国際教育協会(2000)『日本語能力試験の概要 2000版(1999年度試験結果の分析)』

いる。外国語教育に関するそのような傾向の中、台湾大学の英語偏重は、英語以外の外国語を学習している学生に影響を与えないはずがない。

5. おわりに

以上、台湾の日本語教育の現状を見てきた。台湾は歴史的地理的に日本と密接な関係にあり、経済的にも日本が重要な相手国となっている。したがって、台湾社会では日本語は重視されており、日本語学習者数も多い。しかし、台湾の日本語教育には問題もある。それらの問題が解消し、より素晴らしい日本語教育が行われることを期待してやまない。

参考文献

国際交流基金・財団法人日本国大教育協会(2001)『日本語能力試験の概要　2000版(1999年度試験結果の分析)

国立台湾大学(1999)『高中第二外国語教学研討会 成果報告録』

陳淑娟(1999)「台湾高校生の日本語学習意識に関する調査研究」『台湾日本語教育研究学会論文集』3号 台湾日本語教育学会

国際交流基金日本語国際センター(2000)『海外の日本語教育の現状 1998年』

財団法人交流協会(2001)『台湾における日本語教育事情調査報告書(改訂版)平成11年度』

本名信行・岡本佐智子編(2001)『アジアにおける日本語教育』

谷口龍子(2001)『アジアにおける日本語教育の現状』未刊 私立淡江大学 台湾

篠原信行(2000)「台湾の高等教育機関における日本語学習者の背景と学習環境」『日本語言文芸研究』1号 台湾日本語言文芸研究学会

第2章　台湾の大学生の日本と日本語に関する意識とそのイメージ形成に影響を与える要因について

篠原信行

1. はじめに

戦前の日本による植民地支配、戦後長く続いた教育方針[1)]など、日本、日本人に対する抵抗感やマイナスイメージに繋がる要因[2)]があったにも拘らず、台湾には親日派が多いと言われてきた。地理的環境、密接な経済関係、頻繁な民間交流などが親日的傾向の形成に影響してきたのであろう。その後、政府の教育方針も変わり、マスコミに於ける日本文化、日本語が全面的に開放されて十年ほど経った今日では、「氾濫」という言葉で形容できるほど、日本に関する情報が多く入ってきている。このような状況下、台湾に於ける日本語教育の在り方は、自ずと過去のそれとは異なってくるであろう

1) 原土洋(1991)は、1970年代以前の台湾の教育方針は、「過去50年にわたる日本支配がもたらした日本色を払拭して中国人としての自覚を高めさせようとする」ものであったという。「戦後台湾の日本語教育」『講座日本語と日本語教育』第15巻 p.402参照

2) 韓国は日本との関係で台湾と共通する部分が多いが、生越直樹(1991)は「植民地支配者であった日本、およびその言語である日本語に対しては、今なお抵抗感を持つ人が少なくない」と指摘している。「韓国における日本語教育概観」『講座日本語と日本語教育』第16巻 p.50 参照

し、また他国での日本語教育とも異なるはずである。本稿[3)]は、今後の台湾に於ける日本語教育の在り方、より有効な教授法、求められる教授内容を模索するための一つの拠り所とすべく、現在の台湾の大学生の日本および日本語に関する意識について分析しようとするものである。

また、かつて日本の情報の取得が困難だった頃、日本語教師は教室での日本語の教授の他に日本に関する学生の様々な疑問に答えてきた。今日の台湾では、日本に関するあらゆる情報が容易に手に入るようになったが、教室の日本語教師には依然として日本や日本文化の紹介者としての役割が求められるのであろうか。その答えをもとめるのも、本稿の目論の一つである。

2. 調査の概要

2.1 調査方法と対象

大学で日本語を専攻し且つ日本語を1年以上学習している学生(日本語学科の2年生以上の学生)と、日本語を1年以上学習している日本語学科以外の学生、及び大学で日本語を学んでいない理工系の学生

3) 拙稿は、韓国翰林大学校翰林科学院の研究助成を受けて齊藤明美(韓国 翰林大学校)、任栄哲(韓国 中央大学)、生越直樹(日本 東京大学)、篠原信行(台湾 台湾大学)が進めている共同研究「A Preliminary Analysis of Linguistic and Cultural Backgrounds for Japanese Education in Korea and Taiwan and Korean Education in Japan and Taiwan」の成果の一部である。この研究は、韓国日本台湾の三地域の大学生が日本および韓国の国、国民、文化およびその国の言語の学習に対して、どのような意識を持っているかを調査し分析比較するものである。

を対象に、無記名でアンケート調査を行い、474人から回答を得た。調査を実施した大学は、台湾北部の大学2校、南部の大学1校の計3校。台湾での予備調査はA校で行ったが、本調査では予備調査に協力してくれた学生たちは対象から外し、調査を行わなかった。

2.2 調査期間

2003年5月から調査を開始し、同6月初旬に調査表の回収をほぼ終了した。

2.3 調査の内容

調査表は、個人的背景を問う部分(フェイスシート)、日本、日本人、日本語、日本文化に関する意識について問う部分、(第1部分)、及び日本語学習について問う部分(第2部分)の三つからなる。フェイスシートの設問は、①所属②性別③出身地④家庭内に日本語話者がいるか否か⑤日本人教師について日本語を学んだことがあるか否か⑥日本人の友達がいるか否か⑦日本語を学習したことがあるか否か⑧学習期間⑨学習の時期⑩母語⑪家庭内で外国語の会話があったか否か⑫家庭内で日本語の会話があったか否か⑬家では主にどんな言葉を使って話すか、の13項目である。設問の数が増えるが、他の設問とのクロス分析を考え、敢えて細かく質問した。第1部分の主な調査項目は、①日本、日本人に対するイメージ②イメージ形成に影響を与えた要因③日本語に対するイメージなどについて問うた。第2部分では、①日本語学習の動機②日本語の学習を止めた理由③日本語を学習しない理由④その他の外国語の学習について⑤日本語の学習の影響⑥日本語と英語との比較⑦現在の日本語の能力と希望するレベル⑧日本語の困難な部分⑨学習方法⑩希望する授業⑪家では何に重点を置いて学習するか⑫学習環境で改善すべき点⑬卒業後日本語を如何に使うか等の設問を設けた。

3. 調査結果の集計と分析

3.1 個人的背景

フェイスシートから、調査対象の所属大学、所属学科、男女比、母語および日常使用する言語を集計した。

〈表1〉所属学科

	人数	百分比	有効百分比	累積百分比
A大学日本語学科の学生	34人	7.2%	7.2%	7.2%
A大学非日本語履修者	103人	21.7%	21.9%	29.1%
A大学日本語履修者	48人	10.1%	10.1%	39.3%
B大学日本語学科の学生	58人	12.2%	12.3%	51.6%
B大学工学部	52人	11.0%	11.0%	62.6%
B大学非日本語履修者	57人	12.0%	12.1%	74.7%
C大学日本語学科の学生	63人	13.3%	13.4%	88.1%
C大学非日本語履修者	56人	11.8%	11.9%	100%
合計	471人	99.4%	100%	
遺漏値	3人	0.6%		
総計	474人	100%		

〈表2〉 性別

	人数	百分比	有効百分比	累積百分比
女	259人	54.6%	57.3%	57.3%
男	193人	40.7%	42.7%	100%
合計	452人	95.4%	100%	
遺漏	22人	4.6%		
総計	474人	100%		

〈表1〉より、A大学の学生が全体の39.3%と最も多く、次いでB大学の35.4%、C大学は25.3%であった。また、男女比について見ると、女子学生は57.3%で、男子学生は42.7%である。女子学生の割合が高いのは、日本語学科の学生を調査対象としたためであろう4)。

〈表3〉 あなたの母語は? 複数選択可

中国語	台湾語(閩南語)	客家語	原住民の言語
85.3%	58.7%	7.2%	0%

〈表4〉 家族との会話で使う言葉は? 複数選択可

中国語	台湾語(閩南語)	客家語	原住民の言語
88.3%	60.3%	4.7%	0%

中国語と台湾語(閩南語)を母語と考える学生が非常に高い比率であることが分かる。日常使用する言語で見ると、この二つの言語は更に高い割合を示すが、これは多くの学生が二つ以上の言語を母語と考え使用していることを示す。後ろで取り上げるが、実際にはこ

4) 台湾では文科系の学科では一般に女子学生の割合が高い。筆者の奉職する大学の日本語学科を例にとると、例年、女子学生が8割以上と、男女比の格差が顕著である。

のほかに日本語を含む他の外国語も家庭で使われているようだ。日本語に関しては、五十年に及ぶ日本の植民地支配時の日本語教育の影響と考えられるが、家庭内で平素、家人が話す日本語を耳にする機会があるという特別な環境が、日本や日本人のイメージ形成にも何らかの影響を与えることが予想される。

3.2 日本に対するイメージ

3.1で見た台湾の大学生たちは、日本に対してどのようなイメージを抱いているのであろうか。質問と選択肢の内容は下記のとおりである。

○ あなたの日本に対するイメージは？(他の外国と比較して)

a 非常に良いイメージを持っている　b 良いイメージを持っている

c 他の国と変わらない　d 悪いイメージを持っている

e 非常に悪いイメージを持っている

〈表5〉日本のイメージは？

	人数	百分比	有効百分比	累積百分比
非常に良い	88人	18.6%	19.0%	19.0%
良い	298人	62.9%	64.2%	83.2%
他の国と変わらない	43人	9.1%	9.3%	92.5%
悪い	30人	6.3%	6.5%	98.9%
非常に悪い	5人	1.1%	1.1%	100%
合計	464人	97.9%	100%	
遺漏	10人	2.1%		
総計	474人	100%		

学生の回答は、a「非常に良いイメージを持っている」とb「良いイメージを持っている」とで、83.2%、d「悪いイメージを持ってい

る」とe「非常に悪いイメージを持っている」の合計は僅かに7.6%に過ぎなかった。台湾は親日派が多いと言われているが、台湾を訪れる多くの日本人が肌で感じていることが、ここに数値として示されている。

3.2.1 学習経験と日本のイメージ

〈表5〉では、80%を超える学生が日本に対して良いイメージを抱いていることを見たが、次に学生たちの日本に対するイメージ形成と日本語学習の関係をみたい。

〈表6〉日本のイメージと、日本語学習経験

	学習経験の有無			合計
	現在学習中	学習経験あり	学習経験なし	
a.非常に良い印象	74人(24.9%)	7人(17.9%)	7人(5.9%)	88人(19.3%)
b.良い印象	191人(64.3%)	26人(66.7%)	74人(62.2%)	291人(64.0%)
c.他の国と変わらない	15人(5.1%)	4人(10.3%)	22人(18.5%)	41人(9.0%)
d.悪い印象	16人(5.4%)	2人(5.1%)	12人(10.1%)	30人(6.6%)
e.非常に悪い印象	1人(0.3%)	0人(0%)	4人(3.4%)	5人(1.1%)
合計	297人(100%)	39(100%)	119(100%)	455人(100%)

上掲の〈表6〉は日本語学習の有無と日本に対するイメージのクロス分析表である。現在学習中の学生297人のうち、日本に対して非常に良い印象を抱いているのは24.9%(74人)で、良い印象を抱いている学生は64.3%(191人)だった。逆に悪いイメージを抱いている学生は5.4%(16人)で、非常に悪い印象を持っている学生は僅か0.3%(1人)だった。現在学習中の90%近くの学生が日本に対し良いイメージを持っていることが指摘できる。

かつて日本語を学んだが現在は学習していない学生の場合も、非常に良い或いは良い印象を抱いている学生の割合が非常に高く(84.6%)、非常に悪い或いは悪い印象を抱いている割合が極めて低い(5.1%)という上述の現在学習中の学生と同じ傾向が見られる。

一方、学習経験のない学生119人について見ると、非常に良い或いは良い印象を抱いている学生の数は、68.1%(81人)と高い数値を示してはいるが、非常に悪い或いは悪い印象を抱いている学生も13.5%(16人)と学習経験者と比べるとかなり高い数値を示している。〈表6〉からは、日本語を学習したことによって、日本に対し良いイメージを持つようになったのか、それとも、もともと日本語に良いイメージを持っている学生が日本語を学んだのかは判定できない。しかし、そこに何らかの影響関係が予想される。

3.2.2 日本への渡航経験と日本のイメージ

近年、台湾経済が飛躍的に発展するにつれ、夏期と冬期の休暇を利用して海外へ語学研修や観光に出かける学生が目立って増えてきた。また、日本語学科の学生について言えば、大学の交流事業の一環としての交換留学制度を利用して、日本で長期滞在する機会も増えつつある。日本への渡航経験、或いは日本での滞在経験は日本に対するイメージ形成に如何なる影響を与えているのであろうか。まず、学生の渡航経験の有無、及びそれに関連して、下記のように質問をした。

○ 日本へ行ったことは? 1.ある　2.ない

○ 上で「1.ある」とお答えの方の渡航の目的は?(複数選択可)

1.観光　2.言葉の学習　3.交流計画　4.親戚訪問　5.その他

○ もっとも長い滞在期間は?

〈表7〉日本への渡航経験の有無

	人数	百分比	有効百分比	累積百分比
渡航経験あり	134人	28.3%	28.6%	28.6%
渡航経験なし	335人	70.7%	71.4%	100%
合計	469人	98.9%	100%	
遺漏値	5人	1.1%		
総計	474人	100%		

日本への渡航経験のある学生が28.3%(134人)、渡航経験のない学生が71.4%(335人)であった。全体の4分の1強の学生が日本へ行ったことがあると回答している。

次の〈表8〉は渡航の目的を数値化したものである。

〈表8〉渡航の目的

1.観光	2.言葉の学習	3.交流計画	4.親戚訪問	5.その他
131人/98.5%	5人/3.8%	1人/0.8%	5人/3.8%	3人/2.2%

言葉の学習、或いは交流計画だと回答した学生が少ないのには驚かされるが、調査対象を高学年に絞れば、或いはもっと高い数値が出たかもしれない[5)]。結果、有効回答数133人中、実に98.5%(131人)の回答が観光で、その他の、卒業旅行と答えた2人、遊びと答えた1人も観光の一種と看做せるから、台湾の大学生の日本への渡航は、

5) B校日本語学科では、3年時に多くの学生が日本の姉妹校へ短期留学に行くし、A校日本語学科でも3,4年生を対象に一年間の交換留学制度があって、毎年十数人がその制度を利用して日本へ短期留学している(2003年現在)。

ほとんどが観光目的であることになる。観光が主たる目的であるから滞在期間も短く、下に掲げる〈表9〉のように、1週間未満の滞在と一週間以上二週間未満の滞在が合計74.6%を占めている。

〈表9〉 もっとも長い滞在期間は?

	人数	有効百分比	累積百分比
覚えていない	2人	1.7%	1.7%
一週間未満	30人	25.4%	27.1%
一週間以上二週間未満	58人	49.2%	76.3%
二週間以上一ヶ月未満	22人	18.6%	94.9%
一ヶ月以上三か月未満	6人	5.1%	100%
合計	118人	100%	

さて、このように観光が主な目的である短い滞在と、日本に対するイメージの形成には、何らかの関連が認められるのだろうか。

下に掲げた〈表10〉は、日本に対するイメージの良し悪しと日本への渡航経験とをクロス分析した表である。

渡航経験があると回答した129人の学生のうち、非常に良い印象或いは良い印象を持っていると答えた学生が90%(116人)だった。それに対し、日本へ行った経験があるにもかかわらず、日本に対して非常に悪い或いは悪い印象を持っている学生は6.2%(8人)に過ぎなかった。一方、渡航経験がない学生333人のうち、非常に良い印象或いは良い印象を抱いていると答えた学生は80.8%(269人)で、非常に悪い或いは悪い印象を持っていると答えた学生は8.1%(27人)だった。

〈表10〉日本に対するイメージと、日本への渡航経験

日本に対する印象	渡航経験の有無		合計
	渡航経験あり	渡航経験なし	
a.非常に良い印象	46人(35.7%)	42人(12.6%)	88人(19.0%)
b.良い印象	70人(54.3%)	227人(68.2%)	297人(64.3%)
c.他の国と変わらない	5人(3.9%)	37人(11.1%)	42人(9.1%)
d.悪い印象	7人(5.4%)	23人(6.9%)	30人(6.5%)
e.非常に悪い印象	1人(0.8%)	4人(1.2%)	5人(1.1%)
合計	129人(100%)	333(100%)	462人(100%)

3.2.3 日本に対するイメージ形成の要因

ここでは、台湾の大学生の日本に対するイメージ形成にどんな要因が影響を与えているのかを見てみたい。質問項目は下記のとおりである。回答者には、(1)から(21)の各項目について、日本に対するイメージ形成に与えた影響の大きさを「a.大 b.中 c.小 d.影響なし」までの四段階で評価してもらった。

○ 下の各項目が、あなたの日本に対するイメージ形成に与えた影響は?

(1)過去の日本と台湾の関係 (2)日本の伝統文化 (3)日本の漫画やアニメ (4)日本のさまざまな流行 (5)日本人観光客 (6)ニュース報道 (7)大学に入学するまでの教育 (8)日本のTV番組 (9)現在の日本経済 (10)日台間の貿易 (11)日本の歌手やタレント (12)日本人の日本語教師 (13)本国籍の日本語教師[6] (14)日本製の商品 (15)日台間の領土問題 (16)現在の日本政府の政策 (17)日本企業の活動 (18)日本人留学生 (19)日本へ行った時の経験 (20)日本の大学、大学生との交流 (21)過去の日中関係

6) 台湾の日本語教師には、台湾人以外にも、いわゆる外省人、客家人、原住民の教師がいる。ここでは便宜上、それらの教師を総称して「本国籍の教師」と呼ぶ。

〈表11〉 各項目が日本に対するイメージ形成に与えた影響の大きさ

影響	(1)	(2)	(3)	(4)	(5)	(6)	(7)	(8)	(9)
大	22.0%	24.5%	52.8%	40.5%	8.2%	8.5%	5.1%	46.7%	11.7%
中	39.9%	38.8%	32.2%	36.0%	31.6%	38.2%	28.8%	35.6%	29.9%
小	29.6%	31.6%	11.1%	19.4%	42.3%	42.7%	50.4%	14.1%	42.2%
なし	8.5%	5.1%	3.4%	4,1%	17.7%	10.5%	15.6%	3.6%	16.2%
影響	(10)	(11)	(12)	(13)	(14)	(15)	(16)	(17)	(18)
大	10.7%	40.5%	16.5%	16.3%	51.4%	13.0%	6.2%	7.7%	9.0%
中	34.5%	35.4%	25.4%	33.3%	37.3%	29.7%	19.9%	23.5%	20.9%
小	38.3%	17.5%	29.1%	29.2%	9.2%	40.2%	47.4%	43.1%	37.7%
なし	16.5%	6.4%	29.1%	21.2%	2.1%	17.1%	26.5%	25.8%	32.4%
影響	(19)	(20)	(21)						
大	16.1%	9.0%	14.5%						
中	17.6%	16.1%	24.1%						
小	15.4%	23.6%	44.1%						
なし	51.0%	51.4%	17.3%						

上の集計結果で、最も影響が大きいとされてるのは、(3)「日本の漫画やアニメ」(52.3%)、次いで、(14)「日本製の商品」(51.4%)であった。以下、(8)「日本のTV番組」(46.7%)、(4)「日本のさまざまな流行」(40.5%)、(11)「日本の歌手、タレント」(40.5%)の順である。ここまでは、現在台湾に氾濫している日本のサブカルチャーの影響が色濃く反映され、上位を占める結果となった。

この傾向は、陳(1999)[7]の台湾の高校生を対象とした調査結果と符合するところがある。拙論で行った調査とは、調査内容も立てられた項目も同一ではないので、数値では比較できないが、陳(1999)の調査では、高校生が日本語を学習する動機として、①「観光目的」、②「視野を広める」に次いで、「漫画」「テレビゲーム」「アイドル」「雑誌」などの日本のサブカルチャーに属する項目が高い数値

7) 陳淑娟(1999)「台湾高校生の日本語学習意識に関する調査研究」『台湾日本語教育論文集』第三号 台湾日本語教育学会

を示している。

大学生を対象とした今回の調査では、日本のサブカルチャーに次いで影響が大きいとされているのは、(2)「日本の伝統文化」で、24.5%と五番目に高い数値を示しているのが注目される。続いて、(1)「過去の台湾と日本との関係」(22.0%)。そして、(12)「日本人の日本語教師」(16.5%)と、(13)「本国(台湾)籍の日本語教師」(16.3%)が続く。(21)「過去の日中関係」(14.5%)が、学生の日本に対するイメージ形成にはあまり影響を与えていないという結果も注目に値する。日本文化が全面的に開放され、それまでとは異なった教育方針のもとで教育を受けたためであろうか。(7)「大学に入るまでの教育」の影響が大きいと答えた数値が5.1%と低く、小さいと答えた数値が50.3%と非常に高いことから、現在の教育は学生の日本に対するイメージ形成にあまり影響していないことが分かる。

3.2.4 日本人教師の影響

日本人の日本語教師は、教室で日本語の教授をするほかに、日本人として直に学習者に接している。ここでは、日本人日本語教師の、日本、日本人、日本語に関する学生のイメージ形成に対する影響を見るために、いくつかの項目のクロス分析の結果を見てみたい。

まず、「日本語教師」の影響度を正確に見るために、フェイスシートの「日本人教師について日本語を勉強したことがあるか否か」の集計結果と、上掲の〈表11〉の(12)「日本人の日本語教師」の影響とのクロス分析を行った。〈表12〉はその結果である。また、フェイスシートの「日本語の学習経験の有無」の集計結果と、上掲の〈表11〉の(12)「日本人の日本語教師」の影響とのクロス分析も行った。〈表-13〉はその結果である。

〈表12〉 日本人日本語教師の影響度と、日本人教師について学習した経験の有無

日本人の日本語教師の影響	日本人教師について日本語を学習したか否か		合計
	経験あり	経験なし	
大	55人(35.9%)	22人(7.0%)	77人(16.5%)
中	56人(36.6%)	63人(20.0%)	119人(25.4%)
小	33人(21.6%)	103人(32.7%)	136人(29.1%)
なし	9人(5.9%)	127人(40.3%)	136人(29.1%)
合計	153人(100%)	315(100%)	468人(100%)

〈表13〉 日本人日本語教師の影響度と、日本語学習経験

日本人の日本語教師の影響	学習経験の有無			合計
	現在学習中	学習経験あり	学習経験なし	
大	70人(23.2%)	5人(13.2%)	1人(0.8%)	76人(16.6%)
中	95人(31.5%)	10人(26.3%)	12人(10.1%)	117人(25.5%)
小	87人(28.8%)	14人(36.8%)	31人(26.1%)	132人(28.8%)
なし	50人(16.6%)	9人(23.7%)	75人(63.0%)	134人(29.2%)
合計	302人(100%)	38(100%)	119(100%)	459人(100%)

〈表12〉で見たように、日本人教師について日本語を学習した経験のある学生153人中35.9%(55人)の学生が、日本人日本語教師が自己の日本のイメージ形成に大きく影響していると答えており、やや影響を受けたと答えた36.6%(56人)と合わせると、72.5%もの学生が日本人教師の影響は大きいと答えている。逆に、影響がないと答えた学生は5.9%(9人)とすくなかった。

また、〈表13〉を見ると、現在日本語を学んでいる学生302人のうち

23.2%(70人)が日本人教師の影響は大きいと答え、影響は中程度と答えた31.5%(95人)と合わせると、54.7%(165人)の学生が日本人教師からかなり影響を受けたと感じていることが分かる。

一方、かつて日本語を学んだが今は学んでいない学生では、日本人教師の影響は小さかったと答えた学生が最も多く、36.8%(14人)で、23.7%(9人)の学生が影響はなかったと答えている。

〈表12〉〈表13〉から、日本語学習経験のある学生、なかでも日本人教師について日本語を学習した学生の多くは、自己の日本に対するイメージ形成に日本人教師の影響をかなり受けていると感じていることが分かる。また、日本人日本語教師について日本語を学ぶ以前は、日本人教師の影響を過小評価する傾向があるらしいことも読み取れるだろう。この傾向は、フェイスシートの所属学科と日本人教師の影響度の項目のクロス分析表から、日本語学科の学生だけを抜きだして見ることで、更にはっきりし、同時にその影響度の強さが確認できよう。

〈表14〉三校の日本語学科の学生の日本人教師の影響度に対する評価

日本人教師の影響度	人数	百分比
大	50人	32.3%
中	65人	41.9%
小	36人	23.2%
なし	4人	2.6%
合計	155人	100%

〈表14〉から、大学で常に日本人日本語教師と接触する機会を持つ日本語学科の学生で見ると、155人中74.2%(115人)の学生が、日本人日本語教師からの影響は大または中程度と考えていることが分か

る。今回の調査では、日本人教師の影響を受けた結果、日本に対するイメージがどのように変わったのか、良くなったのか悪くなったのかは不明であるが、少なくとも、学生に与える影響の強さから、日本語教師には日本語教育のスキル以外に他の資質も求められるということは否定できないだろう。

3.2.5 本国籍教師の影響

さて、日本人教師が学生の日本に対するイメージ形成に大きな影響を与えていることは3-2-4で分析したとおりであるが、本国籍の教師の影響はどうであろうか。3-2-3の〈表11〉では、本国籍日本語教師の影響の大きさは、第八位の16.3%であった。教室で直に学生と接し、学生の母語で学生の疑問に答え、日本に関する情報だけでなく、時には自身の見聞と体験、或いは分析を学生に伝達することができる本国籍の日本語教師は、学生にとっては日本人日本語教師以上に親しみの持てる、日本の情報の提供者として、学生の日本に対するイメージの形成に大きな影響を与えるものと想像される。まず、日本語学習経験の有無と本国籍教師の影響関係を見てみたい。

＜表15＞　本国籍日本語教師の影響度と学習経験の有無

本国籍日本語教師の影響度	学習経験の有無			合計
	現在学習中	学習経験あり	学習経験なし	
大	68人（22.5%）	5人（13.5%）	2人（1.7%）	75人（16.4%）
中	124人（41.1%）	11人（29.7%）	16人（13.6%）	151人（33.0%）
小	95人（31.5%）	11人（29.7%）	29人（24.6%）	135人（29.5%）
なし	15人（5.0%）	10人（27.0%）	71人（60.2%）	96人（21.0%）
合計	302人(100.0%)	37人(100.0%)	118人(100.0%)	457人(100.0%)

日本語を学習している学生302人中22.5%(68人)の学生が本国籍の日本語教師から大きな影響を受けたと答えている。これは、〈表13〉で見た日本人日本語教師の23.2%(70人)にほぼ匹敵する。日本人教師の数値と異なるのは、中程度の影響があったとする学生の比率が41.1%(124人)と日本人教師の31.5%(95人)を10%近くも上回っていること、及び影響を受けなかったという回答の少なさである。〈表-13〉で日本人教師から影響を受けなかったという回答は16.6%(50人)であったが、本国籍教師から影響を受けなかったという回答は、わずか5.0%(15人)に過ぎない。ただし、日本人教師のこの数値は、日本人教師について学んだ経験のない学生の回答も含まれているので、このままでは比較できない。

一方、現在日本語学習を中断している学生37人については、5人(13.5%)が本国籍の日本語教師の影響が大きかったと答え、中程度と回答した11人(29.7%)と合わせると、全体の43.2%の学生がかなりの影響を受けたと感じていることが分かる。また、10人(27%)の学生が影響を受けていなかったと回答している。

本国籍の教師の影響を日本語学科の学生だけに絞ってみると、〈表16〉のような結果が出た。

〈表16〉 三校の日本語学科の学生の本国籍教師の影響度に対する評価

本国籍教師の影響度	人数	百分比
大	32人	20.8%
中	74人	40.1%
小	41人	26.6%
なし	7人	4.5%
合計	155人	100%

〈表16〉の結果でも、本国籍の教師の影響度を大きい或いは中程度と回答した学生が、合計106人(68.0%)と、日本語学科の学生は本国籍の日本語教師から日本に対するイメージ形成にかなり強い影響を受けていると感じていることが分かる。この数値は、〈表14〉の日本人日本語教師の74.2%(大32.3% 中41.9%)よりもやや低い。

以上から、日本語学科の学生に限ってみれば、日本人教師が本国籍の教師以上に、日本に対するイメージ形成に強い影響を与えていることが指摘できる。

3.2.6 生活環境と日本のイメージ

台湾は過去50年間の日本統治を経験しており、日本統治時代に教育を受けた高齢者の中には日本人と同じように日本語を話す人も少なくない。そのような人たちは、かつて戒厳令がひかれていた時代には日本語を話すことを憚り、努めて日本語を使わないようにしていたが、政治的に自由化が進み、マスコミでの日本語の使用が許可されてからは、公の場でも日本語を話すようになった。日本語教育を受けた老人がいる家庭で育った学生は、日本語だけでなく小さい頃から自然と日本に関する話題も耳にしてきたに違いない。ここでは、そのような環境で育ったことが、学生たちの日本に対するイメージ形成に何か影響を与えたのか否かについて分析したい。〈表17〉は家庭に日本語が話せる人がいるかどうかを尋ねた結果である。

〈表17〉家族に日本語を話す人がいるか否か

	人数	有効百分比
いる	265人	56.4%
いない	205人	43.6%
合計	470人	100%
遺漏	4人	
総計	474人	

家族に日本語話者がいると答えた学生が、56.4%、日本語話者はいないと答えた学生が43.6%で、半数以上の学生は身近に日本語話者を持っていることが分かる。先に、日本に好感を抱いている学生の比率が非常に高いことを見たが、台湾へは日本の情報がほとんど制限なく入ってくること、さらに多くの家庭に日本語話者がいることなど、日本語教育上から見て台湾は他の国とは異なっていると言えよう。

〈表18〉は、家庭に日本語話者を持つ学生と持たない学生とで、日本に対するイメージに格差があるかどうかをクロス分析した表である。

〈表18〉日本が好きか嫌いかと、家族内の日本語話者の有無

日本が好きか嫌いか ＼	家族内に日本語話者がいるか否か		合計
	いる	いない	
嫌いだ	22人(8.3%)	25人(12.3%)	47人(10.0%)
好きだ	163人(61.5%)	121人(59.3%)	284人(60.6%)
どちらとも言えない	80人(30.2%)	58人(28.4%)	138人(29.4%)
合計	265人(100%)	204人(100%)	469人(100%)

日本語話者が身近にいる学生で日本が嫌いだと答えた学生は8.3%、日本語話者を持たない学生のそれは12.3%であった。また、家族内に日本語話者を持つ学生の61.5%が日本を好きだと答え、日本語

話者を持たない学生の59.3%が日本を好きだと答えている。この統計結果を見る限り、前者の方がやや「日本が好き」の比率が高いが、両者の差はそれほど大きくなく、この数値で見る限りでは、日本語話者が家族にいることが、日本に対して良い感情を持つ強い要因となっているとは言いにくい。

〈表19〉は、小さい頃から家人が日本語で会話をするのを聞いているかどうかを尋ねた結果である。上の〈表18〉は、日本語話者がいるか否かに就いての質問であったが、〈表19〉では更に踏み込んで、自身の成長の過程で常に日本語を耳にしてきたかどうかを尋ねたものである。

〈表19〉 家人が日本語で話すのを聞いてきたか否か

	人数	有効百分比
はい	54人	11.5%
いいえ	417人	88.5%
合計	471人	100%
遺漏	3人	
総計	474人	

子供の頃から家人が日本語を話すのを聞いてきたと答えた学生は11.5%(54人)いた。そこで、日本語を聞く環境で育ったか否かと日本に対するイメージとにどんな関係があるかを見るために、クロス分析してみた。

〈表20〉 日本に対する印象と、家人が日本語で話すのを聞いてきたか否か

日本に対するイメージ	家族が日本語で話すのを聞いてきたか?		合計
	はい	いいえ	
非常に良い印象	13人(24.1%)	75人(18.3%)	88人(19.0%)
良い印象	37人(68.5%)	261人(63.7%)	298人(64.2%)
他の国と変わらない	3人(5.6%)	40人(9.8%)	43人(9.3%)
悪い印象	1人(1.9%)	29人(7.1%)	30人(6.5%)
非常に悪い印象		5人(1.2%)	5人(1.1%)
合計	54人(100%)	410人(100%)	469人(100%)

〈表20〉から、日本語を聞くことがない家庭で育った学生でも、82%の学生が日本に対して良いイメージを抱いているが、日本語を聞ける家庭で育った学生では、それを大きく上回る92.6%(「非常に良い印象」24.1%、「良い印象」68.5%)もの学生が日本に対して良いイメージを持っていることが分かる。日本語を聞ける環境が日本に対して良いイメージを形成する一つの要因になっていることが指摘できよう。もちろん、そのような家庭で学生が耳にしてきたのは日本語だけではなかったはずだ。普段から日本語で会話ができるような家庭では、日本に関することが話題に上ることも多いだろう。ほんらい台湾には日本贔屓の親日派が多いと言われているが、中でも常に家人の日本語が聞けるような環境で育った学生は、日本語好きになる傾向がより強いようだ。

3.3 日本語に対するイメージ

学生の日本語に対するイメージについて、今回の調査では何ヶ所かに設問を設けている。

〈表6〉で、日本が好き或いはたいへん好きと答えた学生が非常に多かったことを見たが、日本語に対してはどうだろうか。日本語に対し抵抗を感じる学生がどの程度いるのかを見るために、下記の質問をした。

○ あなたの日本語に対するイメージは?

a嫌いだ　　b好きだ　　cどちらとも言えない

〈表21〉日本語に対してどんなイメージを持っているか

	人数	百分比
嫌いだ	47人	10.0%
好きだ	285人	60.6%
どちらとも言えない	138人	29.4%
合計	470人	100%

日本語が「好きだ」と答えた学生は60.6%(470人中285人)で、「嫌いだ」を選んだ学生は10%(47人)だった。〈表5〉で日本という国に対しては非常に多くの学生(83.2%)が良いイメージを抱いているのを見たが、そこで示された数値に比すと、日本語が好きだと答えた学生は20%以上も少なく、日本語を嫌いだと答えた学生の数は、日本という国に非常に悪い或いは悪いイメージを抱いていると答えた学生(7.4%)よりも多いことが分かる。

また、日本語の言語的印象についても、いくつかの質問を設けて尋ねたが、ここでは下記の2つの質問の回答に就いて分析したい。

○ 日本語に対するイメージは?〈表22〉

a粗野である　　b優雅である　　cどちらとも言えない

〈表22〉日本語に対するイメージ

	人数	百分比
粗野である	18人	3.8%
優雅である	280人	59.8%
どちらとも言えない	170人	36.3%
合計	468人	100%

○ 日本語に対するイメージは?〈表23〉

aゆっくりである　　b速い　　cどちらとも言えない

〈表23〉日本語に対するイメージ

	人数	百分比
ゆっくりだ	84人	17.9%
速い	278人	59.4%
どちらとも言えない	106人	22.6%
合計	468人	100%

〈表22〉〈表23〉から、台湾の大学生は日本語に対して、多くの学生が優雅(59.8%)で発音が速い(59.4%)と感じており、日本語を粗野だと感じる学生は3.8%と極端に少なく、発音がゆっくりしていると感じる学生も少ない(17.9%)ことが分かる。

3.3.1 学習経験と日本語のイメージ

下の〈表24〉は日本語の学習経験と日本語に対するイメージとの相関関係を見たものである。

〈表24〉 日本語が好きか否かと、日本語学習経験

日本語が好きか否か	学習経験の有無			合計
	現在学習中	学習経験あり	学習経験なし	
嫌いだ	18人(5.9%)	3人(7.7%)	26人(21.8%)	47人(10.2%)
好きだ	199人(65.7%)	26人(66.7%)	56人(47.1%)	281人(61.0%)
どちらとも言えない	86人(28.4%)	10人(25.6%)	37人(31.1%)	133人(28.9%)
合計	303人(100%)	39人(100%)	119人(100%)	461人(100%)

日本語を現在学んでいる学生303人中、日本語が好きだと答えた学生は65.7%(199人)、同じく嫌いだと答えた学生は5.9%(18人)であった。日本語の学習を中断している学生では、39人中66.7%(26人)の学生が好きいだと答え、嫌いだと答えた学生は7.7%(3人)に過ぎなかった。逆に、学習経験がまったくない学生では21.8%(26人)もの学生が嫌いだと答え、好きだと答えた学生も47.1%(56人)と、学習経験がある学生たちと比較して、日本語が好きな学生の比率が20%ほど低く、日本語が嫌いだとする学生が多いことが分かる。

下に掲げる〈表25〉は、日本語を学習したことで日本語に対する見方が変わったか否かを質問した結果を集計したものである。74.4%もの学生が、日本語を学習して日本語に対する見方が変わったと答えており、日本語を学習しても日本語に対するイメージは変わらなかったと答えた学生は25.6%と少なかった。

〈表25〉 日本語を学習したことで日本語に対する見方が変わったか

	人数	百分比
変わった	236人	74.4%
変わらない	81人	25.6%
合計	317人	100%

日本語学習と日本語に対するイメージの関連については、次に掲げる〈表26〉でより明確にその相関関係を見ることができる。

〈表26〉 日本語が好きか嫌いかと、日本語学習で日本語のイメージが変わったか否か

日本語が好きか嫌いか	日本語学習で日本語のイメージが変わったか?		合計
	変わった	変わらない	
嫌いだ	14人(6.0%)	4人(4.9%)	18人(5.7%)
好きだ	161人(68.5%)	47人(58.0%)	208人(65.8%)
どちらとも言えない	60人(25.5%)	30人(37.0%)	90人(28.5%)
合計	235人(100%)	81人(100%)	316人(100%)

日本語を学習しても日本語に対するイメージは変わらなかったと答えた学生の数値は、学習以前の日本語に対するイメージを表しているとも言えよう。この数値と、日本語を学習して日本語に対するイメージが変わったと答えた学生の数値を比較すると、日本語が嫌いだと答えた学生の比率は4.9%から6.0%に増加しており、日本語が好きだと答えた学生の比率は58.0%から68.5%と約10%増加していることが分かる。このデータから、日本語を学習すると、日本語が嫌いになることもあるが、ほとんどの学生は日本語の学習を通じて日本語が好きになる傾向があることが指摘できる。〈表24〉で、日本語学習経験がある学生とない学生とで日本語に対する好悪の数値にかなり大きなひらきが見られた、上掲の〈表26〉の分析から、数値のひらきは、日本語の学習を通じて日本語に対する見方が変わった結果が反映されたものだと言えよう。

3.3で、多くの学生が日本語を優雅だと感じ、また、発音が速いと

感じていることを見たが、日本語そのものに対するそのようなイメージも、学習によって変化するのだろうか。〈表27〉〈表28〉は、日本語を学習して日本語のイメージが変わったか否かに対する回答と、日本語に対してどんなイメージを持っているかとのクロス分析の結果である。

〈表27〉日本語に対するイメージと、日本語学習で日本語のイメージが変わったか

日本語に対するイメージ	日本語学習で日本語のイメージが変わったか?		合計
	変わった	変わらない	
粗野だ 優雅だ どちらとも言えない	3人(1.3%) 166人(71.2%) 64人(27.5%)	 43人(53.1%) 38人(46.9%)	3人(1.0%) 209人(66.6%) 102人(32.5%)
合計	233人(100%)	81人(100%)	314人(100%)

〈表28〉日本語に対するイメージと、日本語学習で日本語のイメージが変わったか

日本語に対するイメージ	日本語学習で日本語のイメージが変わったか?		合計
	変わった	変わらない	
ゆっくりだ 速い どちらとも言えない	35人(14.9%) 156人(66.4%) 44人(18.7%)	15人(18.8%) 46人(57.5%) 19人(23.8%)	50人(15.9%) 202人(64.1%) 63人(20.0%)
合計	235人(100%)	81人(100%)	315人(100%)

影響を受けなかったとする数値を学習前のイメージとすると、上に掲げた二つの表から、日本語を優雅だと感じる学生の割合は、日本語を学習することで53.1%から71.2%に増加していることが分かる。逆に、粗野だと感じるようになる学生もあるが、その値は1.3%と低い。また、日本語を速いと感じる学生の割合も、57.5%から66.4%へと学習

を経て9.4%も増加しており、速度がゆっくりだと感じるようになる割合も、学習することで18.8%から14.9%に約4%減少している。

このような日本語に対するイメージの変化は、実際に教室で日本語を聞いたり話したりする練習を通じて、慣れない発音に戸惑ったり、困惑を感じた結果が反映されているのだと思う。それは日本語の速度に対するイメージの変化によく表れている。

3.3.2 台湾の大学生にとって日本語は難しい言語か

台湾の大学では、英語以外の外国語を第一外国語として学習することが認められてから、日本語を履修する学生の数が急増した。財団法人交流協会の調査によると、平成6年の調査では、大学など高等教育機関で日本語を学習する学生数は26,140人だったが、平成8年の同協会の調査では62,238人と急増し、更に平成11年の同調査では73,505人に増加している[8)]。台湾と日本とは歴史的地理的経済的にたいへん密接な関係にあり、日本語の重要性を実感して履修する場合もあれば、学習しやすい外国語と思って履修する場合もあろう。

〈表29〉は日本語を難しいと感じているか易しいと感じているかを調査した結果である。

〈表29〉 日本語に対するイメージ

	人数	百分比
難しい	208人	45.0%
易しい	69人	14.9%

8) 財団法人交流協会「台湾における日本語教育事情調査　報告書」平成8年度、及び「同(改訂版)」平成11年度 参照

どちらとも言えない	185人	40.0%
合計	462人	100%

この集計の結果では、難しいと感じている学生が全体の45.0%で、易しいと感じている学生は同じく14.5%だった。下の〈表30〉は、〈表29〉の結果と学習歴の有無とをクロス分析した結果である。

〈表30〉 日本語は難しいか否かと、日本語学習経験

日本語は／難しいか否か	学習経験の有無			合計
	現在学習中	学習経験あり	学習経験なし	
難しい	147人(49.3%)	12人(31.6%)	47人(39.8%)	206人(45.4%)
易しい	33人(11.1%)	12人(31.6%)	24人(20.3%)	69人(15.2%)
どちらとも言えない	118人(39.6%)	14人(36.8%)	47人(39.8%)	179人(39.4%)
合計	298人(100%)	38人(100%)	118人(100%)	454人(100%)

日本語の学習経験がない学生では、20.3%の学生が日本語は易しい言語であると思っているが、学習中の学生で日本語を易しいと感じている学生は11.1%しかおらず、割合がほぼ半減する。難しいと思っている学生の数は、学習経験がない学生では39.8%だったが、学習中の学生では49.3%と約10%増加している。

以上から、台湾の大学生にとって、日本語は易しそうに思えるが、実際に学習するとなかなか難しいと感じる言語であるようだ。〈表23〉で見たように、日本語の速度に対するイメージでも、実際に学習して改めて速いと感じる学生が多くいたが、台湾の学生にとって彼らが学習前に考えているほどは習得が容易な言語ではないことが分かる。谷口(2001)は、台湾の日本語学習者の特徴として、初級段

階の学習者数が多く、中級にまで継続して学習する学生は少なく、上級にまで進む学生は極めて少ないという現状を指摘しているが、継続的学習者が少ないという現象の一つの原因として、このような学習前と学習後の日本語の難しさに関する認識の違いが挙げられるのではないだろうか。

3.3.3 生活環境と日本語に対するイメージ

〈表31〉日本語が好きか嫌いかと、家人が日本語で話すのを聞いてきたか否か

日本語が好きか嫌いか	家人が日本語で話すのを聞いてきたか否か		合計
	はい	いいえ	
嫌いだ	2人(3.7%)	45人(10.8%)	47人(10.0%)
好きだ	38人(70.4%)	247人(59.4%)	285人(60.6%)
どちらとも言えない	14人(25.9%)	124人(29.8%)	138人(29.4%)
合計	54人(100%)	416人(100%)	470人(100%)

〈表31〉を見ると、家人が話す日本語を聞く環境で育った学生54人の中70.4%が日本語に好感を抱いていて、そうでない学生の59.4%よりも10%以上も高い数値を示している。逆に、日本語が嫌いだと答えた学生も、家人の日本語を聞いて育った学生では3.7%と、そうでない学生の10.8%に比してはっきりと低い数値を示している。〈表18〉〈表20〉で、家庭環境と日本に対するイメージとの関係を見たが、その分析結果と同様に〈表-31〉からも、家人が日本語を話すような環境が、日本語を好きになる直接的な要因となっていることが指摘できる。

4. おわりに

以上、2003年5月に実施したアンケート調査で得られたデータをもとに、台湾の大学生が日本及び日本語に対し抱いているイメージをそのイメージ形成に影響を与える要因について分析した。実際のアンケートで得られたデータは、拙稿が扱ったものの数倍あり、紙幅の都合上そのすべてをここで分析することができなかった。しかし、拙稿の分析を通して、これまで教壇から漠然と感じていたものを数値として提示できた点もあったと思う。また、実際の教学の場に生かし得る指摘もできたと密かに思っている。とりわけ、日本語学習者の日本や日本語に対するイメージ形成に教師の存在が大きく影響していかことは、教学能力以外の資質も重視されるべきであることを物語っていると言えるのではなかろうか。

参考文献

原土洋(1991)「戦後台湾の日本語教育」『講座日本語と日本語教育』第15巻 明治書院

生越直樹(1991)「韓国における日本語教育概観」『講座日本語と日本語教育』第16巻 明治書院

倉内順子(1992)「日本語学習者の動機に関する調査 動機と文化背景の関連」『日本語教育』77号 日本語教育学会

田中望 岡本輝彦他(1994)「台湾における日本語教育事情調査報告書（未定稿)平成6年」財団法人交流協会 台湾

岡本輝彦「台湾における日本語教育事情調査報告書 平成8年度」財団法人交流協会 台湾

陳淑娟(1999)「台湾の高校における日本語教育の調査研究」『東呉外語学報』第14号 東呉大学 台湾

______(1999)「台湾高校生の日本語学習意識に関する調査研究」『台湾日本語教育論文集』第3号 台湾日本語教育学会 台湾

篠原信行(2000)「台湾の高等教育機関における日本語学習者の背景と学習環境」『日本言語文芸研究』第1号 台湾日本言語文芸研究学会 台湾

谷口龍子(2001)「台湾における日本語教育事情調査報告書 平成11年度（改訂版)」財団法人交流協会 台湾

齊藤明美(2003)「韓国における日本語教育 —— 大学生に対するアンケート調査の結果から」2003.7.4 韓国日本学聯合会合第1回国際学術大会

第3章　台湾の日本語学習者は日本語学習をどのようにとらえているか
―日本語学習の動機，到達目標，学習方法を中心に―

篠原信行

1. はじめに

近年、台湾では日本語教育機関が増加し、高等教育機関で日本語を学習する学生の数も急増した。この急増した学習者の日本語学習環境と学習の動機にはどのような傾向が見られるだろうか。このような台湾における日本語学習者の背景を把握するために、謝逸朗、黄鴻信及び筆者は、1997年に北部の高等教育機関数校を対象にアンケート調査[1)]を行った。

その後、韓国翰林大学校翰林科学院の研究助成[2)]を受けて、韓国・日本・台湾の三地域で同じ内容のアンケート調査を行う機会を得、2003年5月に台湾の四年制大学の学生を対象にアンケート調査を実施した。本稿は、その調査に基づいた報告である。アンケート調

1) 調査の内容と結果は、拙著「台湾の高等教育機関のおける日本語学習者の背景と学習環境」『日本言語文芸研究』第1号 2000

2) 韓国翰林大学校齊藤明美教授、韓国中央大学校任栄哲教授、日本東京大学生越直樹教授及び筆者とが、翰林大学校より研究助成を受けた研究テーマは「A Preliminary Analysis of Linguistic and Cultural Backgrounds for Japanese Education in Korea and Taiwan and Korean Education in Japan and Taiwan」である。

査表は二部構成になっており、全調査項目は第Ⅱ部第2章で扱ったアンケートの前半部分、即ち日本・日本人・日本文化に対するイメージの調査も含めると、20数項目に上る。台湾サイドの調査は筆者が担当し、1997年の調査結果を受け、学習者数の増加もある程度止まり、各教育機関は学習環境の拡充から学習環境の整備の段階に入ったと思われる現在の日本語学習の全般的な状況、及び日本・日本人日本文化などに対する考え方を調査した。

本稿は、2003年の調査のうち主に日本語学習に関する部分を中心に集計、分析したものである[3)]。高等教育機関における日本語学習者の現状と志向、及び1997年の調査との比較を通して、大学における日本語教育の在り方、方法、教授内容などに就いてより効果的で学習者のニーズに適った教授内容、教授法を見出していくことを主眼としている。

2. 調査の概要　省略

3. 学習の動機

3.1 学習中の学生の動機

2003年の調査〈表1〉と1997年の調査〈表2〉[4)]とで、学習者の学習動

3）同調査のその他の部分については、篠原(2003)参照

4）篠原(2000)p.68参照

機に違いがみられるだろうか。2003年の調査で数値の高かったのは、「日本や日本人、日本文化に興味がある」「日本の映画やテレビ番組に興味がある」「日本の漫画やアニメに興味がある」、及び「日本語に興味がある」である。高い数値を示しているこれらの選択肢は、いずれも「日本文化」の諸相を示すもので、しかもはっきりした目的が感じられる動機ではなく、個人的な興味に基づいた動機であると言えよう。学習動機については、1997年と2003年の2回の調査で与えた選択肢が一致していないが、1997年の調査で最も高い数値を示した「個人的に興味がある」に相通ずる。

〈表1〉2003年の調査〈なぜ日本語を勉強しているか〉

項　目	Yes	No
日本や日本人、日本文化に興味がある	62.7%	37.3%
日本の映画やテレビ番組に興味がある	62.1%	37.9%
日本の漫画やアニメに興味がある	49.2%	50.8%
日本語は他の言語より面白そうだ	42.8%	57.2%
単位を取得するため	38.3%	61.7%
日本を知るため	37.9%	62.1%
マスコミの影響を受けて	36.7%	63.3%
日本語は必修科目で、履修しなければならない	36.0%	64.0%
日本へ行くため	35.4%	64.6%
就職のため	35.4%	64.6%
学びやすそうだ	24.4%	75.6%
留学のため	18.3%	81.7%
友人に影響されて	13.2%	86.8%
日本の文献資料を読む	11.3%	88.7%
両親の影響	9.3%	90.7%

〈表2〉1997年の調査〈台湾の大学生における日本語学習の動機〉複数選択可

項　目	全体	男	女
個人的に興味があるから	73.6%	75.3%	73.1%
マスコミの影響を受けて	38.5%	40.0%	38.2%
仕事で必要だから	34.7%	30.0%	36.7%
学科の規定	32.4%	26.7%	34.4%
単位を取得するため	14.0%	15.3%	13.5%
漢字を使うので楽だ	14.0%	16.0%	13.2%
留学するため	10.0%	10.0%	10.0%
文献資料を読むため	9.1%	27.0%	6.0%
友だちに影響されて	8.5%	10.0%	8.2%
父母に影響されて	6.9%	8.7%	6.0%
その他	8.5%	12.0%	8.7%

他にも、2003年の調査の「マスコミの影響を受けて」36.7%と1997年の「マスコミの影響を受けて」38.5%、2003年の「就職のため」35.4%と1997年の「仕事で必要だから」34.7%、2003年の「日本語は必修科目で履修しなければならない」36.0%と1997年の「学科の規定」32.4%、その他、2003年の「日本の文献資料を読むため」11.3%と1997年の「文献資料を読むため」9.1%なども、ほぼ同一の動機と見做してよく、数値も近い値を示している。一方、前後2回の調査とも、「友達の影響」「父母の影響」の数値は低かった。これらの数値から、1997年の調査と2003年の調査とで学習動機には共通するところが多いことが指摘できる。

2回の調査を比較して、数値に大きな違いが見られるのは、一つは2003年の「単位を取得するため」38.3%と1997年の「単位を取得するため」14.0%、及び2003年の「留学するため」18.3%と1997年の「留学するため」10.0%である。しかし、前者は2003年の調査で36.0%を示した「日本語は必修科目で、履修しなければならない」と1997年で32.4%を示した「学科の規定」と重複する内容であり、台湾の大学では単位取得の必要から日本語を履修する学生が多くいることが分かる。また、学習動機を留学目的と回答した数値にかなりの差が見られたのは、2003年の調査では調査対象を学習者及び学習経験者だけに絞った結果、日本への留学希望者が多い日本語学科在籍の学生の比率が、1997年の調査に比して高まったためであろう。

以上から、台湾の大学レベルでの日本語学習者の学習動機としては、日本に対する興味が最も大きいこと、またその動機はここ数年、特に大きな変化は見られないことが指摘できる。

次に掲げる〈表3〉は、2002年に韓国で行われた調査[5)]の結果である。この調査によると、日本語専攻の学生の学習動機で数値が最も高かったのは「日本のことが知りたい」の60%で、次いで「日本・日本人・日本文化に興味がある」と「就職をする」の55%である。

〈表3〉韓国の大学生の日本語学習の動機

項　目	日本語専攻	教養日本語	全体
日本・日本人・日本文化に興味がある	55%	55.6%	39.1%
日本のことが知りたい	60%	44.4%	31%
就職をする	55%		27.6%
日本の漫画・アニメに興味がある	50%	40.7%	26.7%
日本へ観光にいく	35%	40.7%	21.6%
単位が必要		48.1%	

5) 翰林大学校 齊藤明美教授が2002年11月に行った調査 齊藤(2003)参照

一方、選択科目で日本語を選択している学生では、「日本・日本人・日本文化に興味がある」がもっとも高く55.6%、次いで「単位が必要」の48.1%となっており、台湾での調査結果との顕著な違いは見られない。しかし、齊藤(2003)は、多岐にわたる記述回答に「日本に勝つため」という記入例があることに着目し、生越(1991)が西岡力の調査に基づき韓国の若者の日本語学習の動機として「克日論」があると指摘するのを引いて、これまでの日本語教育の歴史に鑑みれば、ごく自然のことのようにも思われると述べつつ、韓国ではここ10年の間に学習動機が日本・日本人・日本文化に対する興味の方向に少しずつ移ってきたことを指摘している。篠原(2003)は、台湾の大学生、とりわけ日本語を学習している学生は圧倒的多数の者が日本に対して好感を抱いていることを指摘したが、現在の台湾では韓国のような日本に対する対抗意識から日本語を学習するという意識は見られない。

3.2 日本語を学習しない理由

台湾の大学生が日本・日本人・日本文化に対して良いイメージを抱いていることは、日本語を学習しない学生に対するアンケートの結果からも垣間見ることができる。

〈表4〉 日本語を学習しない学生119人が選択した学習しない理由

項　目	Yes	No
自分の学科は日本語を履修する必要がない	66.4%	33.6%
自分の研究分野では日本語の文献を読む必要がない	29.4%	70.6%

難しそうだ	26.1%	73.9%
将来日本語を必要とする仕事には就かないと思う	24.4%	75.6%
台湾の社会では日本語は最も重要な言語ではない	16.0%	84.0%
日本に興味がない	15.1%	84.9%
日本語は面白くなさそうだ	15.1%	84.9%
他の外国語を学びたい	14.3%	85.7%
日本文化が嫌いだ	8.4%	91.6%
日本語を学んでも自分の好きな仕事には就けそうもない	6.7%	93.3%
日本や日本人が嫌いだ	6.7%	93.3%
日本の漫画やアニメに興味がない	5.9%	94.1%
日本へ行く必要がない	5.0%	95.0%
日本のテレビドラマは面白くない	4.2%	95.8%
マスコミの影響を受けて	3.4%	96.6%
友人に影響されて	2.5%	97.5%
父母の影響	1.7%	98.3%

〈表4〉は日本語を学習しない学生119人が挙げた日本語を学習しない理由である。これを見ると、「日本文化が嫌いだ」を挙げた学生は8.4%に過ぎず、「日本や日本人が嫌いだ」を理由として挙げる学生は更に少なく6.7%に過ぎない。一方、数値の高かったのは、「自分の学科は日本語を履修する必要がない」66.4%、「自分の研究分野では日本語の文献を読む必要はない」29.4%、「難しそうだ」26.1%などで、日本や日本人日本文化が嫌いなことが原因で日本語の学習を控えるという学生は少ないことが分かる。

4. 到達目標と学習方法

4.1 台湾の日本語学習者は日本語の何を易しいと感じているか

次に掲げる〈表5〉は、台湾の日本語学習者が日本語のどの面に容易さを感じているかを尋ねた結果である。

〈表5〉 日本語で易しいのはどれか

	人数	百分比
会話	103人	34.6%
聞き取り	38人	12.8%
読解	154人	51.7%
作文	3人	0.6%

これによると、学習者は読解をもっとも易しいと感じており(298人中154人)、作文が易しいと答えた学生は298人中3人と極端に少なかった。台湾の学習者が自分の母語と同形同義の漢語を多く持つ日本語で書かれた文章の読解を易しいと感ずるであろうことは、予想通りだった。それに対し、日本語の聞き取りはかなり困難なようで、298人の回答者のうち、聞き取りを易しいと答えた学生は僅かに38人に過ぎなかった。

〈表6〉は、学生たちが具体的に日本語のどの部分を容易であると考えているかを調査した結果である。台湾の学習者が「漢字」の学習に困難を感じないであろうことは、想像に難くないが、「発音・アクセント」、「語彙」、「外来語」なども その他の項目と比して相対的に難しいと感じていないことが分かる。

〈表6〉 日本語を学習する時に易しいのはどれか

漢字	66.0%	敬語	5.8%
平仮名・カタカナ	48.7%	助詞	4.2%
発音・アクセント	36.5%	授受動詞	3.2%
語彙	31.7%	日本語らしい表現	2.2%
外来語	23.4%	受身表現	1.9%
くだけた表現	17.9%	助動詞	0%
動詞の活用	16.3%		

「平仮名・カタカナ」を易しいと答えた学生が多かったのは、調査対象が日本語を少なくとも一年ほど学習した学生(調査を実施した五月は、台湾では学年の最終段階に近い)であったからであろう。日本の漫画や日本のテレビ番組が24時間いつでも見られる環境にありながら、漫画やテレビ放送でよく見たり、聞いたりしているであろう「くだけた表現」のほうが外来語よりも難しいと感じている。また、予てから外国人にとって難しい内容とされている「敬語」「授受表現」「受身表現」「助詞」「助動詞」などについては、やはり多くの学生が困難を感じるようだ。日本語とは系統の違う中国語にはない「助詞」に学生たちが困難を感じるのは理解できるが、中国語でも「敬語」は発達しているし、授受表現は中国語と日本語とで似た部分も多いが、日本語の「敬語」や「授受表現」は易しい内容ではないと捉えられている。

4.2 台湾人学習者にとって日本語は英語と比べて難しいか

台湾でも一般的な大学生は中学高校で六年間以上英語を学習した

経験を持っている。そのような学生たちは、日本語を英語よりも難しいと感じるのだろうか。

〈表7〉英語と比べて、日本語はどんな言語か

	人数	百分比
英語よりも難しい	119人	37.9%
英語と変わらない	135人	43.0%
英語よりも易しい	60人	19.1%

〈表7〉は、英語と比べて日本語をどんな言語と感じているかを調査した集計結果である。この集計結果から、学生たちの日本語に対する見方の一端が窺える。台湾でも英語が国際語として重要視されるようになって久しい。そのような風潮のもと英語を長く学んできた現在の学生にとっては、共通する漢語を多く使う日本語よりも英語の方が分かりやすく感じられるようで、日本語は英語よりも難しいと答えた学生は37.9%、日本語の方が英語よりも容易だと答えた学生は約半数の19.1%であった。〈表6〉で、日本語の中の外来語をそれほど難しく感じていないことを見たが、英語を長く学習して英語の語彙も豊富な現代の台湾の大学生にとっては、外来語はそれほど難しく感じないのだろう。また、篠原(2003)で、日本語学習経験のある学生よりも学習経験のない学生の方がより日本語を簡単であると答えており、日本語を学習すると逆に日本語を難しいと感じるようになることを指摘したが、日本語学習経験者を対象にしたこの設問からは、日本語は英語よりも難しく感じているという集計結果が出ている。

4.3 現在のレベルと到達目標

次に掲げる〈表8、9、10、11〉は学生たちの現在の日本語の各能力に対する自己判定の集計結果と、希望到達レベルの集計結果である。この調査結果を見る限りは、日本語の会話の力を「よくできる(専門的な内容の討論ができる)」程度にまで高めたいと希望している学生の比率が、日本語の他の能力に比して低かったことが特徴的である。会話が重視され、会話中心の授業が組まれることも多いが、実際には多くの学生が高めたいと思っているのは、会話の能力ではないことが分かる。

〈表8〉現在の会話力の自己判定と希望到達レベル

会 話	現在の能力	希望するレベル
よくできる(専門的な内容の討論ができる)		35.8%
できる(日本を一人で旅行できる)	4.7%	58.4%
少しできる(日本語で買い物ができる)	56.8%	5.8%
ほとんどできない	38.5%	

〈表9〉現在の聞き取りの能力の自己判定と希望到達レベル

聞き取り	現在の能力	希望するレベル
よくできる(日本語のテレビ番組やラジオ放送の内容が完全に分かる)	0.4%	66.3%
できる(日本語のドラマを見てもだいたい分かる)	8.2%	30.8%
少しできる(日本語のドラマが一部分分かる)	61.3%	2.5%
ほとんどできない	30.1%	0.4%

〈表10〉現在の読解の能力の自己判定と希望到達レベル

読 解	現在の能力	希望するレベル
よくできる(辞書を引かずに日本語の小説が読める)	0.4%	55.8%
できる(辞書を引かずに日本語の新聞が読める)	3.6%	35.0%
少しできる(辞書を引けば日本語の新聞が読める)	54.3%	8.8%
ほとんどできない	41.7%	0.4%

〈表11〉現在の作文の能力の自己判定と希望到達レベル

作 文	現在の能力	希望するレベル
よくできる(日本語でレポートが書ける)		52.1%
できる(日本語で電子メールが書ける)	9.7%	36.4%
少しできる(日本語で簡単なメモが書ける)	39.4%	10.2%
ほとんどできない	50.9%	0.4%

今回の調査では、聞き取りの能力を高めたいと考えている学生が最も多く、66.3%の学生が「よくできる(日本語のテレビ番組やラジオ放送の内容が完全に分かる)」程度を希望しており、その数値は会話の最も高いレベルを希望する35.8%を大きく上回っていた。台湾にはかつて日本統治時代に日本語教育を受け、日本語でほぼ自由に会話ができる年配者も多い。また、日本語のテレビ番組も24時間見られる。このような環境では自ずと日本語を耳にする機会も多い。このような環境的要因も、聞き取りの力を重要視する要因になっているかと思われる。

会話の能力に関しては、多くの学生が希望するレベルは最も高いレベルではなく、「できる(日本を一人で旅行できる)」程度で、55.8%であった。また、〈表10〉から、読解力を高めたいと考える学生も多く、55.8%の学生が「よくできる(辞書を引かずに日本語の小説が読める)」程度にまで高めたいと答えている。台湾の大学生が日本語の読解力を重視する傾向は、1997年の調査でも見られた6)。作文に関しても、最も高いレベルの「よくできる(日本語でレポートが書ける)」程度を希望する学生が53.1%と、会話の35.8%よりも高い数値であった。

この集計結果から、台湾の日本語学習者は、日本語で表現する能力よりも、日本語を使って情報を受容するための能力をより重視していることが指摘できよう。話せなければ言語を習得したことにならないとよく言われる。確かにその主張は間違っているとは言えないだろう。しかし、限られた時間に外国語を学習するには、何のためにどんな目的を持って外国語を学習するのかという学生の動機と目的の分析を経なければ、効率的に学習内容を提供することはできないだろう。日本で生活する外国人は、毎日の生活のために会話の能力が要求されるであろうが、教室を一歩離れると日本語を話す機会のほとんどない外国で日本語を学習し、しかも日本留学など考えていない学生にとって、会話の力は情報収集に役立つ他の能力ほどには重要でないと考えられていることがこの数値から読み取れる。

4.4 普段の学習方法と効果的な学習法

自己の学習言語である日本語の特徴を4.1、4.2で見たように捉え

6) 1997年の調査では、男子学生の学習目標の第一位は「読んで理解できる」の90.7%で、以下「話せる」82%、「聞いて理解できる」78.7%、「書ける」69.3%であった。篠原(2000)参照

ている台湾の日本語学習者は、4.3で見た各自の希望するレベルにまで達するために、学習に際してどのような努力を払っているのだろうか。次の〈表12〉は、台湾の学習者の普段の学習方法についてのアンケート調査の集計結果である。

学生たちの学習方法で最も数値が高かったのは、「まじめに授業を受ける」83.9%で、次いで、「テレビを見る」72.2%である。多くの学生がテレビを日本語学習の方法に取り入れていることは、日本のテレビ番組が中国語の字幕付きで24時間観られる台湾の状況をよく表している。しかし、それ以外は伝統的な学習方法とあまり変わらないように思う。4.3で見たように、高めたい能力の中では会話の数値が低かったが、〈表12〉でも「日本人と会話をする」の数値が低いことが注意をひく。最近では、多くの大学で交換留学制度を使って台湾へ一年間ほどの短期留学に来る日本人学生も増えた。しかし、そのような留学生との言語交換などの機会を巧く活かして会話を練習している学生は、全体的に見ればそれほど多くはないようだ。また、自宅学習に利用できるインターネットのサイトも増えてきたにもかかわらず、実際に自宅学習でインターネットを利用している学生も意外に少ない。

〈表12〉 普段の学習方法

まじめに事業を受ける	83.9%	日本へ旅行に行く	26.7%
テレビを見る	72.2%	日本人と会話をする	23.7%
教科書を暗記する	58.9%	テレビゲームをする	19.0%
日本語の歌を歌う	55.7%	インターネット	18.0%
予習・復習	52.7%	塾に通う	17.4%

日本語のテープを聴く	34.5%	ビデオを観る	14.9%
漫画を読む	31.0%	日本語で文通をする	12.3%
日本語の本や新聞を読む	26.9%	日本語のラジオ放送を聴く	9.5%

〈表13〉 効果的な学習方法

	最も効果的 人数/%	次に効果的 人数/%
まじめに授業を受ける	100人/32.3%	52人/16.8%
日本人と会話をする	45人/14.5%	17人/5.5%
テレビを観る	43人/13.9%	40人/12.9%
教科書を暗記する	28人/9.0%	36人/11.7%
予習・復習	24人/7.7%	38人/12.9%
日本語のテープを聴く	17人/5.5%	18人/5.8%
日本語の本や新聞などを読む	11人/3.5%	21人/6.8%
日本語の歌を歌う	11人/3.5%	11人/3.6%

〈表13〉は、〈表12〉の各選択肢の中から学習者が実際に役に立ったと思う学習法を選択頻度の高い順に示したものである。「まじめに授業を受ける」を最も効果的だと答えたのは100人/32.3%で、次いで「日本人と会話する」の45人/14.5%である。しかし、4.3で分析したように、台湾の学生は必ずしも会話の力を付けることをたいへん重視しているわけではない。重視の度合いは「テレビを観る」の13.9%とあまり変わらない。「次に効果的な学習方法」で見れば、「日本人と会話する」は全体の5.5%と、「テレビを観る」の12.9%よりもかなり低くなってしまい。「テープを聴く」の5.8%とほぼ同じ程度である。

4.5 自宅学習時の重点

学生が会話の練習にそれほど重きを置いていないことは、〈表14〉の「自宅での学習の重点」の集計結果からも明らかである。

〈表14〉

聞き取り　41.8%	単語　32.4%
文法　38.2%	発音　13.8%
読解　35.6%	漢字　4.7%
会話　32.7%	作文　0.7%

4.3でみたように、今回の調査では聞き取りの能力を高めたいと考えている学生が最も多かった。この学生の希望が、自宅学習時の重点にも表れており、44.8%の学生が自宅学習では聞き取りに重点をおいていると回答している。

作文は、4.1で易しいと答えた学生は全体の僅か0.6%であった。多くの学生が最も高いレベルの「よくできる(日本語でレポートが書ける)」程度まで能力を高めたいと希望しているが、それにもかかわらず、自宅学習で作文に重点を置く学生は0.7%とほとんどいない。インターネットを利用したメールでの情報交換が一般的になった現在、多くの学生が作文の重要性は感じつつも、自宅での独習が難しいためか、作文の練習はあまり行われていないのが現状である。最近ではインターネットを利用した作文指導なども試験的に行われるようになったが、台湾でも将来的にはより多くの学生が自宅で作文の練習に取り組めるように、コンピュータを利用した作文指導を積極的に取り入れるべきであろう。

5. おわりに

本稿では、2003年5月に台湾の四年制大学の大学生を対象に行ったアンケート調査の後半部分、日本語学習に関する部分から、学習の動機、日本語で容易な点、現在のレベルと到達目標、及び学習方法などについて集計分析した。分析に当たっては、過去の調査結果や韓国で行われた調査の結果との比較と通して、今回の調査結果の特徴的な部分を示した。集計結果から、以下の点が指摘できる。

1 学習動機は、全体的に1997年の調査結果と変わらない。
2 学生たちは日本語の読解を最も易しいと感じている。
3 多くの学生は、日本語の漢字、平仮名・カタカナ、発音・アクセント、語彙、外来語などを易しいと感じている。
4 もっとも高めたい能力は、聞き取りである。
5 まじめに授業を受けるのがもっとも効果的な学習方法であると考えている。
6 日本語を英語よりも難しいと感じている学生が多い。
7 他の能力と比べて、学生たちは会話の能力をあまり重視していない。
8 自宅での学習では、聞き取りが重視されている。
9 多くの学生が作文の必要性を認めつつも、実際は自宅ではあまり練習していない。

今回の調査では、現場の教師の感覚と違わぬ数値が示された項目もあったが、中には大方の予想と異なる結果を示した項目もあった。今回の調査で得られたデータが、今後の台湾の日本語教育に多少なりとも益するところがあれば幸いである。

参考文献

生越直樹(1991)「韓国における日本語教育」『講座 日本語と日本語教育』第16巻 明治書院

篠原信行(2000)「台湾の高等教育機関における日本語学習者の背景と学習環境」『台湾日本語言文芸研究』第1号

篠原信行(2003)「台湾の大学生の日本と日本語に関する意識とそのイメージ形成に影響を与える要因について」『台湾日本語言文芸研究』第4号

齊藤明美(2003)「韓国における日本語教育 ——大学生に対するアンケート調査の結果から」韓国日本学聯合会第1回国際学術大会 Preceding

齊藤明美(2004)「韓国の大学生における日本語学習の現状について ——アンケート調査の結果から——」『日本語教育研究』第6号

〈付録〉アンケート調査票(台湾調査・日本語版)

このアンケートは学術的統計のために使われますので、
個人情報の漏洩等の心配はありません。
ご自身の状況に基づいて質問にお答えください。

____________学部 ____________学科 ______學年　年齢 ______性別　男 / 女

出生地___________________________県______________________市 /鎮/郷

F-1. 家族内に日本語を話す人がいますか。(○でお答えください)

1. いる　　2. いない

F-2. あなたはこれまでに日本人の先生について日本語を学んだことがありますか。

1. ある　　2. ない

F-3. 日本人の友達がいますか。

1. いる　　2. いない

F-4. 日本語を勉強したことがありますか。

1. ある　　2. ない

(「1.ある」と答えた方は、F-5、F-6にお答えください)

F-5. どのくらいの期間日本語を勉強しましたか。(○でお答えください)

1.半年未満　2.半年以上一年未満　3.一年以上二年未満　4.二年以上

F-6. いつ日本語を勉強しましたか。(○でお答えください)

1.小学校入学以前 2.小学校時代 3.中学校時代　4.高等学校時代 5.大学入学後

F-7. あなたの母語は何語ですか。(複数選択可)

1. 中国語(北京語)　2. 台湾語　3. 客家語
4. 先住民族の言葉　5. その他＿＿＿＿＿＿＿

F-8. あなたは、子どもの頃、家で家族が外国語で話すのを聞いたことがありますか。

1. ある　2. ない

F-9. あなたは、子供の頃、家で家族が日本語で話すのを聞いたことがありますか。

1. ある　2. ない

F-10. 家で家族と話をする時、あなたはいつもどんな言葉を使いますか。(複数選択可)

1. 中国語(北京語)　2. 台湾語　3. 客家語
4. 先住民族の言葉　5. その他＿＿＿＿＿＿＿

【日本、日本人、日本語、日本文化について】

1. あなたは「日本」にどんな印象を持っていますか。(他の国と比較して)

(○でお答えください)

a. 非常に良い印象
b. 良い印象
c. 他の国と変わらない
d. 悪い印象
d. 非常に悪い印象

2. 下のそれぞれは、あんたの日本に対する印象形成にどれほどの影響を与えましたか。

(○でお答えください)

影響	a大	b中	c小	dなし
(1)過去の台日関係	(a)	(b)	(c)	(d)
(2)日本の伝統文化	(a)	(b)	(c)	(d)
(3)日本の漫画、アニメ	(a)	(b)	(c)	(d)
(4)日本の流行	(a)	(b)	(c)	(d)
(5)日本人観光客	(a)	(b)	(c)	(d)

(6)新聞の報道	(a)	(b)	(c)	(d)
(7)大學以前の教育	(a)	(b)	(c)	(d)
(8)日本のテレビ番組	(a)	(b)	(c)	(d)
(9)現在の日本経済	(a)	(b)	(c)	(d)
(10)台湾と日本の貿易関係	(a)	(b)	(c)	(d)
(11)日本の歌手、タレント	(a)	(b)	(c)	(d)
(12)日本人の日本語教師	(a)	(b)	(c)	(d)
(13)台湾籍の日本語教師	(a)	(b)	(c)	(d)
(14)日本製の商品	(a)	(b)	(c)	(d)
(15)台日間の領土問題	(a)	(b)	(c)	(d)
(16)現在の日本政府の政策	(a)	(b)	(c)	(d)
(17)日系企業の企業活動	(a)	(b)	(c)	(d)
(18)日本からの留学生	(a)	(b)	(c)	(d)
(19)日本での体験	(a)	(b)	(c)	(d)
(20)日本の大学、大学生との交流	(a)	(b)	(c)	(d)
(21)過去の中日関係	(a)	(b)	(c)	(d)

3. あなたの日本人に対する印象は?(○でお答えください)

a.非常に良い印象

b.良い印象

c.他の国の人と特に変わらない

d.悪い印象

e.非常に悪い印象

4. 下のそれぞれは、あなたの日本人に対する印象形成にどれほどの影響を与えましたか。(○でお答えください)

影響	a大	b中	c小	d無
(1)過去の台日関係	(a)	(b)	(c)	(d)
(2)日本の伝統文化	(a)	(b)	(c)	(d)
(3)日本の漫画、アニメ	(a)	(b)	(c)	(d)
(4)日本の流行	(a)	(b)	(c)	(d)
(5)日本人観光客	(a)	(b)	(c)	(d)

(6)新聞の報道	(a)	(b)	(c)	(d)
(7)大學以前の教育	(a)	(b)	(c)	(d)
(8)日本のテレビ番組	(a)	(b)	(c)	(d)
(9)現在の日本経済	(a)	(b)	(c)	(d)
(10)台湾と日本の貿易関係	(a)	(b)	(c)	(d)
(11)日本の歌手、タレント	(a)	(b)	(c)	(d)
(12)日本人の日本語教師	(a)	(b)	(c)	(d)
(13)台湾籍の日本語教師	(a)	(b)	(c)	(d)
(14)日本製の商品	(a)	(b)	(c)	(d)
(15)台日間の領土問題	(a)	(b)	(c)	(d)
(16)現在の日本政府の政策	(a)	(b)	(c)	(d)
(17)日系企業の企業活動	(a)	(b)	(c)	(d)
(18)日本からの留学生	(a)	(b)	(c)	(d)
(19)日本での体験	(a)	(b)	(c)	(d)
(20)日本の大学、大学生との交流	(a)	(b)	(c)	(d)
(21)過去の中日関係	(a)	(b)	(c)	(d)

5. あなたは日本語にどんな印象を持っていますか
(それぞれの項目の三つの選択肢から一つを選んで○でお答えください)

(1)	a. 粗野だ	b. 礼儀正しい	c. どちらでもない
(2)	a. 荒々しい	b. 優しい	c. どちらでもない
(3)	a. 粗暴だ	b. 大人しい	c. どちらでもない
(4)	a. 嫌いだ	b. 好きだ	c. どちらでもない
(5)	a. 重々しい	b. 軽快で活発	c. どちらでもない
(6)	a. 発音がはっきりしていない	b. 発音がはっきりしている	c. どちらでもない
(7)	a. 意思を伝えにくい	b. 意思を伝えやすい	c. どちらでもない
(8)	a. 回りくどい	b. 簡潔で明快だ	c. どちらでもない
(9)	a. 発音がゆっくりしている	b. 発音が速い	c. どちらでもない
(10)	a. 硬い感じ	b. 柔らかくて軽快な感じ	c. どちらでもない
(11)	a. 難しい	b. 簡単だ	c. どちらでもない

6. 日本へ行ったことがありますか。

1. ある　　2. ない

※「1. ある」とお答えの方にお聞きします。渡航の目的は何でしたか。(複数選択可)

1. 観光
2. 言葉の学習
3. 交流プロジェクト
4. 親戚や友達を訪ねる
5. その他 ________________________

※ 最も長い滞在期間はどのくらいでしたか。____________

7. 将来また日本へ行きたいと思いますか。

1. また行きたい　2. もう行きたくない　3. どちらでもない

※「1. また行きたい」とお答えの方にお聞きします。なぜ行きたいですか。(複数選択可)

1. より深く日本を理解したい
2. 学んだ日本語で日本人と会話がしたい
3. 日本で自分の興味のある物事を体験したい
4. 台湾に近く、旅行が便利だ
5. 友達を訪ねて
6. 日本語を勉強したい
7. その他 ________________

8. 英語が世界言語だと思われていますが、英語をマスターした後、日本語を勉強する必要があると思いますか。

1. ある　　2. ない　　3. その他の意見 ________

9. 将来、日本語は役に立つと思いますか。

1. 役に立つ　2. 役に立たない　3. その他の意見 ________

※「1. 役に立つ」とお答えの方にお聞きします。どんな場面で役立つと思いますか。(複数選択可)

1. 仕事
2. 就職
3. 観光旅行
4. 日本の状況を知る時
5. 日本人と会話をする時
6. 専門技術や専門の情報を理解する上で
7. 昇進
8. その他 ______________________

10. 今後どんな言語が役立つと思いますか。最も役立つと思う言語から順に三つ書いてください。

(1) ________________ (2) ________________ (3) ________________

【日本語学習について】

1. あなたは日本語を勉強したことがありますか。

a.現在勉強している → **A**にお進みください
b.かつて勉強したことがある → **B**にお進みください
c.勉強したことがない → **C**にお進みください

A.(「a.現在勉強している」とお答えの方)なぜ勉強していますか。(複数選択可)

a. 日本について知りたい
b. 他の言語よりも日本語に興味がある
c. 勉強し易いと思う
d. 日本や日本人、日本文化に興味がある
e. 日本語は必修科目で、勉強しなければならない
f. マスコミの影響
g. 友だちの影響
h. 両親の影響
i. 日本の映画やテレビ番組に興味がある

j. 日本の漫画やアニメに興味がある
k. 日本語の文献を読むため
l. 日本へ行くため
m. 単位のため
n. 進学のため
o. 留学のため
p. その他 ______________________

B. (「b.かつて勉強したことがある」とお答えの方)なぜ勉強を止めましたか。(複数選択可)
a. 日本に興味がなくなった
b. 日本は少しも面白くない
c. 日本語は難しすぎる
d. 日本や日本文化は少しも面白くない
e. 現在日本語を履修する必要がない
f. マスコミの影響
g. 友だちの影響
h. 両親の影響
i. 日本語を勉強しても好きな仕事に就けない
j. 将来恐らく日本語を必要とする仕事に就かない
k. 自分の研究分野では日本語の文献を読む必要がない
l. 台湾の社会では日本語は以前ほど重要ではなくなった
m. 第二外国語の単位を取得した
n. 日本や日本人が好きでなくなった
o. 単位が取れなかった
p. 日本へ行く必要がない
q. その他 ______________________

C. (「c.勉強したことがない」とお答えの方)日本語を勉強しない理由は何ですか。(複数選択可)
a. 日本に興味がない
b. 日本語は少しも面白くない
c. 日本語は難しそうだ
d. 日本文化が嫌いだ

e. 自分が所属する学科では日本語を履修しなくてもよい

f. マスコミの影響を受けて

g. 友達の影響を受けて

h. 両親の影響を受けて

i. 日本語を勉強しても自分の好きな仕事は見つからない

j. 将来恐らく日本語を必要とする仕事には就かないと思う

k. 自分の研究分野では日本語の文献を読む必要がない

l. 台湾の社会では日本語は重要な言語ではない

m. 他の外国語を勉強したい

n. 日本、日本人が嫌いだ

o. 日本の漫画やアニメに興味がない

p. 日本のテレビ番組は少しも面白くない

q. 日本へ行く必要がない

r. その他 ____________________

※ 非日本語履修者の方、お答えください

2-1. あなたが日本語以外に学んでいる外国語は何ですか。同時に二種類以上学んでいる方は、最も熱心に学んでいる外国語を選んでください。**(複数選択不可)**

a. ドイツ語　b. フランス語　c. スペイン語　d. ロシア語

e. イタリア語　f. アラビア語　g. 韓国語　h. その他 ________

2-2. あなたがその外国語を選んだ理由は何ですか **(複数選択可)**

a. その国に興味がある

b. 面白そうだ

c. 学びやすそうだ

d. いろいろな外国語の学習に興味がある

e. 自分の受講している課目ではその外国語を勉強しなければならない

f. マスコミの影響を受けて

g. 友達の影響を受けて

h. 父母の影響を受けて

i. その言語を勉強すると将来就職に役立つ

j. 将来その言語が必要な仕事に従事する可能性が高い
k. 自分の研究分野ではその言語の文献を読む必要がある
l. 台湾の社会では、その言語はとても重要だ
m. 現在は重要ではなさそうだが、将来は重要な言語になる可能性がある
n. その国の文化に興味がある
o. その国の製品が好きだ
p. その言語を使う国に行くため
q. 特に理由はない
r. その他 ______________________________

現在日本語を履修していない方、アンケートはここで終わりです。
ご協力ありがとうございました。

※ 現在日本語を勉強している方、引き続き質問にお答えください。

3. 日本語を勉強して日本語に対するイメージが変わりましたか。(○でお答えください)
   1. はい　　　　2. いいえ

4. 英語と比較して、日本語はどうですか。(○でお答えください)
   1. 英語よりも難しい
   2. 英語と変わらない。難しくもないし、易しくもない。
   3. 英語よりも易しい

5. あなたの現在の日本語のレベルはどうですか。自分の将来の日本語レベルにどんな期待をしていますか
   (《 》の中にアルファベットで記入してください。)

   5-1 日本語の会話について　現在のレベル《　　》　将来の希望《　　》
   a. とてもレベルが高い (専門的な討論ができる)
   b. レベルが高い (日本で一人で旅行できる)

c. まあできる（日本語で買い物ができる）

d. ほとんどできない

5-2 日本語の聴力について　現在のレベル《　　》　将来の希望《　　》

a. とてもレベルが高い(日本語のテレビ番組やラジオを聞いて、完全に理解できる)

b. レベルが高い(日本のドラマを見て、内容が大体理解できる)

c. まあできる(日本のドラマを見て、少し理解できる)

d. ほとんどできない

5-3 日本語の読解について　現在のレベル《　　》　将来の希望《　　》

a. とてもレベルが高い(辞書を引かずに日本語の小説が読める)

b. レベルが高い(辞書を引かずに新聞が読める)

c. まあできる(辞書を引きながら日本語の新聞が読める)

d. ほとんどできない

5-4 日本語の作文について　現在のレベル《　　》　将来の希望《　　》

a. とてもレベルが高い(レポートが書ける)

b. レベルが高い(一般的なEメールが書ける)

c. まあできる(簡単な書き置きやメモが書ける)

d. ほとんどできない

6. あなたにとって、日本語で難しいのはどれですか **(複数選択可)**

a. 会話　　b. 聴力　　c. 読解　　d. 作文　　e. その他 ____________

7. 日本語を勉強する時、あなたにとって難しいのはどの部分ですか **(複数選択可)**

a. 漢字	b. 発音、アクセント	c. 平仮名、カタカナ
d. 語彙	e. 助動詞	f. 時制(過去、現在、未来)
g. 助詞	h. 外来語	i. 動詞の変化
j. 敬語	k. やりもらい動詞	l. 日本語らしい表現
m. 受身	n. 日常生活のくだけた表現	o. その他 ______________

8. あなたにとって、日本語で易しいのはどれですか **(複数選択可)**

a. 会話　b. 聴力　c. 読解　d. 作文　e. その他 ＿＿＿＿＿

9. 日本語を勉強する時、あなたにとって易しいのはどの部分ですか **(複数選択可)**

a. 漢字　b. 発音、アクセント　c. 平仮名、カタカナ
d. 語彙　e. 助動詞　f. 時制(過去、現在、未来)
g. 助詞　h. 外来語　i. 動詞の変化
j. 敬語　k. やりもらい動詞　l. 日本語らしい表現
m. 受身　n. 日常生活のくだけた表現　o. その他 ＿＿＿＿＿

10. 日本語を勉強する時、下に挙げたどんな方法で勉強しますか **(複数選択可)**

a. 教科書の内容を覚える　b. 真面目に授業を受ける　c. 予習、復習
d. 日本語の書物、新聞を読む　e. 日本語のカセットテープを聴く　f. ビデオを見る
g. 日本語のラジオを聴く　h. テレビを見る　i. 日本人と会話をする
j. テレビゲームをする　k. マンガを読む　l. 日本語の歌を歌う
m. 塾に行く　n. 日本へ旅行に行く　o. 日本語で友達と文通する
p. インターネットをする　q. その他 ＿＿＿＿＿

11. あなたの経験から、上掲の勉強方法のうち最も有効だった方法を三つ選んでください **(アルファベットでお答えください)**

(1)＿＿＿＿＿ (2)＿＿＿＿＿ (3)＿＿＿＿＿

12. 日本簿の授業で、あなたは下のどのような内容を勉強したいですか。また、教師にどのような方法を採用してもらいたいですか。

12-1［内容について］最も望む授業内容を最高三つお選びください。

a. 会話　b. 聴力　c. 作文　d. 読解
e. 文法　f. 翻訳　g. 発音練習　h. その他 ＿＿＿＿＿

12-2［授業のやり方について］日本人の教師の授業に出るとすれば、あなたはどんな授業を希望しますか。(複数選択可、最高五つ)

a. クイズやゲームを多くやってほしい
b. 日本語の歌を教えてほしい

c. 漫画や絵などを使って教えてほしい
d. 授業中ビデオを多く見せてほしい
e. クラスでは日本語だけを使ってほしい
f. 教科書の内容だけを教えてほしい
g. クラスでは中国語で解説してほしい
h. 文法を詳しく解説してほしい
i. 会話を中心の授業をしてほしい
j. 書きことば中心の授業をしてほしい
k. 作文が書けるようになることを目標にして授業をしてほしい
l. 多文型練習をたくさんしてほしい
m. 読解に重点を置いて授業をしてほしい
n. 聴力に重点を置いて授業をしてほしい
o. 日本の生活や文化についていろいろ話してほしい
p. 日本社会に関係する情報をいろいろ話してほしい
q. 日本の政治や経済などの情報をいろいろ話してほしい
r. 日本人と会話ができるようになることを目標にして授業をしてほしい
s. その他 ________________________________

12-3［授業のやり方について］台湾籍の教師の授業に出るとすれば、あなたはどんな授業を希望しますか。(複数選択可、最高五つ)
a. クイズやゲームを多くやってほしい
b. 日本語の歌を教えてほしい
c. 漫画や絵などを使って教えてほしい
d. 授業中ビデオを多く見せてほしい
e. クラスでは日本語だけを使ってほしい
f. 教科書の内容だけを教えてほしい
g. クラスでは中国語で解説してほしい
h. 文法を詳しく解説してほしい
i. 会話を中心の授業をしてほしい
j. 書きことば中心の授業をしてほしい
k. 作文が書けるようになることを目標にして授業をしてほしい
l. 多文型練習をたくさんしてほしい

m. 読解に重点を置いて授業をしてほしい
n. 聴力に重点を置いて授業をしてほしい
o. 日本の生活や文化についていろいろ話してほしい
p. 日本社会に関係する情報をいろいろ話してほしい
q. 日本の政治や経済などの情報をいろいろ話してほしい
r. 日本人と会話ができるようになることを目標にして授業をしてほしい
s. その他 ____

13. 家で日本語を勉強する時、何に重点を置いて勉強していますか(二つ選んでください)
a. 会話　b. 聴力　c. 漢字　d. 発音　e. 語彙
f. 作文　g. 読解　h. 文法　i. その他 ____________________

14. 日本語を勉強する時、学習環境で改善すべき点はどこだと思いますか **(可複選)**
a. 日本語の新聞がない　b. 日本語を勉強するテープが少ない
c. クラスの人数が多い　d. 日本語教材の種類が少ない
e. 日本人教師が少ない　f. 授業時間が少ない
g. クラス外では日本語を使う機会が多くない　h. その他 ________________

15. 大學卒業後、習った日本語を使って何がしたいと思っていますか
a. 大学院を受験する　b. 留学する　c. 翻訳家になる
d. 通訳になる　e. 観光旅行をする　f. 仕事で日本語が必要な会社に就職したい
g. 入社試験で日本語の試験をする会社に就職したい　h. 娯楽(テレビゲーム)
i. 情報収集　j. 特に何がしたいということはない
k. その他 ________________________________

アンケートはこれで終わりです。ご協力ありがとうございました。

〈付録〉アンケート調査票(台湾調査・中国語版)

本問卷為學術統計資料，不涉及私人資料光開等疑慮，
請依照您自身情況回答下列問題。

______________學院 ______________系 ______年級　年齢 _____性別 男 / 女

出生地______________________________縣________________________市 /鎮/鄉

F-1. 家族內有人會說日語嗎? (請圈選)
　1. 有　　2. 沒有

F-2. 您曾跟日本老師學過日文嗎?
　1. 學過　　2. 沒有

F-3. 您有日本人朋友嗎?
　1. 有　　2. 沒有

F-4. 您曾經學過日文嗎?
　1. 學過　　2. 沒有學過
　(答「1. 學過」者,請續答F　5、F　6)

F-5. 您學過多久日文呢? (請圈選)
　1. 未滿半年　　2. 半年以上未滿一年　　3. 一年以上未滿兩年　　4. 兩年以上

F-6. 您何時學日文? (請圈選)
　1. 小學以前　　2. 小學時期　　3. 中學時期　　4. 高中時期　　5. 大學入學後

F-7. 您的母語是? **(可複選)**
　1. 中文　　2. 台語　　3. 客家話　　4. 原住民語言　　5. 其他 __________

F-8. 從小在家裡聽到家人用外語交談?

1. 有 2. 沒有

F-9. 從小在家裡聽到家人用日語交談?

1. 有 2. 沒有

F-10. 您在家裡與家人交談的時候,通常用哪種語言? **(可複選)**

1. 中文 2. 台語 3. 客家話 4. 原住民語言 5. 其他 ____________

【關於日本、日本人、日本語、日本文化】

1. 您對「日本」的印象如何?(比起其他國家) (請圈選)

a. 印象非常好 b. 印象還好 c. 與其他國家沒甚麼差別

d. 印象不好 e. 印象非常壞

2. 以下各項 對您的「日本」印象之形成,有多大的影響? **(請圈選)**

影響	a大	b中	c小	d無
(1)過去的台日關係	(a)	(b)	(c)	(d)
(2)日本的傳統文化	(a)	(b)	(c)	(d)
(3)日本的漫畫、卡通	(a)	(b)	(c)	(d)
(4)日本的各種流行	(a)	(b)	(c)	(d)
(5)日本觀光客	(a)	(b)	(c)	(d)
(6)新聞報導	(a)	(b)	(c)	(d)
(7)大學以前的教育	(a)	(b)	(c)	(d)
(8)日本電視節目	(a)	(b)	(c)	(d)
(9)當前的日本經濟	(a)	(b)	(c)	(d)
(10)台灣與日本之貿易關係	(a)	(b)	(c)	(d)
(11)日本歌手、藝人	(a)	(b)	(c)	(d)
(12)日籍日文老師	(a)	(b)	(c)	(d)
(13)本國籍日文老師	(a)	(b)	(c)	(d)
(14)日製商品	(a)	(b)	(c)	(d)
(15)台日間的領土問題	(a)	(b)	(c)	(d)

(16)當前的日本政府之政策	(a)	(b)	(c)	(d)
(17)日本企業活動	(a)	(b)	(c)	(d)
(18)日籍留學生	(a)	(b)	(c)	(d)
(19)赴日時的經驗	(a)	(b)	(c)	(d)
(20)跟日本的大學或大學生交流	(a)	(b)	(c)	(d)
(21)過去的中日關係	(a)	(b)	(c)	(d)

3. 您對「日本人」印象如何? (請圈選)
   a. 印象非常好
   b. 印象還好
   c. 與其他國家的人沒甚麼差別
   d. 印象不好
   e. 印象非常壞

4. 以下各項 對您的「日本人」印象之形成,有多大影響? **(請圈選)**

影響	**a大**	**b中**	**c小**	**d無**
(1)過去的台日關係	(a)	(b)	(c)	(d)
(2)日本的傳統文化	(a)	(b)	(c)	(d)
(3)日本的漫畫、卡通	(a)	(b)	(c)	(d)
(4)日本的各種流行	(a)	(b)	(c)	(d)
(5)日本觀光客	(a)	(b)	(c)	(d)
(6)新聞報導	(a)	(b)	(c)	(d)
(7)大學以前的教育	(a)	(b)	(c)	(d)
(8)日本電視節目	(a)	(b)	(c)	(d)
(9)當前的日本經濟	(a)	(b)	(c)	(d)
(10)台灣與日本之貿易關係	(a)	(b)	(c)	(d)
(11)日本歌手、藝人	(a)	(b)	(c)	(d)
(12)日籍日文老師	(a)	(b)	(c)	(d)
(13)本國籍日文老師	(a)	(b)	(c)	(d)
(14)日製商品	(a)	(b)	(c)	(d)
(15)台日間的領土問題	(a)	(b)	(c)	(d)
(16)當前的日本政府之政策	(a)	(b)	(c)	(d)

(17)日本企業活動 (a) (b) (c) (d)
(18)日籍留學生 (a) (b) (c) (d)
(19)赴日時的經驗 (a) (b) (c) (d)
(20)跟日本的大學或大學生交流 (a) (b) (c) (d)
(21)過去的中日關係 (a) (b) (c) (d)

5. 您對日文有甚麼印象? **(各項請三則選一 請圈選)**

(1) a. 粗魯 b. 謙恭有禮 c. 兩者皆非
(2) a. 粗野 b. 優雅 c. 兩者皆非
(3) a. 粗暴 b. 溫和 c. 兩者皆非
(4) a. 不喜歡 b. 喜歡 c. 兩者皆非
(5) a. 沉悶 b. 輕快活潑 c. 兩者皆非
(6) a. 發音不清楚 b. 發音很清楚 c. 兩者皆非
(7) a. 無法有效傳達意思 b. 能夠有效表達意思 c. 兩者皆非
(8) a. 囉嗦 b. 簡潔明快 c. 兩者皆非
(9) a. 聲調緩慢 b. 聲調快速 c. 兩者皆非
(10) a. 聽起來死板僵硬 b. 聽起來柔和輕鬆 c. 兩者皆非
(11) a. 很難 b. 很簡單 c. 兩者皆非

6. 是否曾經去過日本?

1. 去過 2. 沒有去過

※ 回答「1.去過」者,為何目的而去? **(可複選)**

1. 觀光
2. 語言學習
3. 交流計畫
4. 探親
5. 其他 ______________________________

※ 請問,最長的一次停留多久? ____________________

7. 未來(還)想去日本嗎?

1. 想去　2. 不想去　3. 兩者皆非

※ 回答「1.想去」者,請問為何想去日本? (可複選)

1. 想更進一步了解日本
2. 想在日本用所學日文跟日本人溝通
3. 想在日本體驗自己感興趣的領域
4. 鄰近台灣,旅行方便
5. 去找朋友
6. 想學日語
7. 其他 ______________________________

8. 一般視英文為世界共通語言。既已學會英文,您認為還有必要學日文嗎?

1. 有　2. 沒有　3. 其他意見 ____________________

9. 您覺得學日文將來有用嗎?

有用　2. 沒有用　3. 其他意見 __________________

※選「覺得有用」者,請問您覺得在哪些方面有用? (可以複選)

1. 工作上
2. 求職時
3. 觀光旅遊的時候
4. 為了了解日本概況
5. 跟日本人溝通時
6. 為了了解專門技術和資訊
7. 升遷的時候
8. 其他 ________________________________

10. 您覺得今後學何種語言最有用?請依有用的程度填寫三種。

(1)________________ (2)________________ (3)__________________

【關於日語學習方面】

1. 您曾經學過日語嗎?

   a. 正在學 → 請跳至 **A**題

   b. 曾經學過 → 請跳至 **B**題

   c. 從未學過 → 請跳至 **C**題

A. (答「a. 正在學」者)請問您現在為何學習日文?(請圈選。**可複選**)

a. 想了解日本

b. 覺得日文比其他語言有趣

c. 好像還蠻好學的

d. 對日本、日本人、日本文化感興趣

e. 日文為必修,不得不學

f. 受傳播媒體影響

g. 受友人影響

h. 受父母影響

i. 對日本電影、電視節目感興趣

j. 對日本漫畫、卡通感興趣

k. 為了閱讀日文文獻資料

l. 為了去日本

m. 為了學分

n. 為了就學

o. 為了留學

p. 其他 ______________________________

B. (答「b.曾經學過」者)請問您為何停止學習日文?(請圈選。**可複選**)

a. 對日本失去興趣

b. 日本一點都不有趣

c. 日文太難了

d. 日本、日本文化一點也不有趣

e. 現在沒有必要再修日文

f. 受傳播媒體影響

g. 受友人影響

h. 受父母影響

i. 即使學習日文也找不到自己喜歡的工作

j. 將來大概不會從事需要日文的工作

k. 在自己的研究領域內沒有閱讀日文文獻的必要

l. 在台灣社會中,日文已不再像以前那麼重要

m. 已拿到必修外語學分

n. 不再喜歡日本、日本人

o. 拿不到學分

p. 沒有去日本的必要

q. 其他 ______________________________

C. (答「c. 從未學過」者)請問您不學日文的理由?(請圈選。**可複選**)

a. 對日本沒興趣

b. 覺得日文一點都不有趣

c. 日文似乎很難

d. 討厭日本文化

e. 自己所屬的科系可以不必選修日文

f. 受傳播媒體影響

g. 受友人影響

h. 受父母影響

i. 即使學習日文也找不到自己喜歡的工作

j. 將來大概不會從事需要日文的工作

k. 在自己的研究領域內沒有閱讀日文文獻的必要

l. 在台灣社會中,日文不是重要的語言

m. 想學習其他外國語言

n. 討厭日本、日本人

o. 對日本漫畫、卡通沒興趣

p. 日本的電視節目一點也不有趣

q. 沒有去日本的必要

r. 其他 ______________________________

※ 請非選修日文者填寫

2-1. 請問您現在除了英文以外還學習哪種外國語言?同時學習兩種以上外國語言者,請圈選您最熱衷學習的一種外國語。 **(不可複選)**

a. 德文 b. 法文 c. 西班牙文 d. 俄語
e. 義大利文 f. 阿拉伯文 g. 韓文 h. 其他 ________________

2-2. 請問您選修該語文之原因為何? **(可複選)**

a. 對這個國家感興趣
b. 覺得有趣
c. 好像還蠻好學的
d. 樂於學習各種外國語言
e. 課業上必須學習該語言
f. 受傳播媒體影響
g. 受朋友影響
h. 受父母影響
i. 學習該語言對未來就業有幫助
j. 將來很有可能會從事需要該語言的工作
k. 在自己的研究領域內有必要閱讀該語言的文獻資料
l. 在台灣社會,該語言很重要
m. 雖然現在看似不重要,但將來有可能成會重要的語言
n. 對該國文化有興趣
o. 喜歡該國產品
p. 為了去使用該語言之國家
q. 沒特別理由
r. 其他 ____________________________________

目前沒有學習日文者,問題到此結束。謝謝您的合作。

現在正在學習日文者請繼續作答

3. 學習日文,有沒有改變您對日文的印象? (請圈選)

1. 有　　2. 沒有

4. 與「英文」相較,您覺得日文如何? (請圈選)

1. 比英文難
2. 跟英文差不多,不特別難,也不特別簡單
3. 比英文簡單

5. 您覺得您現在的日語程度如何? 對於自己的未來日文能力有甚麼期許?

(請在《　　　》中填寫所選項字母。)

5-1 日語會話方面　現在的程度《　　　》　未來的期許《　　　》

a. 程度非常好(可做專業性的討論)
b. 程度很好(可自己一個人在日本旅行)
c. 還可以(可用日文購買物品)
d. 幾乎完全不行

5-2 日語聽力方面　現在的程度《　　　》　未來的期許《　　　》

a. 程度非常好(看日語節目、聽日語廣播等,可以完全掌握內容)
b. 程度很好(看日劇,可以大致了解其內容)
c. 還可以(看日劇,只了解一小部分)
d. 幾乎完全不行

5-3 日語閱讀方面　現在的程度《　　　》　未來的期許《　　　》

a. 程度非常好(不用查辭典,就可以看懂日文小說)
b. 程度很好(不必查辭典,就可以看懂日文報紙)
c. 還可以(邊看邊查辭典,可以看懂日文報紙)
d. 幾乎完全不行

5-4 日語作文方面　現在的程度《　　　》　未來的期許《　　　》

a. 程度非常好(會寫書面報告)

b. 程度很好(可以書寫一般電子信件)

c. 還可以(會寫簡單的留言、筆記)

d. 幾乎完全不行

6. 對您個人來說,學日語最難的是哪些部份? (可複選)

a. 會話　b. 聽力　c. 閱讀　d. 作文　e. 其他 ________________

7. 學習日文時,對您個人來說比較難的部份是哪些? **(可複選)**

a. 漢字	b. 發音、語調	c. 平假名、片假名
d. 字彙	e. 助動詞	f. 時態(過去、現在、未來)
g. 助詞	h. 外來語	i. 動詞變化
j. 敬語	k. 授受動詞	l. 道地的日文表現
m. 被動態	n. 日常生活裡的通俗講法	o. 其他 ______________

8. 就您個人而言,學日語較簡單的部分是甚麼?

a. 會話　b. 聽力　c. 閱讀　d. 作文

9. 學習日文時,對您個人來說最簡單的部份是哪些? **(可複選)**

a. 漢字	b. 發音、語調	c. 平假名、片假名
d. 字彙	e. 助動詞	f. 時態(過去、現在、未來)
g. 助詞	h. 外來語	i. 動詞變化
j. 敬語	k. 授受動詞	l. 道地的日文表現
m. 被動態	n. 日常生活裡的通俗講法	o. 其他 ______________

10. 學習日文的時候,您會使用下列哪些方式來學習? **(可複選)**

a. 背日文教科書內容	b. 專心上課	c. 預習、複習
d. 閱讀日文書報	e. 聽日文錄音帶	f. 看錄影帶
g. 聽日文廣播	h. 看電視	i. 與日本人對談
j. 玩電動遊樂器	k. 看漫畫	l. 唱日文歌
m. 上補習班	n. 到日本旅行	o. 用日文與朋友通信

p. 上網　　q. 其他 ____________________

11. 依您的經驗,請從上述選項中選出最有助益的三項 **(請寫字母)**

(1)__________ (2)__________ (3)__________

12. 上日文課時,您比較喜歡學習下列的哪一種內容?此外, 您希望老師以哪種方式授課?

12-1〔內容方面〕請圈選最多三項您最喜歡的授課內容。

a. 會話　b. 聽力　c. 作文　d. 閱讀

e. 文法　f. 翻譯　g. 發音練習　h. 其他 __________

12-2〔授課方法〕如果是日本老師上課,您希望以何種方式進行? (可複選, **最多五項**)

a. 希望老師上課多玩遊戲或猜謎

b. 希望老師教唱日文歌曲

c. 希望老師利用漫畫或圖畫授課

d. 希望老師上課多放錄影帶

e. 課堂中全程以日文進行

f. 依照教科書內容,按部就班講授

g. 課堂中最好能多用中文講解

h. 希望老師詳細解說文法

i. 希望上課以會話為主

j. 希望上課以文章體為主

k. 希望能以寫好作文為目標來授課

l. 多做句型練習

m. 希望上課以閱讀為重點

n. 希望上課以聽力為重點

o. 希望課堂上多談日本生活、文化

p. 希望課堂中多談日本社會相關訊息

q. 希望課堂中多談日本的政治、經濟等資訊

r. 希望以能與日本人進行日常會話為目標來授課

s. 其他 ____________________

12-3〔授課方法〕如果是本國籍老師上課,您希望以何種方式進行?(可複選,最多五項)

a. 希望老師上課多玩遊戲或猜謎
b. 希望老師教唱日文歌曲
c. 希望老師利用漫畫或圖畫授課
d. 希望老師上課多放錄影帶
e. 課堂中全程以日文進行
f. 依照教科書內容,按部就班講授
g. 課堂中最好能多用中文講解
h. 希望老師詳細解說文法
i. 希望上課以會話為主
j. 希望上課以文章體為主
k. 希望能以寫好作文為目標來授課
l. 多做句型練習
m. 希望上課以閱讀為重點
n. 希望上課以聽力為重點
o. 希望課堂上多談日本生活、文化
p. 希望課堂中多談日本社會相關訊息
q. 希望課堂中多談日本的政治、經濟等資訊
r. 希望以能與日本人進行日常會話為目標來授課
s. 其他 ______________________________

13. 在家中學習日文時,請問您把學習重點放在哪裡?(請圈選二項)

a. 會話　b. 聽力　c. 漢字　d. 發音　e. 字彙
f. 作文　g. 閱讀　h. 文法　i. 其他 ________

14. 在您學習日文時,您覺得學習環境有何需要改善之處?(可複選)

a. 沒有日文報紙　b. 學習日文的錄音帶太少　c. 班級學員太多
d. 日文教材的種類太少　e. 日本老師太少　f. 授課時數太少
g. 課堂外使用日文的機會不多　h. 其他 ________________

15. 大學畢業後,請問您想利用日文做些甚麼?

a. 報考研究所　b. 留學　c. 當文字翻譯

d. 當口譯　e. 觀光旅行　f. 想要到工作上必須用日文的公司就職

g. 想要到徵才時有考日文的公司就職　h. 娛樂(電玩)

i. 蒐集資訊　j. 沒有特別想做什麼　k. 其他 ______________________

本問卷到此結束。謝謝您的合作。

第Ⅲ部 韓国における日本語教育とイメージ形成

第1章　韓国における日本語教育の概観と問題点

齊藤明美

1. はじめに

国際交流基金(2009)によると、世界の日本語学習者数は3,651,232人である。そのうち韓国の学習者数は、964,014人で全体の26.4%を占め、世界第1位である。2位は中国の827,171人、3位はインドネシアの716,353人、4位はオーストラリアの275,710人と続く。ここでは世界一日本語学習者が多い韓国における日本語教育の概観と韓国の大学における日本語教育の問題点について述べる。まず、世界の日本語教育の状況(機関数、教師数、学習者数)について言及したあと、韓国における日本語教育の状況(機関数、教師数、学習者数)について述べ、続いて学習目的、教材、問題点等について言及する。

2. 世界の日本語教育の状況

国際交流基金(1998、2003、2006、2009)の「別表」をもとに世界の日本語教育の機関数、教師数、学習者数の推移をまとめると次のようになる。

〈表1〉 世界の日本語教育の機関数、教師数、学習者数の推移

	1998年	2003年	2006年	2009年
機関数	10,930	12,222	13,639	14,925
教師数（人）	27,611	33,124	44,321	49,803
学習者数(人)	2,102,103	2,356,745	2,979,820	3,651,232

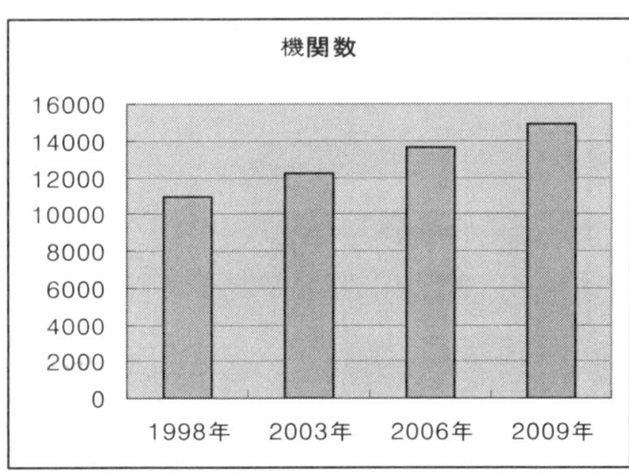

〈図1〉 世界の日本語教育の機関数の推移

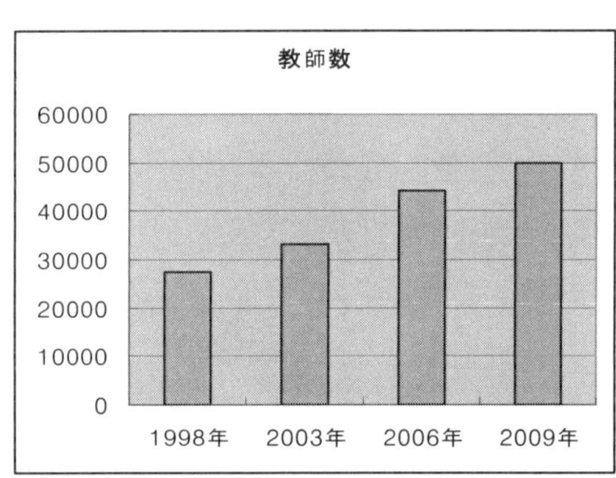

〈図2〉 世界の日本語教育の教師数の推移

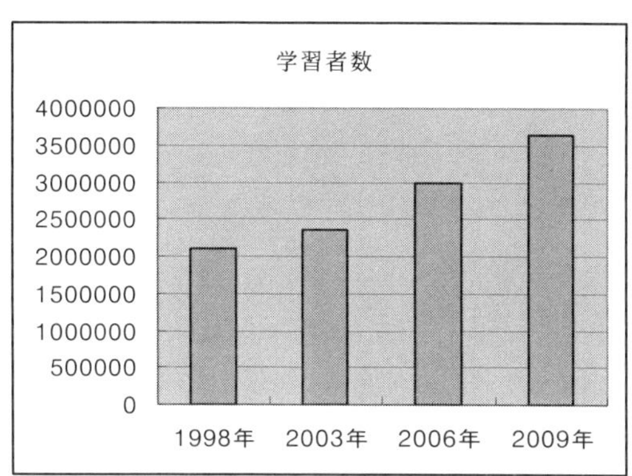

〈図3〉 世界の日本語学習者数の推移

〈表1〉〈図1〉〈図2〉〈図3〉をみると、機関数、教師数、学習者数は増加していることがわかる。

3. 韓国における日本語教育の状況

3.1 韓国の日本語教育の機関数、教師数の推移

国際交流基金(1998、2003、2006、2009)の「別表」をもとに韓国における日本語教育の機関数、教師数の推移をまとめると次のようになる。

〈表2〉 韓国における日本語教育の機関数、教師数の推移

	1993年	1998年	2003年	2006年	2009年
機関数(機関)	1,117	2,660	3,333	3,579	3,799
教師数(人)	2,944	5,604	6,231	7,432	6,577

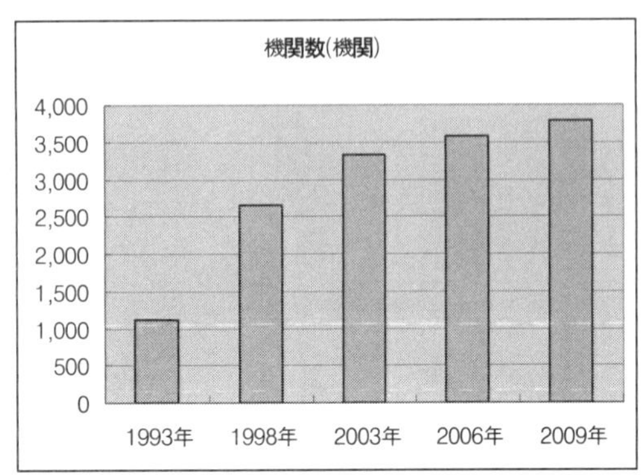

〈図4〉 韓国の日本語教育における機関数の推移

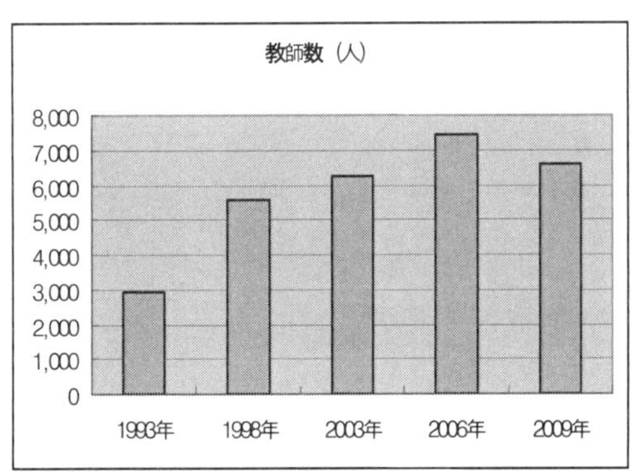

〈図5〉 韓国の日本語教育における教師数の推移

〈表2〉〈図4〉〈図5〉をみると、機関数は調査するごとに増加しているが、教師数は2006年までは増加し、2009年は減少していることがわかる。

3.2 学習者数の推移

同じく国際交流基金の資料をもとに、韓国における日本語学習者数の推移について、全体、初等·中等教育機関、高等教育機関、学校教育以外の機関別にまとめると次のようになる。

〈表3〉 韓国における日本語学習者数の推移

	1993年	1998年	2003年	2006年	2009年
初等·中等教育機関（人）	679,493	731,416	780,573	769,034	871,757
高等教育機関　（人）	117,745	148,444	83,514	58,727	59,401
学校教育以外の機関(人)	23,670	68,244	30,044	83,196	32,856
合計　　（人）	820,908	948,104	894,131	910,957	964,014

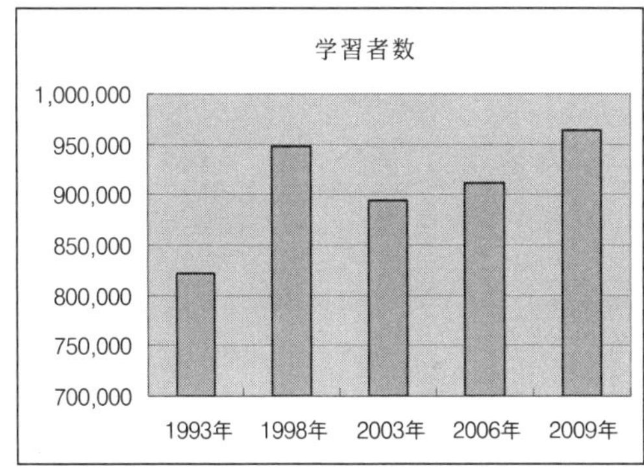

〈図6〉 韓国の日本語学習者数の推移

〈表3〉〈図6〉をみると、1993年に比べて1998年には学習者数が増加していることがわかる。しかし、2003年には53,973人減少している。そして、2006年、2009年に再び増加している。また、学習者を初等·中等教育機関、高等教育機関、学校教育以外の機関にわけてみると次のようになる。

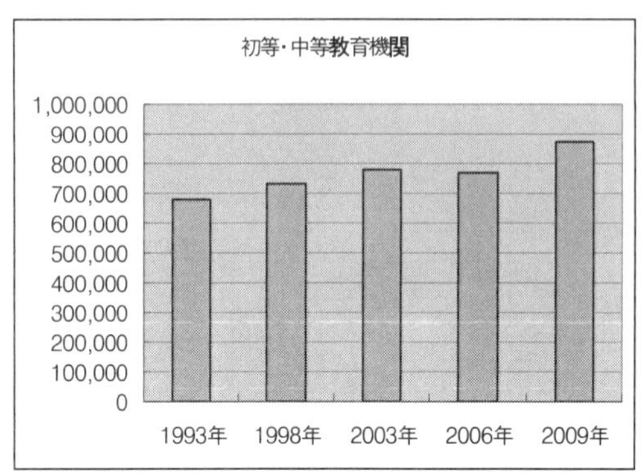

〈図7〉 韓国の初等·中等教育機関の学習者の推移

〈図7〉をみると、韓国の初等·中等教育機関の学習者数は、1993年、1998年、2003年は増加し、2006年には減少したが、2009年には再び増加していることがわかる。

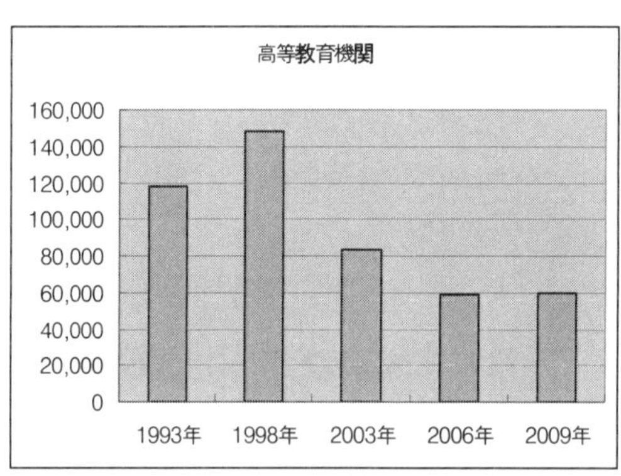

〈図8〉 韓国の高等教育機関の学習者数の推移

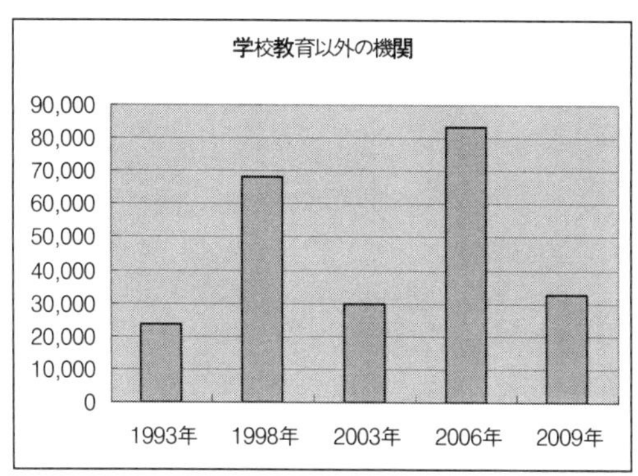

〈図9〉 韓国の学校教育以外の機関の学習者数の推移

〈図8〉をみると、高等教育機関の1998年の学習者数は1993年の学習者数に比べて30,699人増加しているが、2003年には1998年より64,930人減少していることがわかる。また、2006年には、さらに24,787人減少し、2009年にはやや増加している。また、〈図9〉をみると、学校教育以外の機関における日本語学習者は、増加と減少を繰り返していることがわかる。次に、韓国の高等教育機関における日本語学習者を中国·台湾と比較した結果を示す。

〈表4〉 韓国、中国、台湾における高等教育機関の日本語学習者数の推移

	1993年	1998年	2003年	2006年	2009年
韓国(人)	117,745	148,444	83,514	58,727	59,401
中国(人)	81,335	95,658	205,481	407,603	529,508
台湾(人)	44,590	76.917	75,242	118,541	119,898

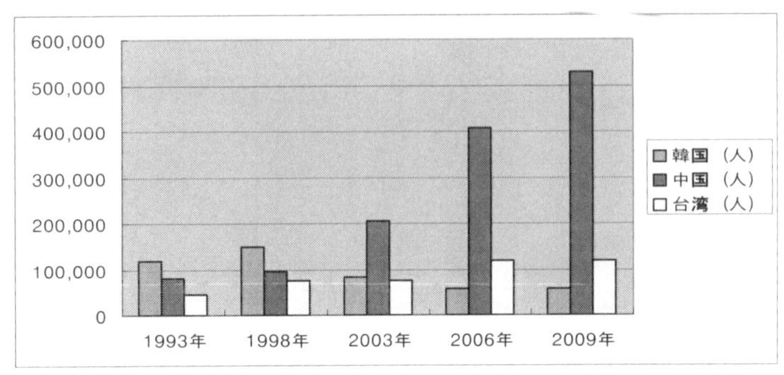

〈図10〉 韓国、中国、台湾における高等教育機関の日本語学習者数の推移

〈表4〉〈図10〉をみると、2009年の韓国の高等教育機関での学習者数(59,401)は中国(529,508)や台湾(119,898)に比べてかなり少ないことがわかる。このような傾向はすでに2003年、2006年にもみられた。2003年の高等教育での学習者数は、韓国(83,514)、中国(205,481)、台湾(75,242)であり、2006年は、韓国(58,727)、中国(407,603)、台湾(118,541)であった。韓国における高等教育機関の学習者数が減少の傾向にあるのに対して、中国における学習者は著しく増加している。また、台湾の学習者も増加の傾向にある。国際交流基金の「日本語教育国別情報(2010年度中国)」には次のようにある。

1990年代には、各教育段階でのシラバス整備の結果を受けて、それに準拠した教材が次々に出版された。日本語は、英語に次ぐ第二の外国語の地位を確立した。2000年代に入り初等・中等教育機関で学習者数が減少しているものの、高等教育機関や学校教育以外の機関では学習者数の大幅な伸びが見られる。特に高等教育機関では職業大学(短期大学)における日本語学部が増加し、また、第二外国語として日本語を履修する学生も増えている。2009年海外日本語教育機関調査における日本語学習者数は前回の2006年調査結果より大幅に増え約83万人となった。

これをみると、中国では韓国と異なり、初等·中等教育機関では日本語学習者が減少し、高等教育機関では学習者数が増えたことがわかる。また、韓国における学校教育以外の機関の学習者数の推移が増減を繰り返していることについては前に述べたが、韓国と中国、台湾における学校教育以外の機関の学習者数の推移を比較すると次のようになる。

〈表5〉韓国、中国、台湾における学校教育以外の機関の日本語学習者数の推移

	1993年	1998年	2003年	2006年	2009年
韓国(人)	23,670	68,244	30,044	83,196	32,856
中国(人)	60,174	33,523	102,782	200,743	195,196
台湾(人)	13,694	53,023	16,802	14,628	48,164

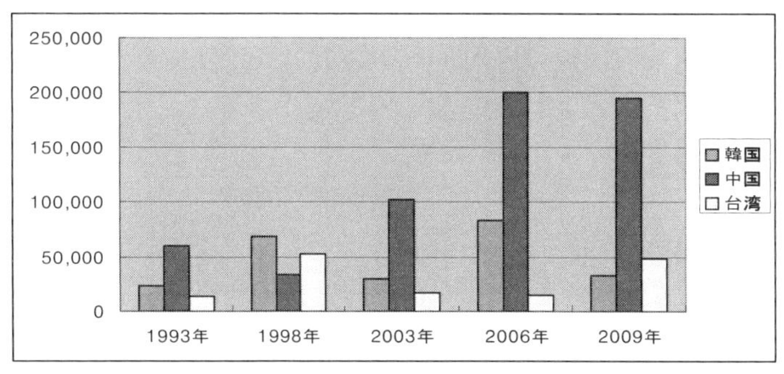

〈図11〉韓国、中国、台湾における学校教育以外の機関の日本語学習者数の推移

〈表5〉〈図11〉をみると、高等教育機関の学習者の場合とは異なり、中国における学校教育以外の機関の学習者数は、2003年から増加し、2009年にはやや減少していることがわかる。台湾の場合は、2006年までは韓国より少なかったが、2009年には韓国の学習者より多くなっている。「学習者の増減には、それぞれの国の政治的、経済的、文化的な要因や日本との関係が影響している(国際交流基金(2003 p.5)」と思われるが、韓国における2003年の高等教育機関や学校教育以外の機関での学習者の減少は、日本経済の低迷や中国語の学習者が増えたことと関係があると思われる。齊藤明美(2004b)に、

〈表6〉今後役に立つと思う外国語

言語	中国語	英語	日本語	フランス語	スペイン語	ドイツ語	ロシア語	アラビア語	ラテン語	イタリア語
(人)	376	365	298	68	38	28	9	7	3	3

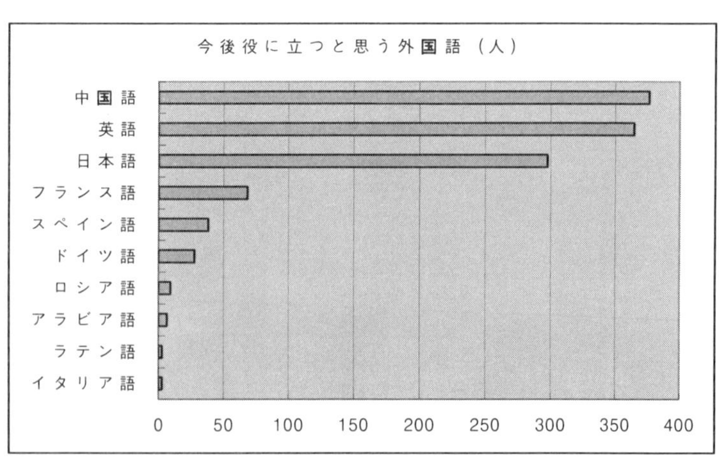

〈図12〉今後役に立つと思う外国語齊藤明美(2004b p.165)

韓国の大学生を対象に、「今後役に立つ外国語」について尋ねた結果があるが、2003年に調査した時点で、「今後役に立つ外国語」は「中国語」であると答えた学生が「英語」と答えた学生より多かったことは注目される。

中国語の学習者数と日本語学習者数の増減は直接関連はないとも考えられるが、韓国では大学を卒業して就職する時に英語の能力を求める会社も多いため、「英語は基本」と考える傾向にある韓国の大学生が第二外国語を選択する際に、中国語学習者が増加すれば、相対的に日本語学習者が減少する可能性は高いと思われる。しかし、韓国の中等教育における日本語学習者数については、国際交流基金(2010 p.5)に次のような記述がある。

2002年以降、中国語学習者の増加が著しい。大学によっては日本語学習者を上回るところも多く、中等教育段階でも中国語を開講する機関が増えてきている。ただし、中等教育段階において、日本語は依然として第二外国語の中で6割以上のシェアを占めている。『教育統計年報』で統計データが確認できる一般係高校の第二外国語学習者を見ると、全体学習者数に対する日本語及び中国語学習者数の比率は、2006年で日本語60.9%、中国語25.6%、2009年で日本語63.4%、中国語27.2%であり、日本語·中国語ともにその割合が増していることがわかる。(その分ドイツ語·フランス語が減少している。)

これをみると中等教育においては、中国語学習者の増加が必ずしも日本語学習者の減少に繋がるとはいえないことがわかる。日本語学習者、中国語学習者ともに増加しているのである。中等教育段階での学習者数は、国の言語政策と関連があるが、韓国は「2007年改訂教育課程」において、隣り合っている国家や政治経済的に重要な世界主要国家の言語や文化を学ぶことは重要であるとしている。このことは中等教育段階における日本語学習者の数とも関連があると思われる。しかし、2009年12月に発表された「2009年改訂教育課程」によると、韓国の高等学校では、2012年からは、今まで必修科目とされていた第二外国語が、「生活·教養科目」の一つとなり、「技術·家庭」「第二外国語」「漢文」「教養」の4つの分野から選択することになるという。このような政策は、現在韓国の日本語学習者の約90%を占めている中等教育段階での日本語学習者数に影響を及ぼすものと思われる。また、2011年3月に発生した東日本大震災も今後の日本語学習者数に影響を及ぼすかもしれない。これについては、齊藤明美、黄慶子、小城彰子(2011)が韓国の大学生98名を対象に、2011年3月の東日本大地震が、今後の日本語学習者数に影響を与えるか否かについて尋ねた結果があるので、次にあげておく。

〈表7〉〈図13〉をみると、「少し減少する」「どちらでもない」「減少しない」と答えた学生がほぼ同数であった。また、「かなり減少する」と考えている学生も7.1%いた。韓国における日本語学習者の数は今後変化する可能性があるとも思われるが、現時点で明らかにすることは難しいようである。

〈表7〉東日本大震災によって日本語学習者は減少すると思うか。

	かなり減少する	少し減少する	どちらでもない	減少しない	全然減少しない
(%)	7.1	27.6	27.6	29.6	0.2

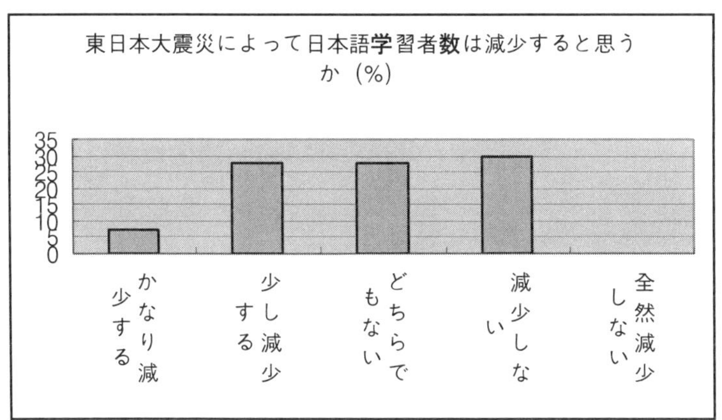

〈図13〉東日本大震災によって日本語学習者は減少するか。

3.3 学習目的

国際交流基金の「日本語教育国別情報 2010年度 韓国」によると、韓国の日本語学習者の学習目的は次のようである。

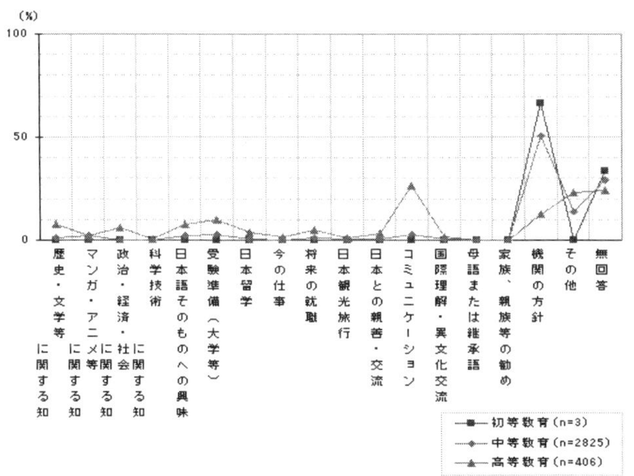

〈図14〉日本語の学習目的(韓国)

国際交流基金(2010)「日本語教育国別情報 2010年度 韓国」

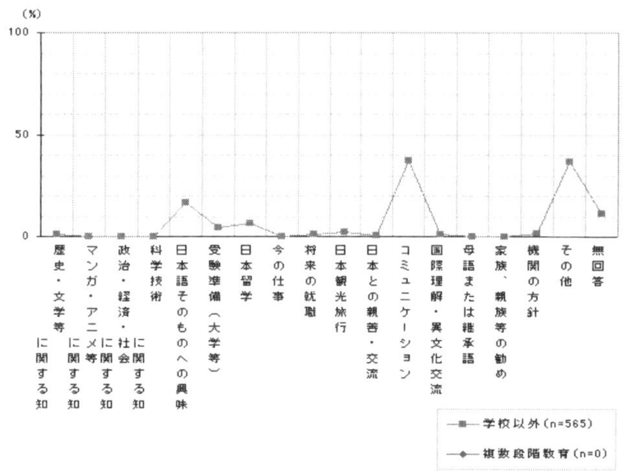

〈図15〉日本語の学習目的(韓国)

国際交流基金(2010)「日本語教育国別情報 2010年度 韓国」

〈図14〉〈図15〉をみると、初等·中等教育においては、「機関の方針」と答えた人が多いことがわかる。大学生は「コミュニケーション」が最も多く、次いで「受験準備」「日本語そのものへの興味」「歴史·文学等に関する知識」「政治・経済・社会に関する知識」が学習目的になっている場合が多い。また、学校以外で学んでいる学習者の回答でも、「コミュニケーション」と答えた人が最も多く、次いで、「日本語そのものへの興味」「日本留学」「受験準備」等が学習目的になっている。この結果は、世界の日本語学習者の学習目的とやや異なっている点もある。国際交流基金(2009 p.8)の「日本語学習の目的」には、「日本語学習の目的としては、『日本語そのものへの興味』が58.1%と最も高く、次いで『コミュニケーション』(55.1%)、『マンガ·アニメ等に関する知識』(50.6%)となっている。」とある。韓国においても、「コミュニケーション」や「日本語そのものへの興味」は多いのであるが、「マンガ·アニメ等に関する知識」と答えた人はそれほど多くなかった。韓国で日本語を学んでいる大学生をみていると、学習動機として日本のマンガやアニメをあげる人が多いが、これは、学習動機にはなり得ても学習の目的ではないということなのかもしれない。齊藤明美(2004b)は、韓国の大学生を対象とした学習動機に関する2003年の調査結果を報告しているが、〈表9〉をみると、「日本、日本人、日本文化に興味がある」「日本の漫画、アニメに興味がある」「単位が必要」「日本のことが知りたい」「日本の映画、テレビ番組に興味がある」の順に多いことがわかる。2003年の調査の時点では、日本文化、漫画、アニメ、映画、テレビ等に対する興味が、日本語学習の動機となっており、まさに日本文化の開放の時期に適合した回答だったともいえよう。

〈表8〉日本語の学習動機

順位	日本語の学習動機	頻度数(名)
1	日本、日本人、日本文化に興味がある	160
2	日本の漫画、アニメに興味がある	133
3	単位が必要	132
4	日本のことが知りたい	128
5	日本の映画、テレビ番組に興味がある	108
6	就職をする	93
7	ほかの外国語より面白そうだ	92
8	易しそうだ	79
9	日本へいくため	73
10	日本語が指定されていて、学習せざるを得なかった	63
11	留学する	30
11	友人の影響を受けた	30

13	日本語の文献資料をよむため	27
14	マスコミの影響を受けた	26
15	父母の影響を受けた	17
16	その他	16

齊藤明美(2004b p.158)

一方、中国の大学生の学習目的をみると、「将来の就職」と答えている学生が多く、韓国の学生の答えとは異なっている。

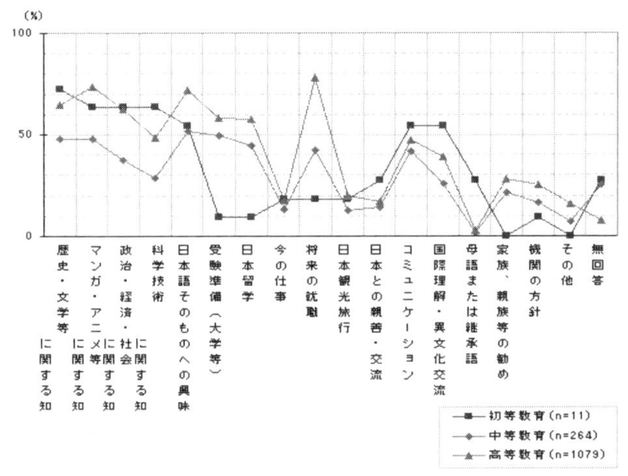

〈図16〉日本語の学習目的(中国)

国際交流基金(2009)「日本語教育国別情報 2009年度 中国」

3.4 教材

小学校では日本語が正規の科目ではないために国定、検定教科書等はない。また、中学校における日本語教育は、2001年から裁量授業として始まり、現在は、「漢文」「コンピュータ」「環境」「生活外国語」の中から選択する選択必修科目のようになっている。中学校の教科書は2009年度までは『生活日本語　こんにちは』1冊だけであった。しかし、2010年3月からは検定教科書『生活日本語』8種が採用されている。筆者も中学校の検定教科書を執筆する機会を得たが、どの教科書もカラー版で、マンガやイラスト、写真が多く用いられている。そして、ほとんどの教科書が会話中心で、文法説明はあまりみられない。また、日本語はもちろんであるが、日本文化(伝統文化、日常生活、言語行動)に関する記述が多い。齊藤明美(2010a)は、中学校の教科書にみられる文化に関する記述について分析し、齊藤明美(2010b)は、教科書にみられる言語習慣・言語行動に関する記述について言及している。これらをみると、どの教科書も文化に関する写真を多く掲載しているが、言語行動に関しては教科書によって記述のしかたや分量等に違いがある。教科書の構成をみると、「聞く、話す、読む、書く」の技能ごとに分けられており、どの教科書も国の指針に従った統制のとれたものとなっている。こういった構成の仕方は、著者の考えによって比較的自由に作られている中国やオーストラリアの教科書とは異なっているようである。韓国の高等学校における日本語教育は1973年から始まり、現在、一般系高校、外国語系高校、国際系高校、家事･実業系高校があるが、一般系高校の教科書には、『日本語Ⅰ』と『日本語Ⅱ』があり、外国語系高校の教科書には、会話、読解、作文、聴解、文化、実務日本語のように細分化された分野ごとの教科書がある。また、大学における日本語教育は1961年から始まったが、教科書は、それぞれの大学で作成したものを用いる場合が多いが、そうでない場合も少なくない。また、学院(塾)のようなところで学んだり、独学で学習している学習者も多く、独学のための教科書も多い。その他、ビジネス、観光のための教科書もあり、韓国における日本語の教材は比較的豊富であるといえる。しかし、初級の教科書に比べて上級の教科書はあまり多くない。今後は、さまざまな分野の学習者のニーズに応えるべく、さらに多くの教科書が必要であると思われる。

4. 問題点

韓国の大学における日本語教育の問題点として、齊藤明美(2004a)は、次の①~⑤を指摘している。

①学部制の問題
②教材の問題
③教授法の問題
④文法用語の統一の問題
⑤高校との教育内容の連携

「韓国の大学における日本語教育の問題点」齊藤明美(2004a) pp.49-50

これをみると、すでに解決したものもあれば、今も問題となっているものもある。すでに解決した問題としては、学部制の問題がある。学部制というのは、筆者の勤務校の日本学科の例をあげると、入学時には地域学科の学生として入学し、2年生になる時に日本学科、中国学科、ロシア学科のいずれかを選択するといった方法であるが、このようなやり方をした結果、1年生の時に、日本語、中国語、ロシア語の3種類の外国語を学習しなければならず、その後成績によっては希望した学科に入れない場合もあり、途中で退学してしまう学生もいた。それで、本学では、学部制が始まってから3年程経って、この制度を廃止したと思う。また、文法用語の問題としては、例えば動詞の活用において、かつては、五段動詞、下一段動詞のような用語を用いていた教科書もみられたが、最近では、一グループ、二グループ、三グループのような言い方にほぼ統一されている。また、教授法については、現在はコミュニカティブ·アプローチ中心であると思われるが、コミュニカティブ·アプローチにこだわりすぎずに、日本語と韓国語の文法の類似性を活かした、韓国の学生にとって、より効果的に日本語を学習することができる教授法の開発が求められる。また、2001年から中学校において日本語の授業が始まったために、大学入学時に、学習経験者と未経験者の間に日本語力に差がある場合が少なくない。そこで、学生の語学力に応じた教育をどのようにしていくべきか、あるいは、評価の問題はどうするのか、といった問題が残されていると思われる。また、日本語教育をする際、言語と同時に文化の学習が求められる現在、日本語教師には文化や言語行動に関する知識、指導力も求められる。

5. まとめ

ここでは、韓国の日本語教育の概観と問題点について述べた。まず、世界の日本語教育の機関数、教師数、学習者数について述べたあと、韓国における日本語教育の機関数、教師数、学習者数の推移について言及し、続いて、学習目的、教材について論じ、最後に問題点について述べた。

ここでの結論をまとめると、次のようになる。

① 世界の日本語学習者数、機関数、教師数は、国際交流基金の1993年、1998年、2003年、2006年、2009年の調査結果をみると、調査のたびに増加していることがわかる。

② 韓国における日本語学習者の全体数は、1993年から1998年にかけて大幅に増加したが、2003年には減少した。その後2006年、2009年には再び増加したが、機関別にみると、高等教育機関での学習者数は減少傾向にあり、学校教育以外の機関での学習者は、増減を繰り返している。現在、高等教育機関(大学)における学習者数は、韓国より中国、台湾の学習者の方が多い。初等教育·中等教育機関での学習者が90%を占めている韓国では、2012年からそれまで必須科目であった高等学校の第二外国語が選択科目になったので、今後、日本語学習者数にも変化がみられると思われる。また、東日本大震災の影響による学習者数の変化も考えられる。

③ 学習目的については、韓国においては、「コミュニケーション」を目的とする学習者が多く、中国においては、「将来の就職」を目的としている人が多い。中国の大学における学習者数が韓国に比べて多いのは、大学卒業後の就職の状況と関連があると思われる。

④ 教材については、韓国では現在も多くの日本語教材が作成されているが、今後、多様な学習者のニーズに応えられるようなさらに多くの教材が必要であると思われる。

⑤ 韓国の大学における日本語教育の問題点としては、中学校、高等学校ですでに日本語を学習した学生と大学入学後に日本語学習を始めた学生の指導と評価をどのようにすべきかという問題がある。また、教授法については、コミュニカティブ·アプローチにこだわりすぎず、総合的な教授法が必要であると思われる。文法を軽視しすぎず、日本語と韓国語の文法の類似性を活かした教授法の開発が求められる。

⑥ 日本語教師には文化に関する知識も求められるため、日本語教師は日本文化や言語行動に対しても把握し、指導力を養う必要があると思われる。

参考文献

齊藤明美(2004a)「韓国における大学生の日本語学習の現状について-アンケート調査の結果から-」『인문학 연구』11 한림대학교 인문학연구소

齊藤明美(2004b)「韓国における日本語教育の外観と問題点」『日本語教育研究』第6輯 韓国日語教育学会

齊藤明美(2010a)「韓国における日本語教育-中学校の教科書にみられる文化的記述を中心にして-」『東아시아日本学会2010年度春季国際学術大会및招請講演要旨集』東아시아日本学会

齊藤明美(2010b)「韓国の中学校で用いている日本語教科書にみられる言語習慣·言語行動に関する記述について」『社会言語科学会第26回大会発表論文』社会言語科学会(日本)

齊藤明美、黄慶子、古城彰子(2011)「한림 대하교 HID에 있어서의 일본어교수법 연구」한림대학교 교수법 연구 소모임 결과 보고서 한림대학교 교육 개발 센터

〈資料〉

国際交流基金(1993)1993-94国際交流基金調査『海外の日本語教育の現状』大蔵省印刷局発行(1995)「別表1国·地域別日本語教育機関数·教師数·学習者数(1993年)」Web サイト

国際交流基金(1998)「海外の日本語教育の現状 日本語教育機関調査·1998年 概要」Web サイト

国際交流基金(2003)「海外の日本語教育の現状 日本語教育機関調査·2003年 概要」Web サイト

国際交流基金(2006)「海外の日本語教育の現状 日本語教育機関調査·2006年 概要」Web サイト

国際交流基金(2009)「海外の日本語教育の現状 日本語教育機関調査·2009年 概要」Web サイト

国際交流基金(2010)「日本語教育国別情報 2010年度 韓国」Web サイト

国際交流基金(2010)「日本語教育国別情報 2010年度 中国」Web サイト

教育人的資源部(2007)「2007年改訂教育課程」

第2章　韓国における日本語の位相
―中国語との比較を中心に―

任栄哲

1. はじめに

21世紀に入り、韓日関係は国と国とのレベルを超えて、個人間でも相互的な交流が活発に展開されるようになった。まさに韓日関係が、新しい時代に突入しているということは、誰の目から見ても明らかである。日本人には、それまでに敬遠していた韓国文化に対する見方が急速に変わりつつある一方、韓国でも頑なに禁止されていた日本の大衆文化をはじめ人的・経済的な交流が盛んに行われるようになった。しかし最近、韓国では大きな変化が見えはじめている。それは中国の台頭である。

中国は、2001年、世界貿易機関(WTO)に加盟した。2008年の北京オリンピック、2010年の上海世界万国博覧会など、国際的なイベントの開催や誘致にも成功した。そして、1992年、韓中両国の国交が正常化された以降、人的・経済的交流はますます拡大の一途にある。

このような中国経済の潜在力や将来性に対する期待感からであろうか、その変化の兆しは、言語の面においても歴然と見えはじめている。それは、中国語の登場によって、韓国における日本語の位相に変化が表れたからである。つまり、日本語教育への影響である。そこで本稿では、韓国における日本語の位相を、主に中国語と比較しながら、言語の市場価値という経済言語学という視座から試みることにする。

2. 現代韓国の日本語事情

2.1 日本語学習者数

日本の国際交流基金が行ってきた「海外日本語教育機関調査」の結果によると、2006年現在、全世界の133カ国で、機関数13,639機関、教師数44,321人、学習者数2,979,820人が日本語を習っている。〈図1〉の日本語学習者の推移からもわかるように、学習者の数は増える一方にある。そして、〈図2〉から日本語学習者数の構成比を国別にみると、上位3位は韓国、中国、オーストラリアであることがわかる。その中でも、韓国人約90万人が日本語を習っていて、全世界のおよそ30%を占めている。これは、韓国人50人に1人が日本語を習っているという試算になる。さらに、日本語教育の機関数(韓国3.579機関、オーストラリア1.692機関、中国1.544機関)は1位、教師数(中国12.907人、韓国7.432人、オーストラリア2.935人)は2位を占め、韓国はいわば「日本語学習大国」なのである。

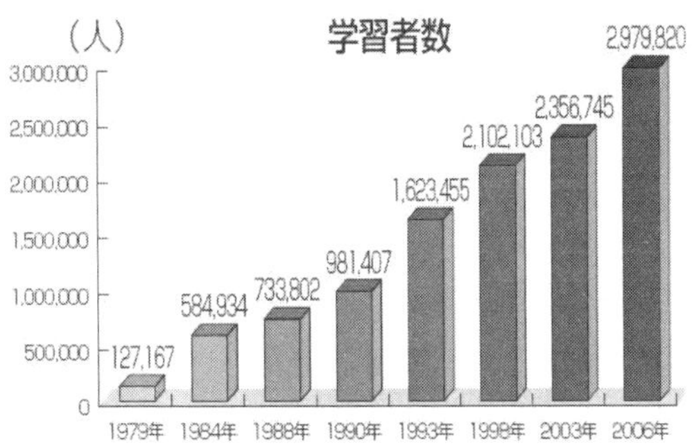

〈図1〉 全世界の日本語学習者の推移

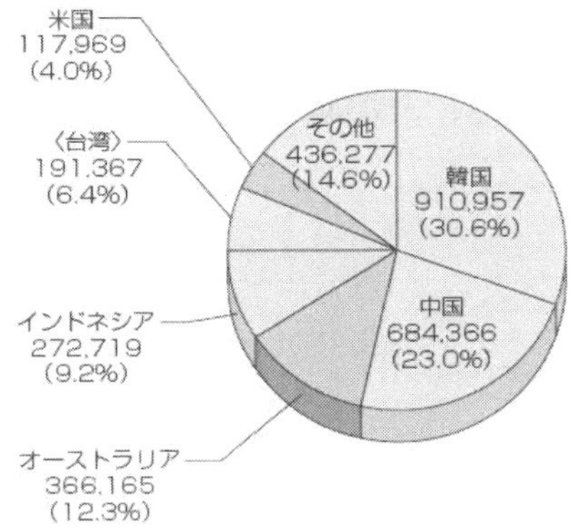

〈図2〉 日本語学習者の国別構成比

※両図とも国際交流基金(2006)『2006年海外日本語教育機関調査』による。

2.2 韓国は日本語学習大国

さて、注目すべきは、〈表1〉からもわかるように、韓国の日本語学習者数全体の84%以上を初・中等教育機関の学生が占めているということである。従来、高校での日本語は、ドイツ語、フランス語、スペイン語、中国語、ロシア語などと同様に、第二外国語として選択されてきた。ただし、この選択権は生徒ではなく学校側にあり、実際はその学校にどの外国語の教師がいるかによって決定されてきた。

ところが、2001年度から生徒たちが第二外国語の科目を自由に選択できるようになった。その結果、ドイツ語やフランス語を選択する学生数が減り、その分日本語や中国語を選択する学生が増えつつある。このような現実を勘案して、受講者の少ないドイツ語やフランス語の担当教師が日本語の教師に転身する必要が生じた。そこで、2001年度から日本語教員養成のため、一年間の特別教育課程の日本語研修が行なわれるようになった。

〈表1〉韓国における日本語教育の現況（2006年現在） 人数(%)

	学習者数	機関数	教師数
初・中等教育	769,034(84.4)	2,473(69.1)	3,619(48.7)
高等教育	58,727(6.4)	398(11.1)	1,793(24.1)
学校教育以外	83,196(9.2)	708(19.8)	2,020(27.2)
合 計	910,957(100.0)	3,579(100.0)	7,432(100.0)

*国際交流基金(2006)『2006年海外日本語教育機関調査』による。

以上のことからもわかるように、韓国の初・中等教育機関において日本語の人気はかなり高い。その理由としては、韓国語と日本語との類似性から他の言語より習得しやすいということが挙げられる。そして、大学の入試などで有利であろうという期待感や、1998年以降の日本大衆文化の解禁によるものなどが挙げられる。特に、最近の傾向としては、日本のアニメやマンガ、J-POP、映画、衛星放送などのメディアを通じて、日本文化に対する関心が高まり、日本語で直接見聞きしたいという願望が、日本語の学習動機に繋がる学習者が目立つようになった。

2.3 澎湃する日本語悲観論

さて、初・中等教育機関における日本語教育のように、韓国の日本語教育の将来に関して明るい話題も多い反面、その一方では厳しい現状もある。例えば、韓国の大学では、ここ数年、学部制を取り入れた大学が増えている。学部制とは、学部単位で新入生を募集し、2、3年目の進級時に専攻の学科が自由に選択できる制度である。

この方針に基づいて、韓国では日本語学科と中国語学科が一つの学部として構成されている「東洋語文学部」を有する大学も存在する。これは、まず東洋語文学部に入学して1、2年間は一般教養科目の単位を取得する。そして、2、3年目の進級時には、日本語学科を希望するか、あるいは中国語学科を希望するか、今後自分が専攻したい学科を決めなければならない。かつては、日本語学科を希望する学生が大半を占めていた。しかし現在では、中国語学科が6、7割、日本語学科が3、4割というように、日本語学科の人気が下がり、中国語学科への希望者の増加が見られるようになった。

また、韓国の多くの大学では、教養のための「初級日本語」を履修させる。その初級日本語講座に受講者が集らないため開講できなくなり、その学生たちが「初級中国語」へと流れるとも聞く。なお、一部の大学では少子化の影響や、あるいは日本語学科はもう将来性がないということから、学生が集まらなくなり、さらには定員割れして、日本語学科が廃科になってしまったケースもある。大学院への進学率は、もっと深刻な状態で、進学する大学院生が少ないので、授業ができないほど減少しているのが現状である。

関連する統計として〈表2〉がある。表を見てわかるように、初・中等教育機関では、1998年に比べ、2003年には学習者が5万人も増えている。そして、高等教育機関や学校教育以外では半分近く減って、全体では約5万人もの学習者が減少していることがわかる。しかし、2006年には2003年に比べ、全体では2万人も増えているが、その中でも特に、学校教育以外では5万人も増え、今後の推移が注目されるところである。

〈表2〉韓国における日本語学習者の推移　(人数:%)

	1998年	2003年	2006年
初・中等教育	731,416(77,1)	780,574(87,3)	769.034(84.4)
高等教育	148,444(15,7)	83.514(9,3)	58.727(6.4)
学校教育以外	68,244(7,2)	30,044(3,4)	83.196(9.2)
合 計	948,104(100,0)	894,131(100,0)	910.957(100.0)

*国際交流基金(2006)『2006年海外日本語教育機関調査』による。

2.4 日本語か中国語か

韓国では、社会人に対する日本語教育は、主に「日本語学院」(民間の日本語学校)などの私設機関で行われている。その数は、三千とも四千とも言われている。しかし最近、日本語学習者数の減少、中国語学習希望者の増加といった状況に対応するため、中国語学院への転業を図るところが増えつつある。新設されるのも日本語学院より中国語学院が多いようである。

後で具体的に述べるが、2005年現在、日本の大学・大学院への韓国人留学生数は、19,022人である。しかし、2006年には15,158人に減り、前年度に比べて約4千人が減少している。これに対し、中国の大学・大学院への韓国人留学生数は、2005年現在、28,408人であり、2006年には29,102人に増え、すでに日本の2倍に達している。注目に値する数値である。

このようなことから、今まで日本への留学を斡旋してきた会社が、中国への留学を斡旋する会社へと転業・兼業しているとも言われている。さらに、韓国の大手企業では、社内での第二外国語教育が盛んなのであるが、つい最近までは、その中心が日本語であった。ところが、2000年代に入ってからは、大手企業のほとんどが、中国語へと重点を移行してしまった。

以上のようなことからもわかるように、初・中等教育機関においては、日本語の学習者が確かに増える傾向にある。しかし、高等教育機関や企業、さらには社会人向けの方は、むしろ減少傾向にあり、日本語学習悲観論が韓国の社会全体にかなり澎湃しているのが現状である。

このような状況をもたらした一因として、「眠れる獅子」または「世界の工場」などといった呼称にも象徴されるように、これからの中国の潜在力や将来性に対する期待感が、韓国人の間にかなり強く存在していることが挙げられると思う。

3. 翳りが見えはじめた日本語教育

3.1 人的接触

人的交流は、人間の思考や行動にいろいろと影響を及ぼすとされている。例えば、人的ネットワークや付き合いがある人とそうでない人とはいろんな面において差が出てくると思う。最近の韓国人の人的交流について見てみよう。

3.1.1 海外渡航先の推移

まず、韓国人の日本や中国への渡航者数を〈表3〉〈表4〉からみると、2006年現在、約237万人の韓国人が日本を訪れている。しかし驚くことに、日本のほぼ2倍に達する427万人の韓国人が中国へ足を運び、その増え方は恐ろしいほどである。そして、約90万人の中国人が韓国へ、約232万人の日本人が韓国を旅先として選んでいる。

ここで付け加えると、2006年現在、中国に常住している韓国人は、すでに50万人を越えたという統計がある。その中でも、特に注目すべきことは、最近北京市朝陽区望京地区に「小首尔」(小ソウル)と呼ばれる韓国人コミュニティーが形成されているということである。そして逆に、26万人にも達する中国人(主に朝鮮族)が、ソウルの九老区辺りに「中国人村」を形成し、日常生活を営んでいる。ちなみに、東京の新大久保に、主に1980年以降に来日したニューカマー(new comer)によるコリアタウンには約1万3千人の韓国人が、そしてソウルの竜山区に「リトル東京」が形成され、約5千人近くの日本人が住んでいる。

〈表3〉韓日の渡航者の推移

	2002	2003	2004	2005	2006
韓国→日本	1,472,096	1,621,903	1,774,872	2,008,418	2,368,877
日本→韓国	2,307,095	1,790,953	2,426,837	2,421,406	2,319,676

* 資料は、駐日韓国大使館提供(2007年1月27日『東亜日報』)による。

〈表4〉韓中の渡航者の推移

	2002	2003	2004	2005	2006
韓国→中国	2,124,310	1,945,500	2,844,893	3,541,341	4,261,243
中国→韓国	539,466	410,134	627,264	710,243	896,969

*資料は、「韓国観光公社」による。

3.1.2 留学生数の推移

韓国人の大学・大学院生の海外留学生数を〈表5〉から見てみよう。2006年現在、アメリカ・イギリス・オーストラリア・カナダ・ニュージーランドなど、主に英語圏国家への留学生数が大半を占めている。その中でも、とりわけアメリカへの留学生数が最も多く、総留学生数の30%を占めている。

次に、中国への留学生は、その数が年々増え、2006年には日本のほぼ2倍に達し、約3万人近くの大学・大学院生が留学している。特に、注目したいのは、1999年までは中国より日本を留学先として選んだ韓国人が多かったが、2000年代に入り、中国への留学生数が急増し、日本を凌いでいることが見て取れる。そして、憂慮すべきことは、日本の大学・大学院への留学生は、2005年をピークに、翌年には、その数が4千人も激減してしまったということである。これは、日本を留学先として選ぶ魅力が、段々薄くなりつつあるということの証左であろう。

〈表5〉韓国の海外留学生の国家別推移(大学・大学院)

	米国	中国	英国	豪州	日本	カナダ	NZ	PH	ドイツ	フランス	その他	合計
2006	57,940	29,102	18,845	16,856	15,158	12,570	8,882	9,500	6,651	5,500	9,360	190,364
2005	57,896	28,408	20,100	15,176	19,022	11,400	10,306	8,600	6,759	5,500	9,087	192,254
2004	56,390	23,722	18,600	17,847	16,992	13,307	13,297	8,000	6,777	4,550	8,201	187,683
2003	49,047	18,267	7,759	15,775	17,339	14,058	9,870	9,600	6,353	3,450	5,485	159,903
2001	58,457	16,372	1,398	10,492	14,925	21,891	2,711	4,100	4,858	6,614	8,115	149,933
1999	42,890	9,204	2.463	9,526	12,746	19,839	2,172	1,290	5,218	6,300	8.522	120,170

*資料は、韓国の「教育人的資源部」による。2000、2002年度の資料はない。
なお、NZはニュージーランドを、PHはフィリピンの略である。

3.1.3 小・中・高校生の留学先

〈表6〉は、韓国の小・中・高校生の海外留学先の推移である。アメリカをはじめ英語圏への留学生は、その数があまりにも多いのでここでは割愛する。日本と中国との関係を見ると、小・中・高校生の留学生も中国が日本の12倍に達し、激しい差を見せている。日本への留学生数が少ないのは、外国人が日本の小・中・高校へ留学するときには、法律上いろいろと難しい問題があるからだと思われる。日本は小・中・高校への留学生の門戸をもっと開放すべきだと思う。世界に向けて門戸を開放しないと日本の孤立化はますます進むに違いない。なぜかというと、今後、若者同士の人的交流は、その国の未来を左右するほどの重要な問題となってくるからである。

ちなみに、日本の「留学生受け入れ10万人計画」は、1983年の中曽根首相東南アジア歴訪後の支持によって推進しているもので、フランス並みの10万人の留学生を、21世紀の初頭には受け入れようというプランである。2006年5月現在、日本への留学生総数は117,927人(うち、大学・大学院生数は94,347人)で、前年度比3.2%減少している。さらに、日本政府の教育再生会議では、日本の大学・大学院への留学生の受け入れを拡大し、2025年に100万人を目標に受け入れ態勢の整備を図ることで一致したと報じられている(『読売新聞』2007.4.18)。

なお、世界の留学生は、2004年現在、245万人である。国別受け入れシェアはアメリアが24%、依然最多で、イギリス12%、ドイツ11%、フランス10%、オーストラリア7%、日本5%と続く。しかし、その後の報告では、中国が日本を抜いたほかカナダ、ニュージーランドもシェアを拡大し、留学生獲得競争は激しくなっている。高等教育機関の国際競争の激化でもある(『読売新聞』2007.5.29)。

〈表6〉韓国の海外留学生の国家別推移(小・中・高校)

	米国	中国	英国	豪州	日本	カナダ	NZ	PH	ドイツ	フランス	その他	合計
2005	6,800	3,410	248	990	276	2,999	1,043	132	85	64	4,353	20,400
2004	5,380	3,062	275	785	174	2,539	1,125	88	62	59	2,897	16,446

*資料は、韓国の「教育人的資源部」による。なお、NZはニュージーランドの略である。

3.2 物的接触

グローバリゼーションの風の強く吹く中、日本経済の再生、韓国の躍進と中国の台頭で、東アジアには大きな成長のうねりがきている。では、最近の韓国の経済の動きはどうであろうか。

〈表7〉韓日·韓中の輸出入動向 (単位;千ドル)

	日本		中国	
	輸出	輸入	輸出	輸入
2006	26,534,014	51,926,291	69,459,181	48,556,676
2005	24,027,438	44,211,347	61,914,985	68,958,242
2004	21,701,337	46,144,463	54,241,806	29,584,935
2003	18,276,139	36,313,089	35,109,717	21,909,128
2002	15,143,172	29,856,228	23,753,586	17,405,779
2001	16,505,767	26,633,372	18,190,189	13,302,675
2000	20,466,017	31,827,944	18,454,539	12,798,731

*資料は、「STAT KOREA」による

〈表7〉を見てわかるように、韓国は日本への輸出よりも輸入が年々増え、毎年その格差は大きくなりつつある。逆に、中国に対しては輸入より輸出のほうが多くなっている。そして、2006年現在、韓国から中国への輸出は日本の2倍強にもなり、韓国の最大の輸出先は中国である。

このような数字からもわかるように、韓国は日本より中国と経済的にかなり太いパイプで結ばれていることが窺える。そして、韓国人は日本人や日本文化より中国人や中国文化との交流や接触がより頻繁に行われていることがわかる。したがって、このような人的・物的交流は今後の韓国における日本語と中国語の位相にいろんな形で影響を及ぼすと予想される。

4.韓国人の言語意識の流れ

4.1 中小企業は日本語・大企業は中国語

言語の市場価値という概念がある。言語の市場価値を決定する要因には、話し手の数、経済力、文化度・情報量など、さまざまな要因が絡んでいる。その上、国の言語教育の事情や個人差も働く。したがって、一概にどの言語が市場価値のある言語なのかを決めるには、難しい面がある。しかし、一般の人々はどの言語を身に付ければ役立つかについて、常に注意を払っている。そして、今後、市場価値のありそうな言語を身に付けようとする。

今日、英語は、イギリスやアメリカ、オーストラリア、ニュージーランドの大多数の人たちの母語のみならず、国際的にも最も広い有効範囲を持っている言語である。そして、最先端の情報の蓄積量が最も多い国際共通語でもある。これは今後さらに強くなることはあっても、当分の間、その勢いは収まるようなことはないと思う。したがって、韓国人が何か一つ外国語を身に付けたいと思うとき、英語を選択するのは、言語の市場価値という側面から見ると、正しい判断であると思う。そういうわけで、多くの韓国人が英語圏へ留学に行くとか、さらにはかなりの時間をかけて英語の学習に励んでいるのである。

そこで、上場の大企業18社と中小企業11社を対象として、韓国の企業における言語の市場価値を調べてみた。調査項目は、それぞれ「Q1：業務を推進する上で重要だと思われる外国語」を複数回答の自由記入式で答えてもらった。また「Q2：現在に比べて5年前はどうであったか」という項目でも、5年前当時に重要であったと思われる順に、言語名を挙げてもらい、点数化したのが〈表8〉である。

〈表8〉 業務・昇進時における外国語の価値 (数字は点数)

		英語			日本語			中国語			ドイツ語			フランス語		
		大	中	計	大	中	計	大	中	計	大	中	計	大	中	計
業務上	1997	84	44	128	58	36	94	44	20	64	0	6	6	2	0	2
	2002	85	54	139	51	33	84	52	29	81	0	6	6	6	0	6
	合計	169	98	267	109	69	178	96	49	145	0	12	12	8	0	8
昇進時	1997	85	30	115	47	23	70	36	16	52	0	2	2	0	0	0
	2002	85	34	119	38	21	59	42	23	65	0	2	2	0	0	0
	合計	170	64	234	85	44	129	78	39	117	0	4	4	0	0	0

*資料は、任栄哲(2002)による。

英語は、業務・昇進時において大企業・中小企業を問わず、全体的に高い数値を示している。ドイツ語とフランス語は、点数が少な過ぎるので、ここでは割愛する。2002年現在、大企業では、業務を推進する上で最も重要な言語は英語(85点)となっている。そして、日本語(51点)と中国語(52点)の重要度はほぼ同じであることがわかる。中小企業においては、「英語(54点)→日本語(33点)→中国語(29点)」の順になっていて、日本語が中国語をやや上回っている。

また、「Q3:昇進する時にどの外国語が重要であるか」では、2002年現在、大企業・中小企業ともに「英語(大85点、中34点)→中国語(大42点、中23点)→日本語(大38点、中21点)」の順である。つまり、中国語は昇進時(大42点、中23点)よりも業務(大52点、中29点)を推進する上で、より重視される傾向にあることが認められる。さらに、5年前と比較すると、1997年には大企業・中小企業を問わず、業務を推進するにも、昇進の際にも「英語→日本語→中国語」の順に重要であったと考えている。つまり、5年前にはすべての場合において「英語→日本語→中国語」の順であった。しかし、この5年間で日本語と中国語の順位が逆転してしまったことが〈表8〉からはっきりと読み取れる。

このような結果から、現在韓国の企業において、最も重視されている外国語は、英語であることがわかる。次いで大企業では中国語が、中小企業では日本語と中国語がほぼ同等視されていることがわかる。

韓国における中国語のブームは一時的であり、バブルに過ぎないという声がある。そして、中国語を学んだとしても就職先を探すのが大変だし、特に理工系の水準が今一つなので得られる情報が限られているという指摘もある。しかし、それとは反対に、今後日本語より中国語に傾くのは世の中の流れであるという声も聞こえてくる。どちらにせよ、中国語の躍進が注目されるところである。

4.2 日本語離れ・中国語寄り

韓国における日本語や中国語の位相に関する今後の一連の言語意識の推移を予測するため、「Q4:最近、日本語の学習者が減少傾向にあると言われているが、その原因はどこにあると思うか」と、尋ねて見た。

結果は、「中国の好景気の影響で、相対的に日本語のメリットが減った」が70.6%、「日本の不景気の影響で、学習意欲が減った」が20.3%である。5年前までは、世界経済の中核にあった日本の経済力の影響で、韓国における日本語の位相は、英語に次いで第2位であった。しかし最近、中国の経済発展とともに、中国語がかなりの勢いを見せて、今や日本語の学習に翳りが見えはじめている。

次に、「Q5：現在、中国語がブームであるが、その原因はどこにあると思うか」という問いに対しては「今後、中国の国際化が予想され、それに備えるため」が77.3%、次いで「就職に役立つため」12.4%、「単なるマスコミの中国の宣伝のため」が4.5%の順であった。韓国人の言語意識の変化が読み取れる注目に値する結果である。

4.3 教養のための日本語・実用のための中国語

そもそも外国語を学ぶ理由には、二つの典型があり、「教養言語」と「実用言語」に分けられる。もとは、西洋でも東洋でも教養のための古典語(キリシャ語・ラテン語・漢文など)と実利的利用のための近代語とははっきり分かれていた。そして、このあたりに最近の日本語教育の隆盛の背景があると井上史雄(2000)は述べている。

このような観点に立って、韓国の第二外国語市場において、当分の間、激しい争いが予想される中、日本語と中国語の普及を展望するため「Q6：今後の日本語と中国語の普及について、どのように考えるか」と、尋ねてみた。

結果は、「中国語の方が日本語を上回る」が70.2%、「両言語ともほぼ同じ」が19.5%、「日本語が中国語を上回る」が9.5%である。多くの韓国人が、今後中国語の方が日本語の普及をかなり上回るだろうと予想している。

最後に、「Q7：それぞれ日本語と中国語の学習理由」を聞いて見た。その結果、日本語は「教養のため」が43.0%、中国語は「就職に役立つため」が27.0%で、それぞれトップである。これと関連して、日本語の学習理由に関する一連の調査結果を踏まえると、以前は就職などに有利であろうという実用的な面が買われていた。しかし、今回の調査では、実用的な面よりもかえって日本文化の理解や教養としての面が優先されているということが明らかとなった。

以上の結果を総合して見ると、即戦力としての日本語、実用的な日本語という傾向から「教養のための日本語」へ、という変化が読み取れる。また中国語の場合は、知識としての中国語から「実用のための中国語」へ、という変化が見られる。それぞれ学習理由が大きな変化を見せたと言えそうである。

4.4 最も行かせたい留学先

一時韓国では、ロシア語を学ぶため、ロシアへの留学生が急増したことがある。これは、折々の世界の情勢の変化に伴い、一般の人々も敏感にどの言語が今後一番有用か、さらにはモノになるかを判断する思いが働いていたからだと思う。そこで、「Q8:今後、どこの国へ留学させれば子供の将来に役立つと思うか」と、親の意向を尋ねてみた。資料は、任栄哲(2004)からである。

回答は、アメリカ(38.9%)、EU(27.0%)、中国(13.4%)、日本(5.4%)の順で、ここでも日本への留学を希望する割合はかなり低いことがわかる。

以上のようなことを総合してみると、日本より中国へかなり傾いているのが一目瞭然である。つまり、韓国の優秀な人材や、将来韓国を担って行こうとする前途有望な若者たちが、日本より中国との交流を深め、ますます緊密になっていく傾向にあることが認められる。留学生は、言うまでもなく国の重要な戦略資源である。それは、留学生の帰国後の将来性や、影響力に注目するからである。

4.5 最も学ばせたい外国語

以前韓国では、日本語の市場価値の上昇に従って、就職や即戦力のための実用言語として日本語を勉学する人が多くいた。では、最近の韓国人の父母の外国語観はどうであるか、それを調べるために、「Q9:今後、子供に最も学ばせたい外国語は何語であるか」と、尋ねてみた。

〈表9〉 今後子供に教えたい外国語 (単位:%)

	英語	中国語	日本語	ドイツ語	フランス語	その他	無回答	計
第一回答	79.2	14.6	2.8	0.3	0.7	0.0	2.5	100.0
第二回答	12.9	46.9	27.0	3.8	3.3	0.4	5.3	100.0
合計	92.1	61.5	29.8	4.1	4.0	0.4	7.8	100.0

*資料は、任栄哲(2004)による。

〈表9〉からもわかるように、国際的に最も広い影響力を持つ英語がトップを占めている。そして今後、韓国との交流に発展性が見込まれる中国語、日本語の順である。同じ項目の3年前の調査結果では、中国語(45.3%)と日本語(31.0%)の差は1.5倍ほどであった。しかし今回の調査では、その開きが倍以上に達し、日本語が中国語にますます押され気味にあることが窺える。

ちなみに、韓国の日刊紙には「生活会話」という外国語コーナーがあって、毎日連載されている。4、5年前までは、英語と日本語の欄だけであった。ところが最近、中国語の需要が増大し、中国語の欄も設けられるようになった。こうした事例からもわかるように、韓国人の外国語習得への関心は極めて高いと言える。年間何十万人もの韓国人が、主に英語圏をはじめ中国や日本など世界の至る所へ語学研修に出掛ける。このようなことから鑑みて、韓国は語学がブームで、外国語の駆使能力は、就職活動をはじめ経済活動や社会生活を営んでいく上で、正に武器として認識されていると言えそうである。

4.6 外国語と言ったらどんな言語が

韓国における外国語教育の隆盛を顧みると、かつては英語、フランス語、ドイツ語の独占市場であった。しかし、1970年代に入ってからは、日本語が加わることによって、フランス語とドイツ語は斜陽の一途を辿るようになる。日本語の登場によって、韓国における第二外国語教育の版図ががらっと変わったのである。それは、日本の高度経済成長や地理的な近接性などの理由から日本語の学習者が増え、英語に次いで、第2位を占めるようになったからである。

ところが、2000年代に入ると、再び変化が見られるようになった。それは、中国語の台頭である。中国語が現れることによって、韓国における第二外国語教育の場において、日本語と中国語との間に2位争奪戦が始まったわけである。このような状況から、韓国人と日本人の外国語意識の一端を探るため「Q10:外国語ということばを聞いたとき、どんな言語が頭の中に思い浮かんでくるか」という質問をしてみた。答えは複数回答で、三つまで挙げてもらった。

〈表10〉 外国語と言ったらどんな言語が思い浮かぶのか (単位:%)

	英 語	日本語	仏語	中国語	独語	露語	韓国語
韓 国	93.0	76.0	36.0	31.6	29.4	-	-
日 本	94.9	-	74.8	20.5	66.3	6.0	0.8

*日本の資料は、国立国語研究所(1984)、韓国の資料は任栄哲(2002)による。

まず、〈表10〉から韓国の結果を見ると、韓国人にとって日本語という言語は、トップの英語の次に思い浮かぶ外国語であるということがはっきりと読み取れる。つまり日本語は、韓国人の意識の中にかなり強く刻印されている言語であることが計量的に証明されている。

次に、日本人の結果である。英語やフランス語、あるいはドイツ語といった欧米のことばが上位を占めて、日本人がいかに西欧のことばに向かっているかが窺える。韓国語を思い浮かべる日本人の割合は0.8%以下である。これは、最も近い隣国のことばである韓国語を思い浮かべる日本人は、ほとんどいないという現状を明らかにしている。つまりこのことは、日本人は韓国語に目もくれないのに、韓国人は「日本語だ、日本語だ」とひたすら片思いをしているということである。まるで一人相撲をするような一方的な関係にあることが、はっきりと浮かび上がってきた。

ところが、この結果は、言うまでもなく「言語の経済力」と深く関係があるため、致し方のない厳しい状況である。韓国人は、この現実を沈着冷静に受け止めて、頑張らなくてはならないと思う。やはりそれは、韓国が一日も早く文化・社会的にも経済的にも日本と堂々と肩を並べられるような、且つより魅力溢れる豊かな国にならなくては解決策は見えてこないかもしれない。

4.7 中国語の急浮上

先ほど、2000年代からの中国語の台頭によって、韓国の第二外国語教育の場において再び変化が表れ始めたと述べた。そこで、さらに最近の韓国人の外国語意識はどうであるか、その変化を追跡して見るために、1993年の調査と同じ項目を用いて、韓国全国大学生241人(男118人、女123人)を対象として、2007年3月に経年調査を行った。

〈表11〉に示されているように、英語がトップを占め、英語は15年前とほとんど変わっていないことがわかる。フランス語とドイツ語は、その割合はやや減っているものの、その変化はそれほど大きくはない。しかし、日本語と中国語は、その変化がかなり激しく、15年前の調査結果と比べてみると、その位相が逆転していることが認められる。ここ15年間の間に、韓国人の言語意識に大きな変化が表れ、とりわけ中国語が急浮上していることがわかる。

〈表11〉外国語といったらどんな言語が思い浮かぶか (単位:%)

	英語	日本語	フランス語	中国語	ドイツ語	ロシア語
1993年調査	93.0	76.0	36.0	31.6	29.4	-
2007年調査	96.0	38.2	26.2	79.5	20.3	1.2

*資料は、任栄哲(2007)による。

5. おわりに

5.1 日本語を習う目的

以上、最近になって韓国人の意識の上に「中国語寄り」、「日本語離れ」がかなり進んでいることがわかる。しかし、現に90万人近くの韓国人が、力を入れて日本語を学んでいる。ではその理由は、一体どこにあるのだろうか。

まず第一に、実用的な側面からである。日本が全世界に強大な影響力を及ぼす経済大国になったので、日本との貿易、日本人を相手にする商売や仕事に就きたいということがあると思う。そして、日本という国のことをもっと知りたいという好奇心、さらには日本がどのように経済的に成長・発展したか、それについて学んで自分自身や、さらには自国の発展に役立てたいということがあると思う。つまり本音は、実用言語としての利用価値があるから日本語を習っていると思う。

第二に、文化の側面からである。日本語を学ぶということは、ただ単に文法を習得するということを越えて、日本の文化の背景をも学ぶということである。日本文化と接触すれば、日本人や日本文化の良い所も、悪いところもいよいよ多くはっきりと見えてくる。つまり、押し寄せてくる国際化時代に、日本人や日本文化を改めて捉え直す必要性が生じている。それは言うまでもなく日本語という言語を通じて可能だからである。

第三に、情報の側面からである。日本には、古今東西の数多くの文化や文明に属する知的・文化的な言語作品が非常に高いレベルで翻訳・蓄積されている。そして、最先端技術に関する情報が日本語によって表現されている。日本語を習い、もし日本語がわかるようになればどの言語を勉強するよりも容易に、しかも多量の情報が得られるからである。

第四に、韓国人には、ことばこそ武器であるという側面がある。韓国は、地政学的・経済的な立場から英語以外に、もう一つの言語が使えるようになれば就職や情報などを収集する時などにいろいろと有利な点が多いと思う。その中でも特に、地理的に密接な関係にある日本語を習得しておけばいろんな面において役立つ可能性がかなり高くなる。だから、韓国人にはことばこそ武器だという意識がかなり強く、よって多くの韓国人が日本語を習ってきたと言える。

5.2 韓日新時代に向けて

以上、韓国における日本語の位相について、主に中国語と比較しながら考察した。では、今後の韓国における日本語教育の将來に向けて、いくつかの提言をしたいと思う。

第一に、韓国人に日本好きが多いのは事実のような気がする。それは、日本に関する出版物や翻訳本の多さ、テレビや新聞などマスコミが日本を取り上げる割合、人々の話題にのぼる頻度などを考えると明らかである。ではなぜ、日本に対してこんなに関心が高いか。それは何よりも、日本の進んだ技術や情報などを韓国に取り入れ、韓国の近代化に貢献したいからであろう。しかし、日本の進んだ技術や情報を受け入れるには、日本語を通じてこそ可能なことである。このようなことからも推測されるように、日本語が情報の導水であるということを韓国人自身が改めて自覚し、捉え直すべきだと思う。

第二に、韓国の日本語教育は、これまで文法・読解中心の受信型が大半を占めていた。最近では、コミュニケーションのための発信型に切り替えなければならないという自覚から、教材の改編が盛んに行われるようになった。しかし、それもまだ充分とは言えない。したがって、日本語学習者のニーズに応じた魅力ある教材の開発はもちろん、多方面に亙るカリキュラムの開発が望まれると思われる。そして、それと同時に教員の能力の向上をはかる必要性があると思う。これは日本語学習者の裾野の拡大にも繋がり、さらには魅力ある日本語教育を推進する橋渡し役という点からも重要だからである。

第三に、韓国の大学における日本語教育の教授者や日本への留学生をみると、語学や文学の専攻者が多数を占めている。政治をはじめ歴史、経済、社会、文化など他の分野の専攻者は非常に少ないのが現状である。つまり、特定分野に研究者が偏重しているということである。日本学が地域学へと発展することを目指し、日本文化・日本人、さらには日本という国を「日本語」を通じてより包括的に眺望できるようにしたいものである。

第四に、韓国における日本語教育の現状や位相、言語志向意識などの変化を正確に突き止めるのは至難の業である。しかし、全体を捉えるための努力は決して蔑ろにしてはならない。変化に対応して行くためにも、またより適切な教育の方策を求めるためにも、実態をより深くより正確に捉えておく必要がある。それは、多様な実態が正確にわかればそれに対してどのような対策を施せばよいかが予測できるからである。

第五に、依然として、韓日関係はギクシャクしたものからなかなか脱却できない状態が続いている。そして、「歴史問題が出るたびに、学生の日本語の学習意欲に影響を与える」「歴史問題のせいで、優秀な学生は英語学科や中国語学科へ行く」など、歴史問題が日本語教育の進展を妨げているという指摘の声もある。韓国と日本が政治的に信頼関係を築き、相互の疑念を一掃し、より安定的な韓日協力体制を構築していくべきだと思う。なぜならば、それは日本語教育さらには韓国語教育とも深い関係にあるからである。

最後に、韓国の日本語教育の将来に大きな意味を持つのは、韓国人が中国をどう認識し、どう評価するかである。そして、今後中国経済の先行き見通しによって日本語の学習者の数はかなり揺れると思われる。

本稿は、任榮哲(2002)「翳りが見えはじめた日本語教育」に加筆したものである。

参考文献

任栄哲(2002)「翳りが見えはじめた日本語教育」『日本語学』21　11 明治書院
任栄哲(2004)「隣国のことばが好きですか」『言語』33　9 大修館書店
任栄哲(2007)「韓国における日本語の位相―中国語との比較を中心として」『日本言語文化』第11輯 韓国日本言語文化学会
任栄哲(2008)『한국어와 일본어 그리고 일본인과의 커뮤니케이션』태학사
井上史雄(2000)『日本語の値段』大修館書店
大野晋・森本哲郎・鈴木孝夫(2001)『日本・日本語・日本人』新潮選書
国際交流基金(2006)『2006年海外日本語教育機関調査』Web サイト
国立国語研究所(1984)『言語行動における日独比較』三省堂
鈴木孝夫(1996)『日本語は国際語になりうるか』講談社
『読売新聞』(2007.4.18)

第3章　韓国における日本，日本人，日本語に対するイメージ形成と日本語学習

齊藤明美

1. はじめに

韓国の大学に初めて日本語科が設けられたのは、1961年である。この年に韓国外国語大学校に日本語科が設けられた。また、翌年1962年には国際大学校に日語日文学科が開設され、この時から韓国の大学における日本語教育は純然たる外国語教育として行われることとなった。また、1965年に韓国と日本との国交正常化が実現し、1973年には高等学校でも日本語教育が始まった。しかし、当時韓国において日本語教育を行うことに対する社会的な反対が強く、当時の大統領であった朴正熙大統領は、次のような主旨の談話を発表した[1)]という。

過去の韓日関係の故に日本語を忌避する傾向があるが、精神さえしっかりしていれば、日本語を学んだからといって日本人になるものではない。したがって、民族の主体性および闊達な大国民の度量が必要である。

1）稲葉継雄(1986)「韓国における日本語教育の歴史」『日本語教育』60号 p.136

また、当時の日本語教育課程に掲げられた指導目標の中には、日本語を媒体としてはいるものの韓国人としての民族精神を養おうとする文言も盛り込まれていた。そして、この時期の日本および日本語に対する韓国人のもっていたイメージを如実に表している次のような文章[2)]も残されている。

ここでちょっと考えなければならないことは本当に日本語が難しいという事実よりも外国語に対する最初からの正しくない先入観が学習意欲を低下せしめる原因になるということ、また、将来に対する自己の確固たる目的意識を持たず、不真面目な学習態度を取ること、そしてまた社会情勢の不安定に対する心理的緊張が加わって日本語を学ぶ学生に意外にも深刻な内的制約を与え、ついに将来の希望を抛棄せしめる作用をするということなどである。あるいはまた初めのうちは何らかの関心や利害関係から日本語を学びながら心の底で日本を嫌い、日本に対する悪感情を拭いきれずにいる学生がいるかもしれない。このような諸要因は日本語の学習に大きな障害になるので、これらをよく観察して指導していかなければならない。

これをみると、日本および日本語に対してもっている感情が日本語学習者の学習意欲、学習効果等にも大きく関わっていることがわかる。そこで、本章では、今後の韓国における日本語教育の在り方、より効果的な教授方法、教育内容等を考えるうえで必要不可欠な基礎知識のひとつとして、現在の韓国の大学生がもっている日

2) 金永佑(1977)「韓国における日本語教育の現状と問題点」『日本語教育』32号 p.109

本、日本人、そして日本語に対する意識を把握すると共に、彼らのイメージ形成に影響を与える要因についても調査し、その結果を報告していこうと思う。

2. 調査の概要

2.1 調査の対象と方法

大学で日本学科、または、日語日文学科に所属し、日本語を学び、1年以上学習している学生、教養日本語の授業を履修している学生、および、理工系の学生を対象に無記名でアンケート調査を実施し、412名から回答を得た。調査を行った大学は、江原道にあるA大学とソウルにあるB大学の2校である。

〈表1〉 調査対象大学

	学生数	%
A大学	232	56.3
B大学	180	43.7
Total	412	100

〈表2〉 調査対象学生の専攻分野

調査対象		学生数	%	学校別%
A大学	日本学科	74	18	56.3
	教養日本語	70	17	
	理工系	88	21.4	
B大学	日語日文学科	65	15.8	43.7
	教養日本語	71	17.2	
	理工系	44	10.7	
Total		412	100	100

2.2 調査期間

予備調査を2002年11月に行い、本調査は2003年5月に実施した。

2.3 調査の内容

調査票は、フェイスシート、日本、日本人、日本語に対するイメージに関する質問、日本語学習に関する質問からなる。フェイスシートの設問は、①所属②学年③氏名④年齢⑤性別⑥出生地⑦家族に日本語話者がいるか否か⑧日本人教師について日本語を学んだことがあるか否か⑨日本人の知り合いがいるか否か⑩日本語を学習したことがあるか否か⑪学習期間⑫学習時期等であった。日本、日本人に対するイメージに関して質問した後、イメージ形成に影響を与えた要因について尋ね、影響の度合いを大、中、小、無の4つに分けて質問した。日本語に関しては、①ぞんざいか丁寧か②汚いかきれいか③乱暴かおだやかか④嫌いか好きか⑤重苦しいか軽快か⑥聞き取りにくいか聞き取りやすいか⑦非能率的か能率的か⑧くどいかあっさりしているか⑨遅いか早いか⑩固いか柔らかいか⑪難しいか易しいか等について尋ねた。その他、日本への訪問経験の有無、再渡航を希望するか否か、日本語の必要性等について尋ねた。

3. 調査結果

ここでは、日本への訪問経験の有無と日本、日本人に対するイメージ、性別による日本、日本人に対するイメージ、専攻による日本、日本人に対するイメージ、現在日本語学習をしているか、否かによる日本、日本人に対するイメージ、日本語の学習期間の長短による日本、日本人に対するイメージ、学習時期による日本、日本人に対するイメージ、専攻分野と日本語に対するイメージ等について言及していく。

3.1 日本および日本人に対するイメージ

3.1.1 日本への訪問経験の有無と日本、日本人に対するイメージ

質問の内容は次のようである。

1。あなたは日本に対してどんなイメージを持っていますか。

(1)とてもよい　(2)よい　(3)特に他の国と変わらない

(4)悪い　(5)かなり悪い

まず全体の答えをみると、(1)とてもよい3.6%(2)よい38.8%(3)特に他の国と変わらない42.2%(4)悪い12.6%(5)かなり悪い2.4%であった。

次に、日本への訪問経験の有無と日本に対するイメージをみると次のようである。

○ 日本への訪問経験の有無と日本に対するイメージ

〈表3〉 日本への訪問経験の有無と日本に対するイメージ

	日本に対するイメージ					Total
	とてもよい	よい	特に他の国と変わらない	悪い	かなり悪い	
日本へ行った	5	53	34	6	1	99

ことがある	(5.1)	(53.5)	(34.3)	(6.1)	(1.0)	(100%)
日本へ行ったことがない	10	107	140	46	9	312
	(3.2)	(34.3)	(44.9)	(14.7)	(2.9)	(100%)
Total	15	160	174	52	10	411
	(3.6)	(38.9)	(42.3)	(12.7)	(2.4)	(100%)

($\chi^2(4)=15.37, p\langle .001$)

〈表3〉をみると、日本へ行ったことがあると答えた学生のうち、日本に対するイメージが(1)とてもよいと答えた学生が5.1%、(2)よいと答えた学生が53.5%であったのに対して、日本へ行ったことがないと答えた学生のうち(1)とてもよいと答えた学生は3.2%、(2)よいと答えた学生は34.3%であった。また、日本へ行ったことがあると答えた学生のうち、(4)悪いと答えた学生が6.1%、(5)かなり悪いと答えた学生が1.0%であったのに対して、日本へ行ったことがないと答えた学生のうち(4)悪いと答えた学生は14.7%、(5)かなり悪いと答えた学生は2.9%であり、日本への訪問経験の有無と日本に対するイメージとの関係では、日本へ行ったことがあると答えた学生は、無いと答えた学生に比べて、日本に対してよいイメージをもっていることがわかった。

次に、日本への訪問経験の有無と日本人に対するイメージについての調査結果をみていく。質問の内容は日本に対するイメージを尋ねた場合と同様である。

2。あなたは日本人に対してどんなイメージを持っていますか。

(1)とてもよい　(2)よい　(3)特に他の国と変わらない

(4)悪い　(5)かなり悪い

全体の調査結果をみると、(1)とてもよい1.5%(2)よい29.6%(3)特に他の国と変わらない57.0%(4)悪い10.2%(5)かなり悪い0.7%であった。

次に日本への訪問経験の有無と日本人に対するイメージについての調査結果をみていく。

○ 日本への訪問経験の有無と日本人に対するイメージ

〈表4〉日本への訪問経験の有無と日本人に対するイメージ

	日本人に対するイメージ					Total
	とてもよい	よい	特に他の国の人と変わらない	悪い	かなり悪い	
日本へ行ったことがある	2	49	43	4	1	99
	(2.0)	(49.5)	(43.4)	(4.0)	(1.0)	(100%)
日本へ行ったことがない	4	73	192	38	2	312
	(1.3)	(23.6)	(62.1)	(12.3)	(.6)	(100%)
Total	6	122	235	42	3	408
	(1.5)	(29.9)	(57.6)	(10.3)	(.7)	(100%)

($\chi^2(4)=26.70$, p〈.001)

〈表4〉をみると、日本への訪問経験があると答えた学生のうち、日本人に対するイメージが(1)とてもよいと答えた学生は2.0%、(2)よいと答えた学生は49.5%であったのに対して、日本への訪問経験が無いと答えた学生のうち(1)とてもよいと答えた学生は1.3%(2)よいと答えた学生は23.6%であった。また、日本への訪問経験がある学生のうち(4)悪いと答えた学生が4.0%(5)大変悪いと答えた学生が1.0%であったのに対して、日本への訪問経験が無いと答えた学生は、(4)悪いと答えた学生が12.3%(5)大変悪いと答えた学生が0.6%であった。以上により、日本への訪問経験がある学生は、無い学生に比べて、日本人に対してよいイメージをもっているといえる。また、日本へ行ったことがないと答えた学生の日本人に対するイメージにおいて、特に他の国の人と変わらない、と答えた学生が62.1%いたことは、日本人に対して特別な関心が無いことの現れであるとも考えられる。

3.1.2 性別による日本、日本人に対するイメージ

次に性別による日本および日本人に対する調査を行った。その結果、日本に対するイメージにおいては性別による差異は認められなかったが、日本人に対するイメージにおいては、性別による違いがわずかにあることが明らかになった。ここでは、関連性があると思われる日本人に対するイメージ調査の結果をあげておく。

○ 性別による日本人に対するイメージ

〈表5〉を見ると、日本人に対する男子学生のイメージは(1)とてもよい(2)よい(3)他の国と変わらない(4)悪い(5)かなり悪いの全項目に渡っているが、女子学生のイメージは、(2)よい(3)他の国と変わらない(4)悪いの3項目に集中していることがわかる。また、(1)とてもよい(2)よいと答えた男子学生が、各々2.6%、25.8%であったのに対して、(2)よいと答えた女子学生は35.2%であり、一方(4)悪い(5)かなり悪いと答えた男子学生が各々10.9%、1.3%であったのに対して(4)悪いと答えた女子学生は9.1%であった。以上により、男子学生に比べて女子学生のほうが日本人に対して、ややよいイメージをもっていることがわかる。

〈表5〉 性別による日本人に対するイメージ

		日本人に対するイメージ					Total
		とてもよい	よい	特に他の国の人と変わらない	悪い	かなり悪い	
性別	男性	6	59	136	25	3	229
		(2.6)	(25.8)	(59.4)	(10.9)	(1.3)	(100%)
	女性	-	62	98	16	-	312
		-	(35.2)	(55.7)	(9.1)	-	(100%)
Total		6	121	234	41	3	405
		(1.5)	(29.9)	(57.8)	(10.1)	(.7)	(100%)

($\chi^2(4)=10.46$, $p<.05$)

3.1.3 専攻による日本、日本人に対するイメージ

次に専門分野によって日本および日本人に対するイメージが異なるかどうかについて調査した。

○ 専攻による日本に対するイメージ

〈表6〉をみると、日本語を専攻している学生が、(1)とてもよい2.9%(2)よい59.7%であったのに対して教養日本語を履修している学生は、(1)とてもよい4.3%(2)よい36.9%であった。また、理工系の学生は、(1)とてもよい3.8%(2)よい19.1%であった。また、(4)悪い(5)かなり悪いと答えた学生は、日本学科、日語日文学科の学生が、各々(4)2.2%、(5)0.7%であったのに対して、教養日本語を履修している学生は各々(4)19.1%、(5)2.1%であり、理工系の学生は(4)16.8%(5)4.6%であった。これを見ると、日本学科および日語日文学科の学生、教養日本語を履修している学生、理工系の学生の順に、日本に対してよいイメージをもっていることがわかる。

〈表6〉 専攻による日本に対するイメージ

		日本に対するイメージ					Total
		とてもよい	よい	特に他の国と変わらない	悪い	かなり悪い	
専攻	日本学科 日語日文学科	4	83	48	3	1	139
		(2.9)	(59.7)	(34.5)	(2.2)	(.7)	(100%)
	教養日本語	6	52	53	27	3	141
		(4.3)	(36.9)	(37.6)	(19.1)	(2.1)	(100%)
	理工系	5	25	73	22	6	131
		(3.8)	(19.1)	(55.7)	(16.8)	(4.6)	(100%)
Total		15	160	174	52	10	411
		(3.6)	(38.9)	(42.3)	(12.7)	(2.4)	(100%)

(χ^2(8)=60.29,p〈.001)

○ 専攻による日本人に対するイメージ

〈表7〉 専攻による日本人に対するイメージ

		日本人に対するイメージ					Total
		とてもよい	よい	特に他の国の人と変わらない	悪い	かなり悪い	
専攻分野	日本学科 日語日文学科	4	66	61	5	1	137
		(2.9)	(48.2)	(44.5)	(3.6)	(.7)	(100%)
	教養日本語	2	39	77	22	1	141
		(1.4)	(27.7)	(54.6)	(15.6)	(.7)	(100%)
	理工系	-	17	97	15	1	130
		-	(13.1)	(74.6)	(11.5)	(.8)	(100%)
Total		6	122	235	42	3	408
		(1.5)	(29.9)	(57.6)	(10.3)	(.7)	(100%)

(χ^2(8)=52.46,p〈.001)

〈表7〉をみると、日本語を専攻している学生が(1)とてもよい2.9%(2)よい48.2%であったのに対して、教養日本語を履修している学生は(1)とてもよい1.4%(2)よい27.7%、理工系の学生は(1)とてもよい0%(2)よい13.1%であった。また、(4)悪い(5)かなり悪いと答えた学生は、日本学科、日語日文学科の学生が、各々(4)3.6%(5)0.7%であったのに対して、教養日本語を履修している学生は各々(4)15.6%、(5)0.7%であり、理工系の学生は(4)11.5%(5)0.8%であった。(4)悪いと(5)かなり悪いを選択した学生の合計をみると、教養日本語を履修している学生が他の学生に比べて悪いイメージをもっているということになりそうであるが、全般的にみると、日本語を専攻している学生の方がそうでない学生に比べて、日本人に対してもよいイメージをもっており、理工系の学生は、特に他の国の人と変わらないと答えた人が多かったことがわかる。

3.1.4 現在日本語学習をしているか否かによる日本、日本人に対するイメージ

次に現在日本語学習をしているか否かによる、日本および日本人に対するイメージについて調査した。ここでいう現在日本語を学習していない学生というのは、94名の理工系の学生を指す。

○ 現在日本語学習をしているか否か、と日本に対するイメージ

〈表8〉現在日本語学習をしているか否か、と日本に対するイメージ

	日本に対するイメージ					Total
	とてもよい	よい	特に他の国と変わらない	悪い	かなり悪い	
日本語学習をしていない	4	17	42	23	7	93
	(4.3)	(18.3)	(45.2)	(24.7)	(7.5)	(100%)
日本語学習をしている	11	143	132	29	3	318
	(3.5)	(45.0)	(41.5)	(9.1)	(.9)	(100%)

Total	15	160	174	52	10	411
	(3.6)	(38.9)	(42.3)	(12.7)	(2.4)	(100%)

(χ^2(4)=40.21, p〈.001)

〈表8〉をみると、日本語学習をしていると答えた学生は(1)とてもよい3.5%(2)よい45.0%であったが、日本語学習をしていないと答えた学生は、(1)とてもよい4.3%(2)よい18.3%であり、大きな差がみられた。また、(4)悪い(5)かなり悪いと答えた学生は日本語学習をしていると答えた学生がそれぞれ(4)9.1%(5)0.9%であったのに対して、日本語学習をしていないと答えた学生は(4)24.7%(5)7.5%であった。以上により、日本語学習をしている学生は日本語学習をしていない学生に比べて日本に対して、よいイメージをもっていることがわかる。

○現在日本語学習をしているか否か、と日本人に対するイメージ

次に、現在日本語学習をしているか否か、と日本人に対するイメージについて調査した。

〈表9〉 日本語学習の経験の有無と日本人に対するイメージ

	日本人に対するイメージ					Total
	とてもよい	よい	特に他の国の人と変わらない	悪い	かなり悪い	
日本語学習をしていない	-	15	60	17	2	94
	-	(16.0)	(63.8)	(18.1)	(2.1)	(100%)
日本語学習をしている	6	107	175	25	1	314
	(1.9)	(34.1)	(55.7)	(8.0)	(.3)	(100%)
Total	6	122	235	42	3	408
	(1.5)	(29.9)	(57.6)	(10.3)	(.7)	(100%)

(χ^2(4)=20.98, p〈.001)

〈表9〉をみると、日本語学習をしている学生が(1)とてもよい1.9%(2)よい34.1%であったのに対して、日本語学習をしていないと答えた学生は(1)とてもよい0%(2)よい16.0%であり、ここでもまた差異がみられた。また、(4)悪い(5)かなり悪いの欄を見ると、日本語学習をしていると答えた学生が、各々(4)8.0%(5)0.3%であったのに対して、日本語学習をしていないと答えた学生は(4)18.1%(5)2.1%であった。以上により、日本語学習をしている学生は、していない学生に比べて日本人に対して、よいイメージをもっていることが明らかになった。

3.1.5 日本語の学習期間の長、短による日本、日本人に対するイメージ

次に日本語の学習期間の長短による日本および日本人に対するイメージについて調査した。ここでは日本語学習の期間を半年未満、半年以上1年未満、1年以上2年未満、2年以上に分けて調査した。

○日本語の学習期間と日本に対するイメージ

〈表10〉 日本語の学習期間と日本に対するイメージ

		日本に対するイメージ					Total
		とてもよい	よい	特に他の国と変わらない	悪い	かなり悪い	
日本語の学習期間	半年未満	1	22	39	16	-	78
		(1.3)	(28.2)	(50.0)	(20.5)	-	(100%)
	半年以上1年未満	-	28	18	6	1	53
		-	(52.8)	(34.0)	(11.3)	(1.9)	(100%)
	1年以上2年未満	4	26	33	3	-	66
		(6.1)	(39.4)	(50.0)	(4.5)	-	(100%)

	2年以上	6	68	42	6	2	124
		(4.8)	(54.8)	(33.9)	(4.8)	(1.6)	(100%)
Total		11	144	132	31	3	321
		(3.4)	(44.9)	(41.1)	(9.7)	(.9)	(100%)

($\chi^2(12)=35.60$, $p<.001$)

〈表10〉を見ると、日本に対するイメージについては、日本語の学習期間が半年未満の学生が(1)とてもよい1.3%(2)よい28.2%であったのに対して学習期間が半年以上1年未満の学生は(1)とてもよい0%(2)よい52.8%、1年以上2年未満の学生は、(1)とてもよい6.1%、(2)よい39.4%、2年以上であると答えた学生は(1)とてもよい4.8%(2)よい54.8%であった。これをみると、(1)とてもよい(2)よいの合計が一番高かったのは、2年以上の学習者であり、次に高かったのは、半年以上1年未満の学習者であり、その次が1年以上2年未満、半年未満の学習者と続くことがわかる。また、(4)悪い(5)かなり悪いと答えた学生の比率が一番高かったのは、半年未満の学習者であり、次に半年以上1年未満の学習者、2年以上の学習者、1年以上2年未満の学習者と続き、必ずしも学習期間が長くなるにつれてイメージがよくなるとは言い難いが、半年未満と2年以上の学習者の答えをみると、長く学習した学生の方が、そうでない学生に比べて日本に対してよいイメージをもっているといえそうである。

○ 日本語の学習期間と日本人に対するイメージ

次に日本語の学習期間と日本人に対するイメージについてみていく。

〈表11〉 日本語の学習期間と日本人に対するイメージ

		日本人に対するイメージ					Total
		とてもよい	よい	特に他の国の人と変わらない	悪い	かなり悪い	
日本語の学習期間	半年未満	1	17	48	12	-	78
		(1.3)	(21.8)	(61.5)	(15.4)	-	(100%)
	半年以上1年未満	-	19	30	3	-	52
		-	(52.8)	(34.0)	(11.3)	-	(100%)
	1年以上2年未満	1	17	44	2	-	64
		(1.6)	(26.6)	(68.8)	(3.1)	-	(100%)
	2年以上	4	55	55	8	1	123
		(3.3)	(44.7)	(44.7)	(6.5)	(.8)	(100%)
Total		6	108	177	25	1	317
		(1.9)	(34.1)	(55.8)	(7.9)	(.3)	(100%)

(χ^2(12)=25.76,p〈.05)

〈表11〉をみると、日本人に対するイメージについては、学習期間が半年未満の学生が(1)とてもよい1.3%(2)よい21.8%であったのに対して、半年以上1年未満の学習者は(1)とてもよい0%(2)よい52.8%であり、1年以上2年未満の学習者は(1)とてもよい1.6%(2)よい26.6%、2年以上の学習者は、(1)とてもよい3.3%(2)よい44.7%であり、必ずしも学習期間が長くなるに従って、イメージがよくなるとはいえないようである。また、(4)悪い(5)かなり悪いに関しても同様のことがいえるが、学習期間が半年未満と2年以上の学生を比較すると、学習期間が長くなると日本人に対するイメージが肯定的になるといえそうである。

3.1.6 学習時期による日本、日本人に対するイメージ

次に学習時期と日本および日本人に対するイメージに関して調査

したが、調査結果をみると、学習時期とイメージとは関連がないことが明らかになった。

3.2 日本に対するイメージ形成に影響を与える要因について

3.2.1 日本に対するイメージに影響を与える要因

次に日本に対するイメージ形成に影響を与える要因について調査した。質問は、次のようであった。

以下の各事項は、あなたの日本に対するイメージ形成にどのくらい大きな影響を与えていますか。各事項につき影響の度合いを1つ選んでください。(影響の度合いは大、中、小、無の4段階で示した。)

(1)過去の日韓関係(2)日本の伝統文化(3)日本の映画、アニメ(4)日本の旅行(5)日本人観光客(6)新聞の報道(7)高等学校までの教育(8)日本のテレビ番組(9)現在の日本の経済(10)わが国と日本との貿易関係(11)日本の歌手、タレント(12)日本人日本語教師(13)韓国人日本語教師(14)日本製の商品(15)両国間の領土問題(16)現在の日本の政策(17)日本企業の活動(18)日本人留学生(19)ワールドカップ(20)大衆文化の開放(21)在日韓国人

日本に対するイメージを形成する際に影響を与える要因としては、学生の答えの多い順にあげると次のようになる。

①日本映画、アニメーション②日本の製品③過去の韓日関係④両国間の領土問題⑤大衆文化の開放⑥ワールドカップ⑦日本の歌手、

タレント⑧日本の流行⑨日本のテレビ番組⑩高等学校までの教育

〈表12〉をみると、日本映画やアニメーションが一位を占めていることは予想していたものの、やはり注目に値する。また、日本製品、過去の韓日関係や領土問題に加えて大衆文化開放、ワールドカップのような新しい要因の出現にもやはり注目すべきであろう。

〈表12〉日本に対するイメージに影響を与える要因

順位	影響を与えた要因	頻度数(名)
1	日本映画、アニメーション	205
2	日本製品	173
3	過去の韓日関係	168
4	両国間の領土問題	163
5	大衆文化開放	149
6	ワールドカップ	117
7	日本の歌手、タレント	96
8	日本の流行	93
9	日本のテレビ番組	83
10	高等学校までの教育	72
11	現在の日本の経済	70
12	現在の日本の政策	67
13	韓日間の貿易関係	60
14	新聞報道	59
15	韓国人の日本語教師	54
16	日本人の日本語教師	51
17	日本の企業の活動	50
18	日本の伝統文化	46
19	在日韓国人	42
20	日本人留学生	30
21	日本人観光客	27

3.2.2 日本人に対するイメージ形成に影響を与える要因について

次に、日本人に対するイメージ形成に影響を与える要因について調査した結果をあげておく。質問の内容は日本に対するものと同様であった。

日本人に対するイメージを形成する際に影響を与える要因について多い順にあげると、〈表13〉のようである。

①日本の映画、アニメーション②過去の韓日関係③ワールドカップ④日本の製品⑤日本の歌手、タレント⑥日本の流行⑦両国間の領土問題⑧大衆文化の開放⑨日本のテレビ番組⑩日本人観光客

これをみると、一位はやはり日本の映画、アニメーションであることがわかる。続いて過去の韓日関係、ワールドカップ、日本製品と続いており、日本に対するイメージ形成に影響を与える要因と殆んど同じであることがわかる。

〈表13〉 日本人に対するイメージ形成に影響を与える要因

順位	影響を与える要因	頻度数（名）
1	日本映画、アニメーション	153
2	過去の韓日関係	143
3	ワールドカップ	128
4	日本製品	122
5	日本の歌手、タレント	121
6	日本の流行	118
7	両国間の領土問題	117
8	大衆文化開放	110
9	日本のテレビ番組	99

10	日本人観光客	74
11	日本人の日本語教師	73
12	日本人留学生	66
13	現在の日本の政策	62
14	新聞報道	58
15	日本の伝統文化	53
16	高等学校までの教育	51
17	現在の日本の経済	48
18	韓国人の日本語教師	48
19	在日韓国人	48
20	日本の企業の活動	41
21	韓日間の貿易関係	33

3.3 日本語に対するイメージ

3.3.1 日本語に対するイメージと専攻分野

最後に、日本語に対するイメージについて調査した。

調査の結果をみると、日本語に対する全体のイメージは、(1)嫌い9.7%(2)好き48.1%(3)どちらでもない41.5%であったが、日本学科、日語日文学科の学生は(1)嫌い2.9%(2)好き69.1%(3)どちらでもない28.1%であり、教養日本語を履修している学生は、(1)嫌い10.8%(2)好き51.1%(3)どちらでもない38.1%、理工系の学生は、(1)嫌い16.0%(2)好き23.7%(3)どちらでもない60.3%であった。これらの結果から、日本語関連学科に所属し、学習している学生は、そうでない学生に比べて、日本語に対して肯定的なイメージをもっているといえそうである。

3.3.2 日本語に対する肯定的イメージと学習期間

次に日本語に対する肯定的イメージと学習期間について調査したが、日本語の肯定的イメージと日本語学習期間には、有意味な数値はみられなかった。

3.3.3 日本語に対する肯定的イメージと日本への訪問経験の有無

日本語に対する肯定的イメージと日本への訪問経験の有無との関連についても調査してみたが、日本への訪問経験の有無と日本語に対するイメージとは関連が無いという結果を得た。

次に、日本を訪問する目的についてあげておく。

〈表14〉 日本を訪問する理由

目的	頻度数(名)
観光	47
語学研修	27
交流プログラム	23
親戚訪問	9
その他	16

〈表14〉をみると、観光、語学研修、交流プログラム、親戚訪問の順に多いことがわかる。

4. おわりに

本章は、韓国の大学生がもっている日本、日本人および日本語に対するイメージについて調査した結果をまとめたものである。まず初めに、日本に対しては、全体的には、(1)とてもよい3.6%(2)よい38.8%(3)特に他の国と変わらない42.2%(4)悪い12.6%(5)かなり悪い2.4%であり、日本人に対しては、(1)とてもよい1.5%(2)よい29.6%(3)特に他の国と変わらない57.0%(4)悪い10.2%(5)かなり悪い0.7%であった。この結果をみると、全体的には日本に対しては比較的よいイメージをもっている学生が多いが、日本人に対しては、特に他の国と変わらないと答えた学生が多かったことがわかる。これらの結果により、日本語を学習するための社会的、心理的環境は、悪くないと言えよう。次に、日本への訪問経験の有無と日本、日本人に対するイメージに関して調査した。その結果、日本へ行ったことがあると答えた学生は、無いと答えた学生に比べて日本および日本人に対して、よいイメージをもっていることがわかった。また専攻によってもイメージの差がみられた。日本学科、日語日文学科の学生は他の学生に比べて日本、日本人に対してよいイメージをもっていることが明らかになった。これは、専攻分野だからよいイメージをもっているのか、よいイメージがあるから専攻しているのかはっきりしない。恐らく相互に作用していると思われるが、いずれにしてもよいイメージをもっていることは確かなようである。また、現在日本語を学習しているか、否かによっても日本および日本人に対するイメージが異なることがわかった。日本語を学習している学生は、学習していない学生に比べて日本、日本人に対してよいイメージをもっており、学習期間が長くなると、イメージがよくなる傾向があることも明らかになった。しかし、学習時期とイメージとはあまり関係がないようである。また、これらのイメージを形成するうえで影響を与える要因についても調査してみた。その結果、アニメーションや過去の日韓関係等の影響が大であることがわかったが、今回の調査では、これらの要因が、プラスのイメージを形成しているのか、それともマイナスのイメージを形成する要因となっているのかという点については明らかにすることができなかった。最後に日本語に対するイメージに関する調査も行った。その結果、全体的には、好きであると答えた学生が48.1%、嫌いであると答えた学生が9.7%、どちらでもないと答えた学生が41.5%であった。この結果をみると、好きであると答えた学生が嫌いであると答えた学生より、かなり多いことがわかる。先に、言語を学習する時には、その言語に対してもっているイメージも学習意欲、学習効果に影響を与えると述べたが、今回の調査の結果、学生達は日本、日本人、日本語に対して全体的には比較的よいイメージをもっていることがわかった。特に、日本語学習をしている学生達は、そうでない学生に比べて、日本に行ったことがある学生はそうでない学生より、よいイメージをもっていることが明らかになり、かつて心配されたような日本語学習の障害となるような悪いイメージはもっていないと思われる。従って、学習意欲も十分にあり、かつての日本語学習者達がもっていたような、日本語を学ぶことに対する「後ろめたさ」のようなものは感じられない時代になったといえそうである。今後は、学習者達がより意欲的に、かつ効果的に学習できるような教材、

教授法等のさらなる開発が望まれる。

参考文献

金永佑(1977)「韓国における日本語教育の現状と問題点」『日本語教育』32日本語教育学会
稲葉継雄(1986)「韓国における日本語教育の歴史」『日本語教育』60日本語教育学会
任栄哲(1989)「日本語は韓国人にどう評価されているか」『月刊言語』大修館書店
生越直樹(1991)「韓国における日本語教育概観」『講座日本語と日本語教育』第16巻明治書院
齊藤明美(1994)「日本語教育の歴史と大学生の意識」『論集』22 駒澤大学大学院国文学会
齊藤明美(1996)「日本語学習者の意識調査研究」『人文学研究』2・3集翰林大学校人文学研究所(原文は韓国語)
齊藤明美(1999)「日本語学習者に対する基礎調査」『人文学研究』第6集翰林大学校人文学研究所(原文は韓国語)
篠原信行(2000)「台湾の高等教育機関における日本語学習者の背景と学習環境」『日本言語文芸研究』第1号台湾日本言語文芸研究学会

第4章　韓国における日本語学習と日本，日本語に対するイメージ形成
−台湾調査との比較を中心に−

齊藤明美

1. はじめに

韓国における日本語教育の現状については、今まですでに多くの研究、報告がなされてきた。また、台湾の日本語教育についても多くの論文が発表されてきたが、韓国と台湾の日本語教育について調査し、対照的に比較した研究はあまりないと思われる。また、韓国における日本に対するイメージ、あるいは台湾における日本に対するイメージ調査は、今までもさまざまな形で行われてきたが、日本語の学習経験と日本、日本語のイメージについて研究したものはあまりない。また、同じ日本語を学習するといっても、母語やそれぞれの国の事情が異なれば学習動機や学習方法が異なる場合がある。そして、それぞれの国の学習者の現状を正しく把握し、今後の日本語教育に役立てていく必要があると思われる。

ここでは、韓国と台湾で行ったアンケート調査の結果をもとに、韓国と台湾における日本語学習の現状を報告するとともに、両国における日本、日本語に対するイメージと、日本に対するイメージ形成に影響を与えた要因について述べる。

2. 調査の概要

2.1 調査の対象と方法

韓国でのアンケート調査は、2003年5月に江原道にあるA大学の学生232名とソウルのB大学の学生180名とを対象に行った。日本語学習や日本·日本語との関係を考慮して、日本語関係学科の学生139名、教養日本語受講生141名、理工系学生132名の3つのグループに対して調査した[1)]。台湾での調査は、篠原信行が2003年5月から6月にかけて、台湾北部の大学2校、南部の大学1校で行い、学生数は474名であり、現在日本語を学習している学生297名、かつて日本語を学習したが現在は学習していない学生58名、学習経験のない学生119名であった。ここでも日文系の学生と日本語を学習している日文系以外の学生、理工系学生の3つのグループに対して調査した。尚、日本語学習に関するアンケート調査の対象者は、1年以上日本語を学習したことのある学生に限定した。その理由は、ある程度日本語の基礎を理解したうえで回答したほうが、確かな結果が得られると考えたからである。

2.2 調査の内容

調査表は、フェイスシート、日本、日本人、日本語に対するイメージに関する質問、日本語学習に対する質問からなる。

1) 調査方法は無記名で、授業時間に調査用紙を配布し、その場で回答してもらい回収した。台湾での調査も同様の方法で行った。

3. 韓国と台湾における日本語学習について

3.1 学習動機

はじめに韓国と台湾における日本語学習者の学習動機についてみていく。

(*尚、ここにあげた質問項目は、韓国で用いた質問紙の日本語版であり、台湾のものと若干異なる場合がある。)

○ なぜ日本語を学習していますか。(複数選択可)

a.日本のことが知りたい b.他の外国語より面白そうだ c.易しそうだ d.日本·日本人·日本文化に興味がある e.日本語が指定されていて学習せざるを得なかった f.マスコミの影響を受けた g.友人の影響を受けた h.父母の影響を受けた i.日本の映画·テレビ番組に興味がある j.日本の漫画·アニメに興味がある k.日本語の文献·資料を読むため l.日本へ行くため m.単位が必要 n.就職をする o.留学する p.その他

韓国と台湾の大学生の学習動機の1位から10位を〈表1〉〈図1〉に示した。これをみると、韓国における日本語学習者の学習動機と台湾における学習動機の1位が、「日本、日本人、日本文化に興味がある」となっており、同じであることがわかる。また、「日本の漫画、アニメに興味がある」「日本の映画、テレビ番組に興味がある」「日本のことが知りたい」「単位が必要」なども両国において上位に位置していることがわかる。しかし、台湾のほうが全体的にパーセンテージの数値が高いことは興味深い。

〈表1〉韓国と台湾における日本語の学習動機

順位	日本語の学習動機	韓国(%)	台湾(%)
1	日本、日本人、日本文化に興味がある	50.5	62.7
2	日本の漫画、アニメに興味がある	42.0	49.2
3	単位が必要	41.6	38.3
4	日本のことが知りたい	40.5	37.9
5	日本の映画、テレビ番組に興味がある	34.2	62.1
6	就職をする	29.4	35.4
7	ほかの外国語より面白そうだ	29.0	42.8
8	易しそうだ(学びやすそうだ)	24.9	24.4
9	日本へ行くため	23.0	35.4
10	日本語が指定されていて学習せざるを得ない	19.9	36.0
11	留学する	9.5	18.3
12	友人の影響を受けた	9.5	13.2
13	日本語の文献資料を読むため	8.5	11.3
14	マスコミの影響を受けた	8.2	36.7
15	父母の影響を受けた	5.4	9.3
16	その他	5.0	

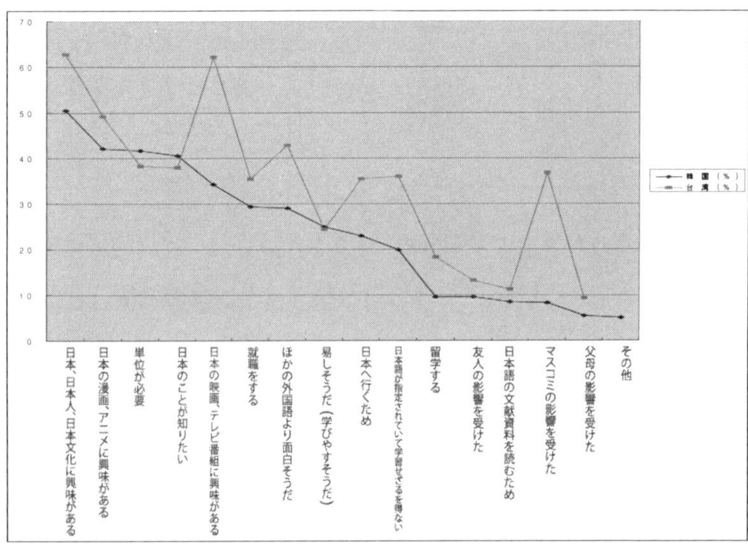

〈図1〉韓国と台湾における日本語の学習動機

篠原(2004)によると、「台湾の大学レベルでの日本語学習者の学習の動機としては、日本に対する興味が最も大きな動機であること、またその学習の動機はここ数年について見れば特に大きな変化は見られないことが指摘できる」とある。また、齊藤明美(2004b)には、「日本文化、漫画、アニメ、映画、テレビ等に対する興味が、日本語学習の動機となっているのは、まさに日本文化の開放の時期にぴったりの回答だとも言えよう」とある。なお、齊藤明美(1999)においても学習動機の1位は「日本や日本文化に関心がある」であり、韓国においても台湾においても学習動機が似ているといえよう。

3.2 日本語学習者にとって難しいものはなにか

3.2.1 韓国と台湾の日本語学習者にとって難しいこと

ここでは韓国と台湾の日本語学習者が難しいと思っていることについて尋ねた。

○ あなたにとって日本語で難しいのは下のどれですか。
(複数選択可)
a.会話 b.聴解 c.読解 d.作文 e.その他

調査結果は、〈表2〉〈図2〉のとおりである。

〈表2〉韓国と台湾の日本語学習者にとって難しいこと

	韓国(%)	台湾(%)
会話	42.1	42.7
聴解	50.8	59.2
読解	21.3	24.4
作文	47.6	65.2

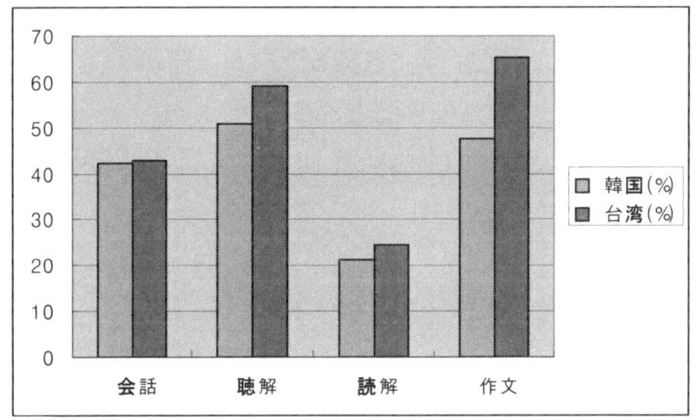

〈図2〉韓国と台湾の日本語学習者にとって難しいこと

調査の結果をみると、韓国の学生は聴解、作文、会話、読解の順に難しいと感じ、台湾の学生は、作文、聴解、会話、読解の順に難しいと感じており、韓国と台湾の学習者の間で作文と聴解の順序が入れかわっていることがわかる。これは、台湾の学生にとっては、母語と文法体系の異なる日本語の作文は何よりも難しく感じ、韓国の学生にとっては、日本語と韓国語は類似点も多いので、作文より聴解のほうが難しく感じられるのであろうとも考えられる。

次に具体的な項目をあげ、もう少し詳しく尋ねてみた。

○ 日本語を学習するとき、あなたにとって難しいのは何ですか。(複数選択可)

a.漢字 b.発音 c.アクセント d.ひらがな·カタカナ e.単語 f.助動詞 g.助詞 h.外来語 i.動詞の変化 j.敬語 k.やり·もらい l.日本語らしい表現 m.受け身 n.インフォーマルな会話 o.その他

調査結果は〈表3〉〈図3〉のとおりである。

ここでは、韓国と台湾で、数値に大差がみられた項目をまとめた。

〈表3〉韓国と台湾の日本語学習者にとって難しいこと

順位	難しいこと	韓国(%)	台湾(%)
1	漢字	68.3	4.8
2	日本語らしい表現	52.4	53.5
3	敬語	33.5	37.3
4	動詞の変化	25.4	49.4
5	インフォーマルな会話	25.4	37.3
6	発音·アクセント	24.8	32.2
7	単語	22.9	17.8
8	受け身	18.5	31.5
9	外来語	18.5	27.1
10	やり·もらい	14.7	31.5
11	時制	10.7	31.8
12	助動詞	9.7	37.6
13	助詞	9.4	45.5
14	ひらがな·カタカナ	8.2	7.0

〈表3〉〈図3〉は、韓国の学生が難しいと感じる項目順に並べたものであるが、韓国の学習者がいちばん難しいと答えた漢字は、台湾の学習者にとっては最も易しく感じられ、韓国の学生にとって易しく

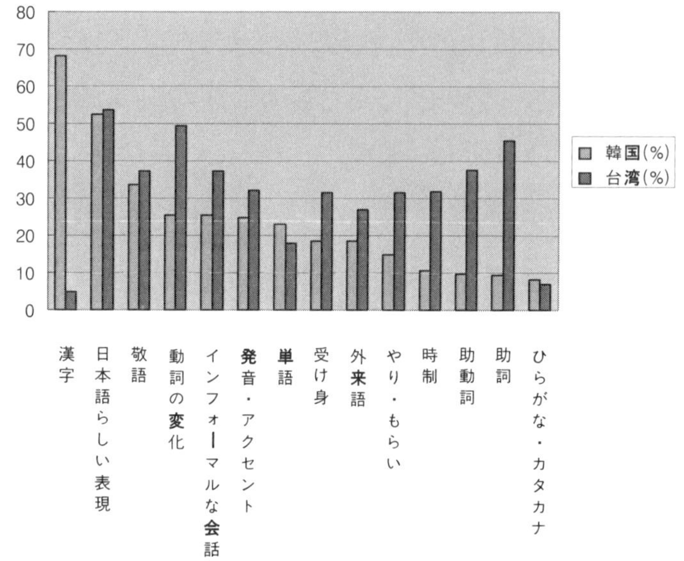

〈図3〉韓国と台湾の日本語学習者にとって難しいこと

感じられる助詞や助動詞が、台湾の学生にとっては難しく感じられることがわかる。このような結果になった理由も、やはり目標言語と母語との関係によるのではないかと思われる。韓国語には、日本語の助詞、助動詞にあたることばがあるが、中国語にはないからである。また、韓国の学生が漢字を難しいと感じるのは、韓国の漢字は日本の漢字のように音読と訓読で読み分ける必要がないからであると思われる。

3.2.2 日本語は英語と比べて難しいことばであるか

次に、日本語は英語と比べてどんなことばだと思っているのか尋ねた。

○ 英語と比べて日本語はどんな言語だと思いますか。

a.英語より難しい。 b.英語と比べて特に変りはない。難しくも易しくもない。 c.英語より易しい

調査結果は〈表4〉〈図4〉のとおりである。

〈表4〉英語と比べて日本語は難しいか

	韓国(%)	台湾(%)
英語より難しい	10.4	37.9
英語と変らない	36.4	43.0
英語より易しい	53.6	19.1

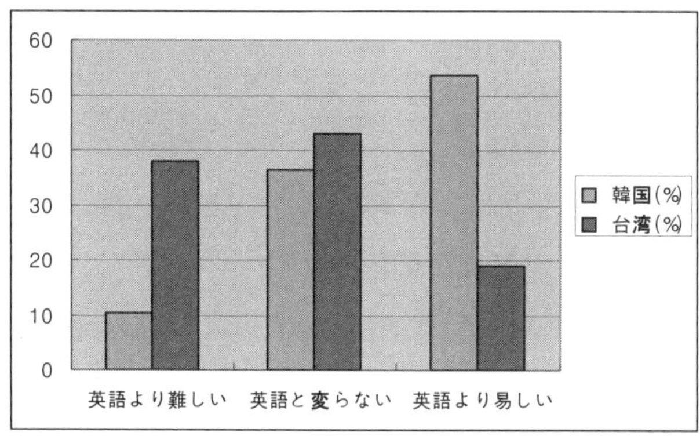

〈図4〉英語と比べて日本語は難しいか

調査の結果をみると、韓国の学習者は、日本語は英語より易しいと感じている学生が多く、台湾の学習者は、英語と変らないと答えている学生が多いことがわかる。ここでは、理由を尋ねていないので、なぜ、このような結果になったのかわからないが、目標言語と母語との関係が難易度の決定に影響を及ぼしている可能性もあると

考えられる。

3.3 韓国と台湾の学習者の現在の日本語レベルと到達目標

韓国と台湾の日本語学習者に現在の日本語能力と将来の目標レベルについて尋ねた。

調査結果は、会話〈表5〉〈図5〉〈表6〉〈図6〉、聴解〈表7〉〈図7〉〈表8〉〈図8〉、読解〈表9〉〈図9〉〈表10〉〈図10〉、作文〈表11〉〈図11〉〈表12〉〈図12〉のとおりであった。

3.3.1 会話

○ 現在、自身の日本語の能力で何ができると思いますか。また将来、日本語がどのくらいできれば満足ですか。

*日本語の会話について

a.よくできる(専門的な討論ができる)

b.できる(日本で一人で旅行ができる)

c.すこしできる(日本語で会話ができる)

d.ほとんどできない

〈表5〉現在のレベルと目標レベル(会話·韓国)

	現在のレベル(%)	目標レベル(%)
よくできる	2.3	56.4
できる	18.1	40.6
すこしできる	40.5	2.6
ほとんどできない	39.2	0.3

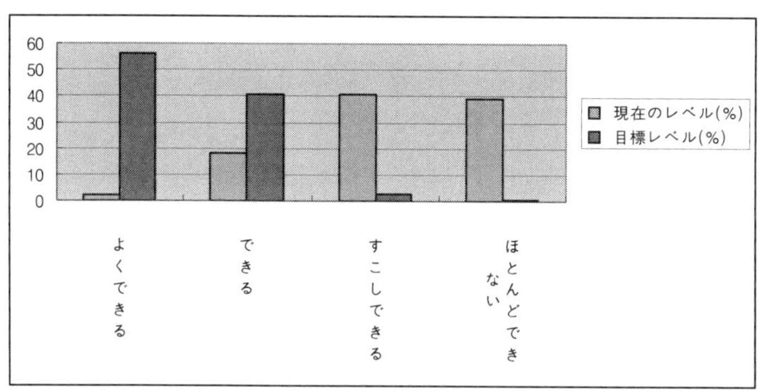

〈図5〉現在のレベルと目標レベル(会話·韓国)

〈表6〉現在のレベルと目標レベル(会話·台湾)

	現在のレベル(%)	目標レベル(%)
よくできる	0	35.8
できる	4.7	58.4
すこしできる	56.8	5.8
ほとんどできない	38.5	0

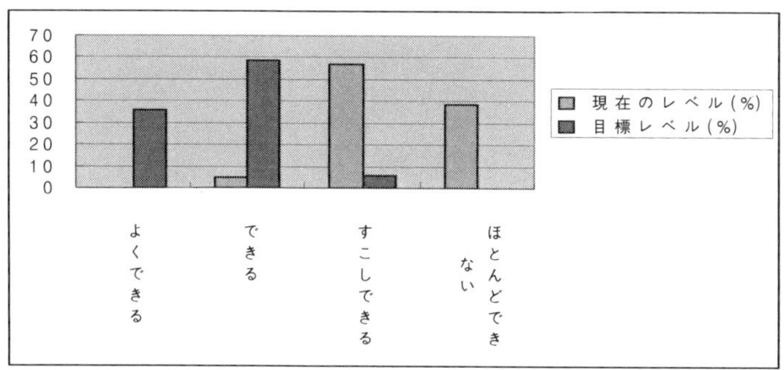

〈図6〉現在のレベルと目標レベル(会話·台湾)

調査の結果をみると、会話力は、韓国の学習者においても台湾の学習者においても、「すこしできる」と思っている人が最も多く、続いて「ほとんどできない」「できる」「よくできる」の順になっている。しかし、将来の目標レベルをみると、韓国の学習者の多くが「よくできる」と答えているのに対して、台湾の学習者は「できる」を選択している人が多い。このような結果から、韓国の学習者のほうが、台湾の学習者に比べて将来の目標レベルが高いことがわかる。

3.3.2 聴解

○ 現在、自身の日本語の能力で何ができると思いますか。また将来、日本語がどのくらいできれば満足ですか。

*日本語の聴解ついて

a. よくできる(テレビを見たり、ラジオを聴いた時内容が十分に理解できる程度)

b. できる(テレビドラマで言っている内容がおおよそわかる)

c. すこしできる(テレビドラマの内容がすこし理解できる)

d. ほとんどできない

〈表7〉現在のレベルと目標レベル(聴解·韓国)

	現在のレベル(%)	目標レベル(%)
よくできる	3.9	70.6
できる	15.2	24.1
すこしできる	34.6	4.6
ほとんどできない	46.3	0.7

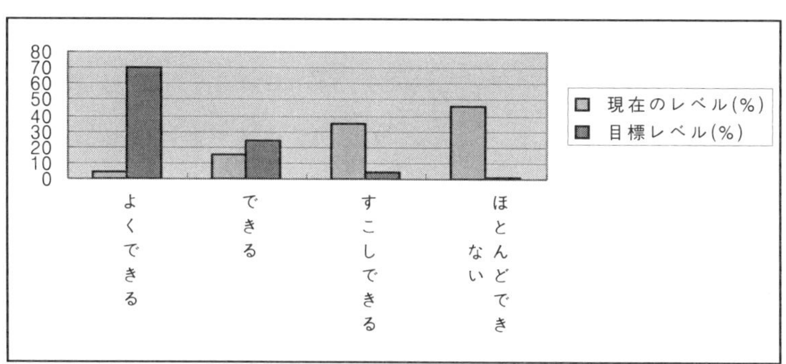

〈図7〉現在のレベルと目標レベル(聴解·韓国)

〈表8〉現在のレベルと目標レベル(聴解·台湾)

	現在のレベル(%)	目標レベル(%)
よくできる	0.4	66.3
できる	8.2	30.8
すこしできる	61.3	2.5
ほとんどできない	30.1	0.4

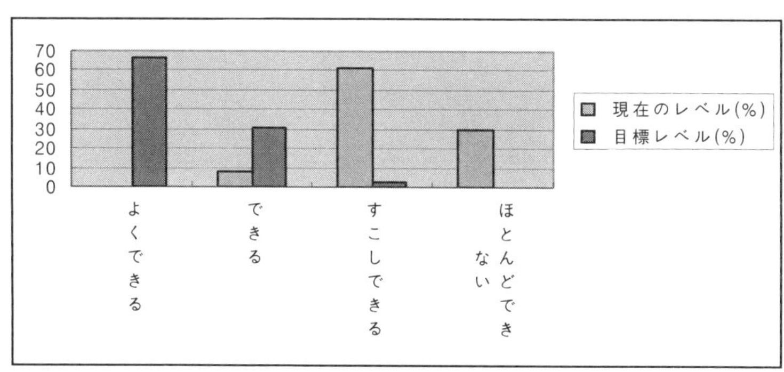

〈図8〉現在のレベルと目標レベル(聴解·台湾)

調査の結果をみると、現在のレベルにおいては、韓国の学習者は「ほとんどできない」と答えた人が多かったが、台湾の学習者においては「すこしできる」と答えた人が最も多かった。また、目標レベルをみると、韓国においても台湾においても「よくできる」を選択した人が最も多かったが、台湾の学習者が66.3%であったのに対して、韓国の学習者は70.6%であり、韓国の学習者のほうが目標レベルが高い人が多いことがわかる。

3.3.3 読解

○ 現在、自身の日本語の能力で何ができると思いますか。また将来、日本語がどのくらいできれば満足ですか。

*日本語の読解ついて

a. よくできる(辞書を引かずに小説が読める)

b. できる(辞書を引かずに新聞が読める)

c. すこしできる(辞書を引きながら新聞が読める)

d. ほとんどできない

〈表9〉現在のレベルと目標レベル(読解·韓国)

	現在のレベル(%)	目標レベル(%)
よくできる	1.6	67.5
できる	11.0	26.5
すこしできる	52.1	5.3
ほとんどできない	35.3	0.7

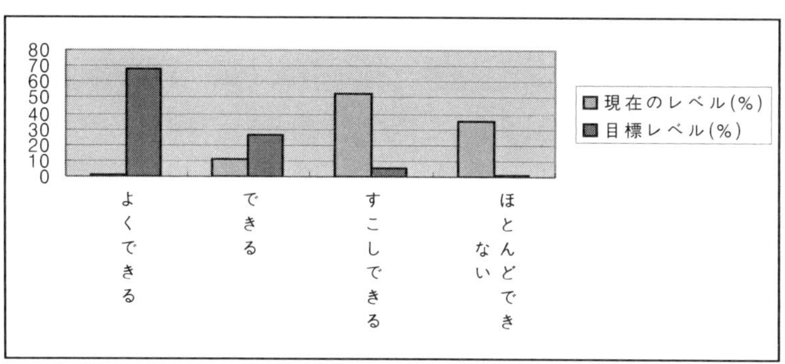

〈図9〉現在のレベルと目標レベル(読解·韓国)

〈表10〉現在のレベルと目標レベル(読解·台湾)

	現在のレベル(%)	目標レベル(%)
よくできる	0.4	55.8
できる	3.6	35.0
すこしできる	54.3	8.8
ほとんどできない	41.7	0.4

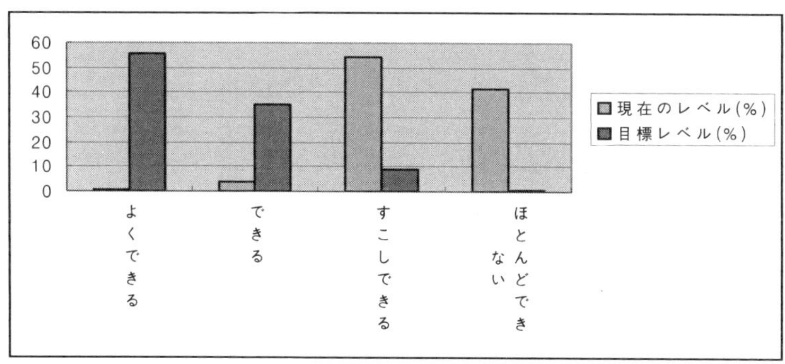

〈図10〉現在のレベルと目標レベル(読解·台湾)

調査の結果をみると、読解の現在のレベルでは、韓国の学習者においても台湾の学習者においても「すこしできる」と答えている人が最も多く、将来の目標レベルでは「よくできる」を選択した人が多かったが、パーセンテージをみると、韓国が67.5%であるのに対して、台湾は55.8%であった。読解においてもやはり、韓国の学習者が台湾の学習者に比べて目標レベルが高い学生が多いといえる。

3.3.4 作文

○ 現在、自身の日本語の能力で何ができると思いますか。また将来、日本語がどのくらいできれば満足ですか。

*日本語の作文について

a.よくできる(レポートが書ける)

b.できる(メールが書ける)

c.すこしできる(簡単なメモが書ける)

d.ほとんどできない

〈表11〉現在のレベルと目標レベル(作文·韓国)

	現在のレベル(%)	目標レベル(%)
よくできる	5.2	62.7
できる	20.4	33.0
すこしできる	41.4	4.0
ほとんどできない	33.0	0.3

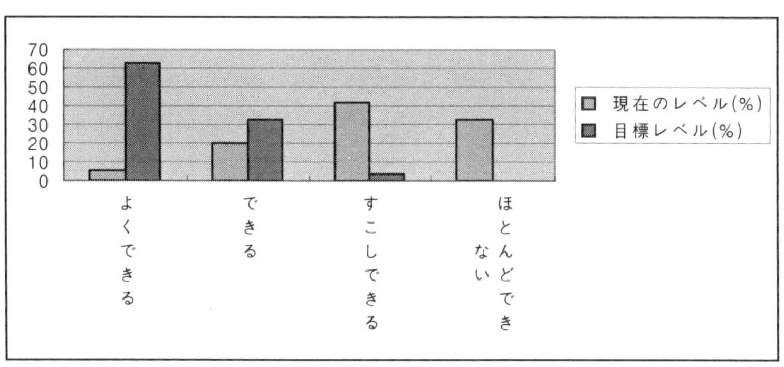

〈図11〉現在のレベルと目標レベル(作文·韓国)

〈表12〉現在のレベルと目標レベル(作文·台湾)

	現在のレベル(%)	目標レベル(%)
よくできる	0	53.1
できる	9.7	36.4
すこしできる	39.4	10.2
ほとんどできない	50.9	0.4

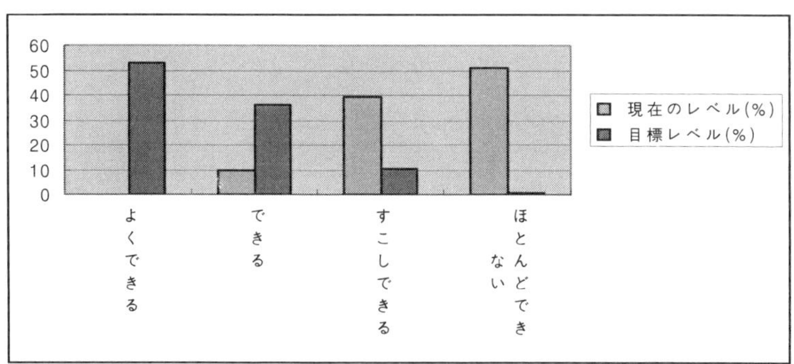

〈図12〉現在のレベルと目標レベル(作文·台湾)

調査の結果をみると、韓国の学習者の現在のレベルに関する回答の中で最も多かったのは、「すこしできる」であったが、台湾では「ほとんどできない」であった。また、将来の目標レベルにおいては、韓国も台湾も「よくできる」を選択した学習者が多かったが、韓国が62.7%であったのに対して、台湾は53.1%であり、韓国の学習者のほうが目標レベルが高い人が多いことがわかる。

以上の結果から、会話、聴解、読解、作文、すべての項目において、韓国の学生が台湾の学生に比べて将来の目標レベルを高く設定していることが明らかになった。

3.4 日本語学習の将来性

ここでは、日本語学習をして、将来役に立つかどうかを尋ねている。

○ 日本語を勉強して、将来役に立つと思いますか。

1.はい　2.いいえ　3.その他

調査結果は〈表13〉〈図13〉のとおりである。

〈表13〉日本語は将来役に立つか

	韓国(%)	台湾(%)
はい	86.9	89.6
いいえ	8.0	5.3
その他	5.1	5.1

調査の結果をみると、韓国の学生も台湾の学生も日本語が将来役に立つと考えていることがわかる。

次に具体的にどのように役に立つと思うのか尋ねた。

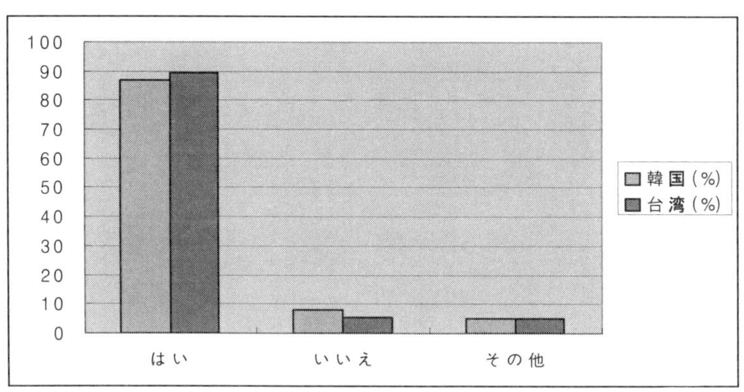

〈図13〉日本語は将来役に立つか

○ 1.を選んだ人→具体的にどのような点で役に立つと思いますか。(複数選択可)

1.仕事をする時 2.就職する時 3.観光旅行に行く時 4.日本の状況を知るため 5.日本人とコミュニケーションする時 6.専門の技術·情報を知るため 7.昇進する時 8.その他(韓国のみ)

調査結果は、〈表15〉〈図15〉のとおりである。

〈表14〉日本語は将来何に役立つか

	韓国 (%)	台湾 (%)
就職する時	50.1	30.0
仕事をする時	49.0	78.7
日本人とコミュニケーションする時	48.2	67.8
専門の技術·情報を知るため	43.7	48.7
観光旅行に行く時	37.5	22.2
昇進する時	11.0	25.2
日本の状況を知るため	10.1	28.4
その他	3.9	

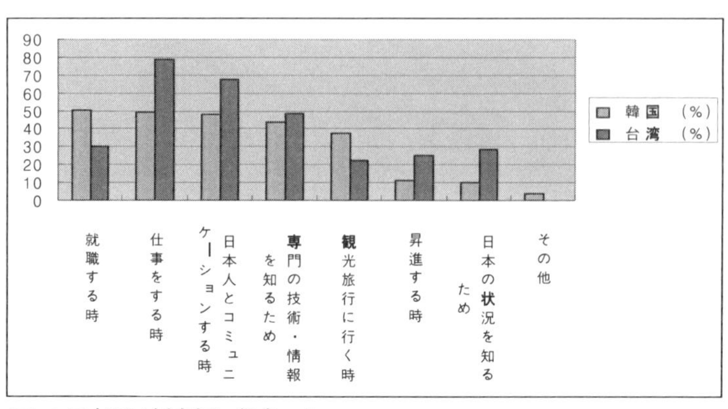

〈図14〉日本語は将来何に役立つか

調査の結果をみると、韓国では、就職する時、仕事をする時に役に立つ、日本人とコミュニケーションする時の順に多く、台湾では、仕事をする時、日本人とコミュニケーションする時、専門の技術·情報を知るための順に多かったことがわかる。

4. 日本·日本語に対するイメージ

4.1 韓国と台湾の日本に対するイメージ

次に日本に対するイメージについて尋ねた。

○ あなたは日本に対してどんなイメージを持っていますか。

a.とてもよい　b.よい　c.特に他の国と変らない

d.悪い　e.かなり悪い

調査結果は〈表15〉〈図15〉のとおりである。

〈表15〉韓国と台湾の日本に対するイメージ

	韓国 (%)	台湾 (%)
とてもよい	3.6	19.0
よい	38.9	64.2
他の国と変らない	42.3	9.3
悪い	12.7	6.5
かなり悪い	2.4	1.1

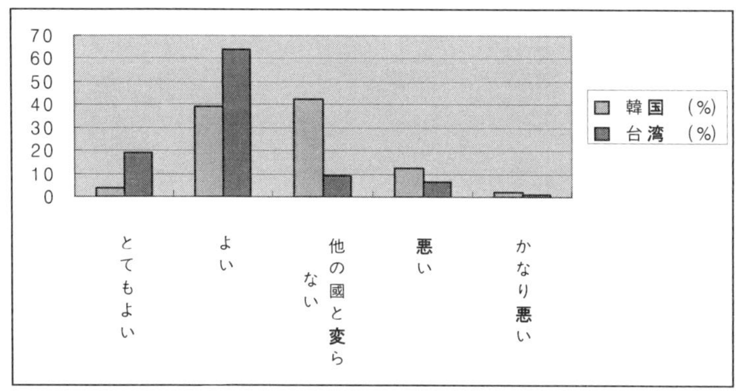

〈図15〉韓国と台湾の日本に対するイメージ

調査の結果をみると、韓国より台湾の大学生のほうが日本に対してよいイメージをもっている人が多いことがわかる。韓国においては「とてもよい」と「よい」の合計が42.5%であるのに対して、台湾においては83.2%であり、大きな違いがある。また、韓国においては「他の国と変らない」が42.3%であり、台湾は9.3%であった。

4.2 専門分野と日本に対するイメージ

韓国と台湾の学生の専門分野と日本に対するイメージの調査結果は〈表16〉〈表17〉のとおりである。

〈表16〉専門分野と日本に対するイメージ(韓国) (%)

	日本語関係学科	教養日本語履修者	理工系学生
とてもよい	2.9	4.3	3.8
よい	59.7	36.9	19.1
他の國と変らない	34.5	37.6	55.7
悪い	2.2	19.1	16.8
かなり悪い	0.7	2.1	4.6

〈表17〉専門分野と日本に対するイメージ(台湾) (%)

	日本語学習者	過去に学習した学生	未学習者
とてもよい	24.9	17.9	5.9
よい	64.3	66.7	62.2
他の國と変らない	5.1	10.3	18.5
悪い	5.4	5.1	10.1
かなり悪い	0.3	0	3.4

調査の結果をみると、韓国においても台湾においても専門分野によって、または日本語学習者であるか、未学習者であるかによってイメージが異なっていることがわかる。韓国の場合は、日本語関係学科、教養日本語履修者、理工系学生の順によいイメージをもっており、日本語学習者は未学習者に比べてよいイメージをもっているといえる。また台湾においては、現在日本語を学習している学生の89.2%が日本に対してよいイメージをもっていることがわかる。また、かつて日本語を学習したことのある学生の84.6%がよいイメージをもっており、未学習者の68.1%に比べて高い数値を示していることがわかる。しかし、台湾の数値は韓国に比べてずいぶん高い。韓国においていちばんいいイメージをもっていると思われる日本語関係学科の「とてもよい」と「よい」を合わせた数値は62.6%であり、台湾の未学習者の数値より低いことがわかる。

4.3 日本に対するイメージ形成の要因

次に、韓国と台湾の学生がもっている日本に対するイメージ形成に影響を与えた要因について述べる。

○ 以下の各事項は、あなたの日本に対するイメージ形成にどのくらい大きな影響を与えていますか。各事項につき、影響の度合いをひとつ選んでください。(影響の度合いを大·中·小で尋ねたが、ここでは大にチェックした結果をまとめた。)

1.過去の日韓関係 2.日本の伝統文化 3.日本の映画·アニメ 4.日本の流行 5.日本人観光客 6.新聞の報道 7.高等学校までの教育 8.日本のテレビ番組 9.現在の日本の経済 10.我国と日本との貿易関係 11.日本の歌手·タレント 12.日本人日本語教師 13.韓国人日本語教師 14.日本製の商品 15.両国間の領土問題 16.現在の日本の政策 17.日本企業の活動 18.日本人留学生 19.ワールドカップ 20.大衆文化の開放 21.在日韓国人

調査結果は〈表18〉〈図16〉のとおりであるが、ここでは韓国の質問項目を基準にして、台湾との共通項目について述べる。台湾の質問用紙には、「大衆文化解放」「ワールドカップ」「在日韓国人」の項目はみられない。そのかわり、19「日本へ行ったときの経験(16.1%)」20「日本の大学、大学生との交流(9.0%)」21「過去の日台関係(14.5%)」について尋ねている。

〈表18〉日本のイメージ形成の要因

順位	影響を与えた要因	韓国(%)	台湾(%)
1	日本映画(漫画)·アニメーション	50.1	52.8
2	日本製品	42.1	51.4
3	過去の日韓(日台)関係	40.8	22.0
4	両国間の領土問題	39.7	13.0
5	大衆文化開放	36.4	0
6	ワールドカップ	28.6	0
7	日本の歌手、タレント	23.3	40.5
8	日本の流行	22.6	40.5
9	日本のテレビ番組	20.1	46.7
10	高等学校までの教育	17.5	5.1
11	現在の日本の経済	17.0	11.7
12	現在の日本の政策	16.3	6.2
13	日韓(日台)間の貿易関係	14.6	10.7
14	新聞(ニュース)報道	14.4	8.5
15	韓国人(中華民国籍)の日本語教師	13.1	16.3
16	日本人の日本語教師	12.4	16.5
17	日本の企業の活動	12.2	7.7
18	日本の伝統文化	11.2	24.5
19	在日韓国人	10.3	0
20	日本人留学生	7.3	9.0
21	日本人観光客	6.6	8.2

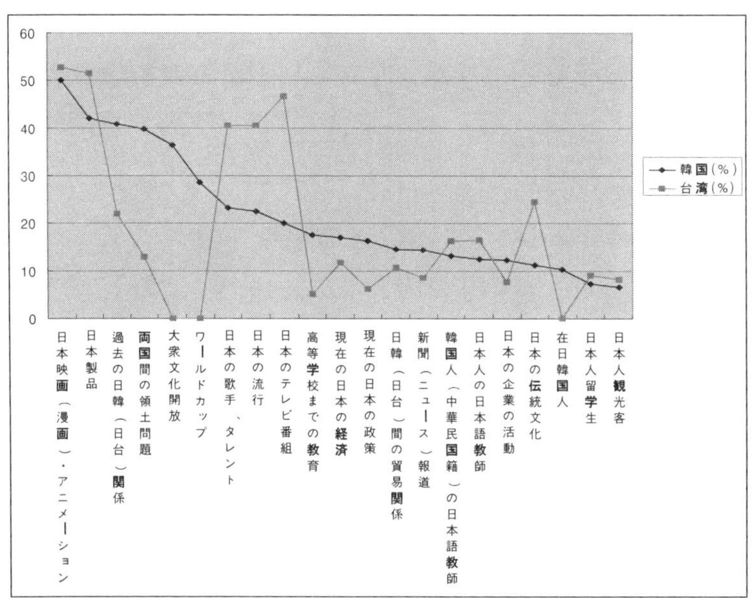

〈図16〉日本のイメージ形成の要因

調査の結果をみると、1位と2位はよく似ているが、台湾の3位に「日本のTV番組」があるのが注目される。前に述べたように、台湾では日本のテレビ番組を数多く放送しているので、このような結果になったと思われる。また、韓国においては「過去の韓日関係」や「両国間の領土問題」がイメージ形成に大きな影響を与えているのに対して、台湾では、「過去の日台関係」がそれほど影響を与えていないのは大きな違いである。また、韓国における「大衆文化開放」「ワールドカップ」のような2003年の時点では新しい要因の出現も注目される。

4.4 日本語に対するイメージ

韓国と台湾の学習者に日本語に対するイメージについて尋ねてみた。

○ あなたは日本語に対してどんなイメージを持っていますか。
(各項目ごとにひとつを選んでください。)

(1)ぞんざい·丁寧·どちらでもない (2)汚い·きれい·どちらでもない (3)乱暴·おだやか·どちらでもない (4)嫌い·好き·どちらでもない (5)重苦しい·軽快·どちらでもない (6)聞き取りにくい·聞き取りやすい·どちらでもない (7)非能率的·能率的·どちらでもない (8)くどい·あっさりしている·どちらでもない (9)遅い·速い·どちらでもない (10)固い·柔らかい·どちらでもない (11)難しい·易しい·どちらでもない

調査結果は、〈表19〉〈図17〉〈図18〉〈図19〉〈図20〉〈図21〉〈図22〉〈図23〉〈図24〉〈図25〉〈図26〉〈図27〉のとおりである。

〈表19〉韓国と台湾の日本語に対するイメージ

		韓国(%)	台湾(%)
1	ぞんざい	7.3	3.0
	丁寧	48.7	78.4
	どちらでもない	44.0	18.6
2	汚い	7.8	3.8
	きれい	14.8	59.8
	どちらでもない	77.4	36.3
3	乱暴	6.8	3.6

	おだやか	36.2	70.4
	どちらでもない	57.0	26.0
4	嫌い	9.8	10.0
	好き	48.4	60.6
	どちらでもない	41.8	29.4
5	重苦しい	22.3	21.5
	軽快	28.9	41.2
	どちらでもない	48.8	37.3
6	聞き取りにくい	33.9	46.0
	聞き取りやすい	35.1	30.8
	どちらでもない	31.0	23.0
7	非能率的	21.6	29.3
	能率的	25.3	34.9
	どちらでもない	53.1	35.8
8	くどい	13.5	46.6
	あっさりしている	31.6	27.1
	どちらでもない	54.9	26.2
9	遅い	7.3	17.9
	速い	59.6	59.4
	どちらでもない	33.1	22.6
10	固い	27.1	17.8
	柔らかい	32.7	48.2
	どちらでもない	40.2	34.0
11	難しい	34.5	45.0
	易しい	27.9	14.9
	どちらでもない	37.6	40.0

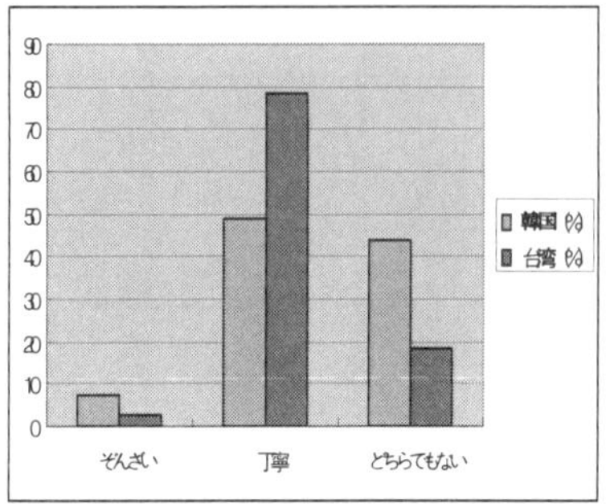

〈図17〉ぞんざい·丁寧·どちらでもない

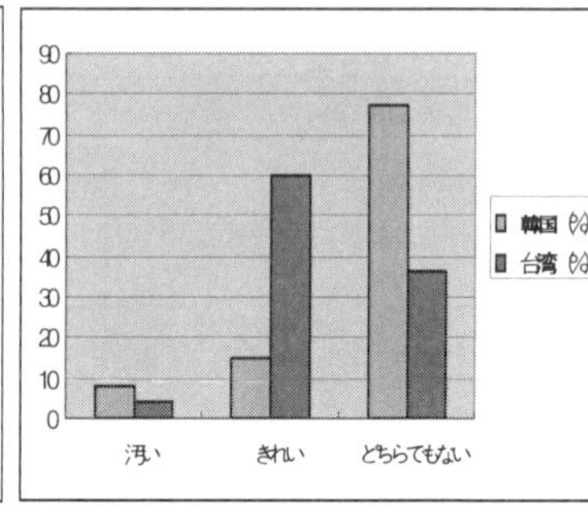

〈図18〉汚い·きれい·どちらでもない

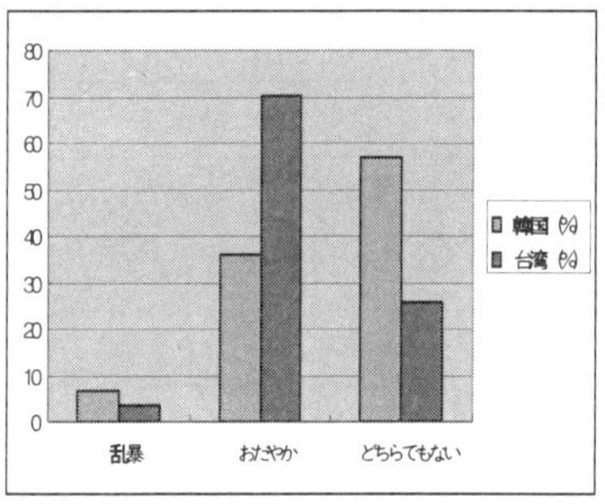

〈図19〉乱暴·おだやか·どちらでもない

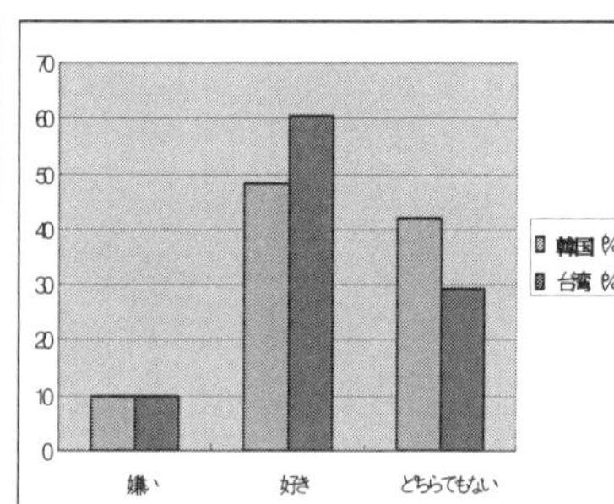

〈図20〉嫌い·好き·どちらでもない

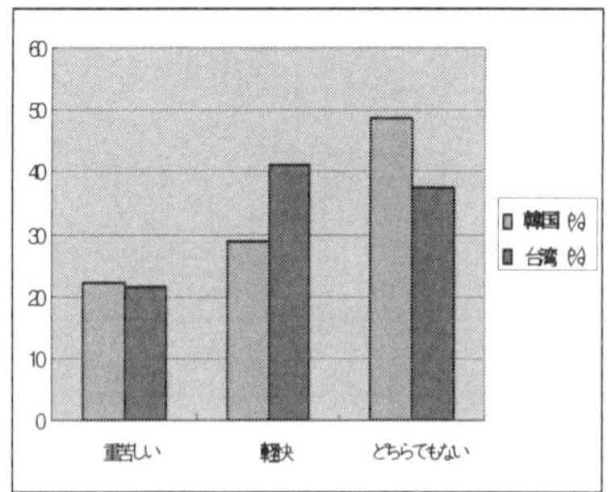

〈図21〉重苦しい·軽快·どちらでもない

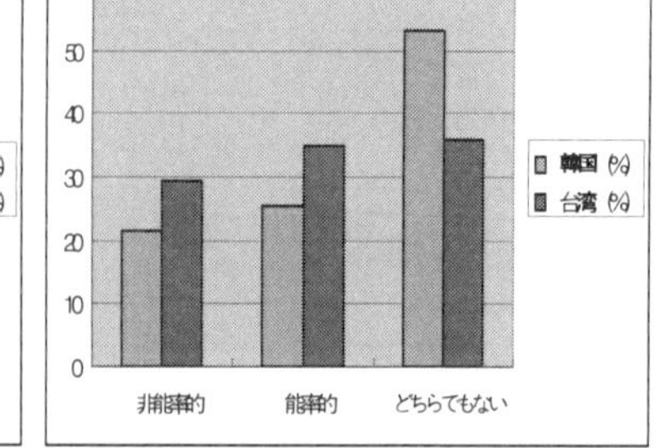

〈図22〉非能率的·能率的·どちらでもない

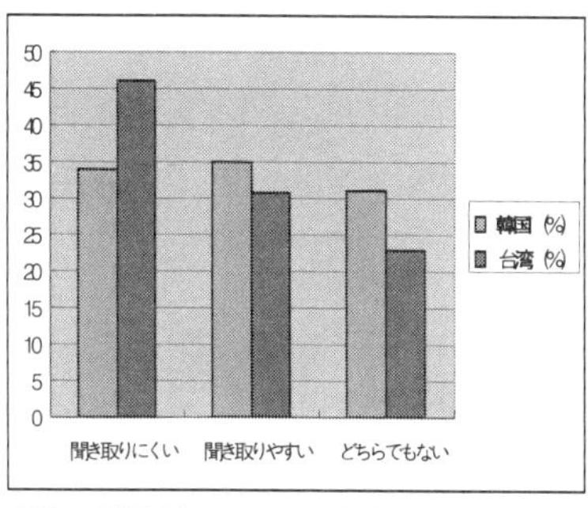

〈図23〉聞き取りにくい·聞き取りやすい·どちらでもない

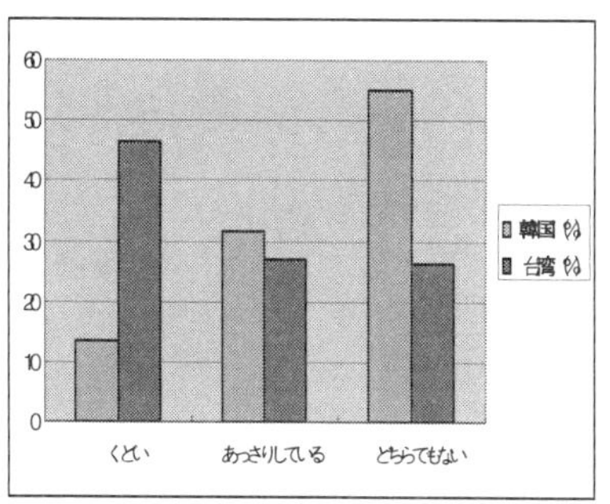

〈図24〉くどい·あっさりしている·どちらでもない

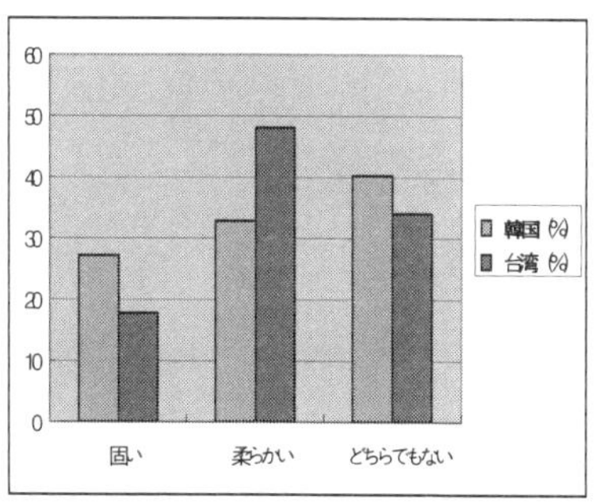

〈図25〉固い·柔らかい·どちらでもない

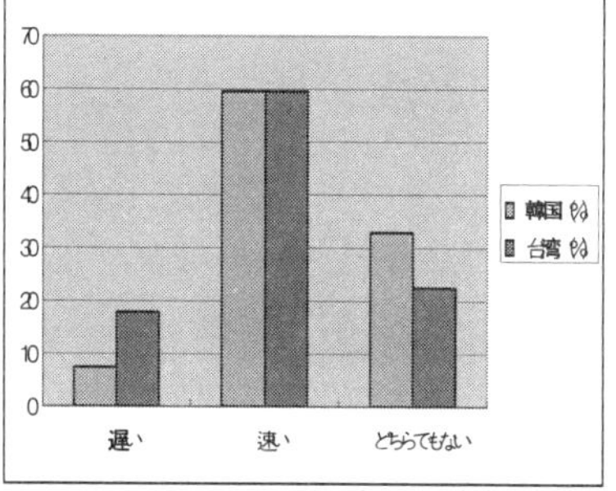

〈図26〉遅い·速い·どちらでもない

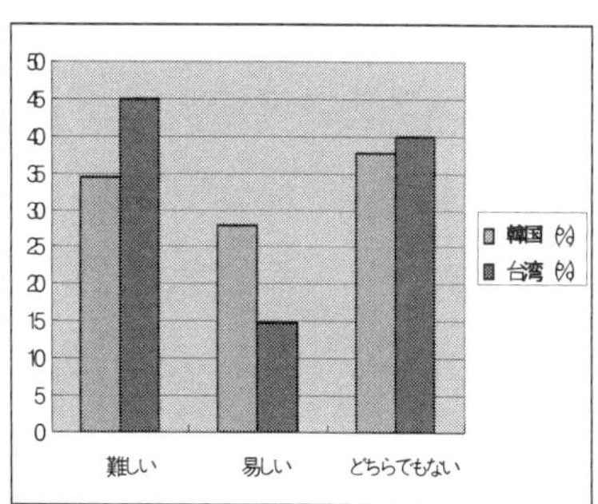

〈図27〉難しい·易しい·どちらでもない

調査の結果をみると、項目によって韓国と台湾の学習者の日本語に対するイメージは異なるようである。台湾の学生のほうが韓国の学生より大きな数値を示した項目は、「丁寧」「きれい」「おだやか」「好き」「軽快」「能率的」「柔らかい」であり、韓国の学生が台湾の学生より大きな数値を示した項目は、「聞き取りやすい」「あっさりしている」「易しい」であった。また、韓国の大学生も台湾の大学生も日本語は「速い」と感じているようである。

5. まとめ

本章は、韓国と台湾における大学生を対象に実施した、日本語学習と日本·日本語についてのイメージに関するアンケート調査の結果を報告したものである。まず、学習動機について述べ、続いて日本語学習者にとって難しいものは何か、について言及し、その後、日本語は英語と比べて難しいことばであるか、について尋ねた。次に韓国と台湾の日本語学習者の現在のレベルと到達目標について、「会話」「聴解」「読解」「作文」の順に尋ねた結果を示した。続いて、日本語学習の将来性、大学卒業後に日本語を使ってしたいことについて尋ね、最後に、日本語学習者がもっている日本と日本語に対するイメージと日本に対するイメージ形成に影響を与えた要因について調査した。

その結果、学習動機については、両国の事情により異なる点もあるが、どちらも「日本、日本人、日本文化に興味がある」というのが1位を占めていることがわかった。また、上位に映画、漫画、アニメなどの大衆文化があるという点も共通していた。日本語学習者にとって難しい学習項目については、韓国の学習者にとって難しい「漢字」が、中国の学習者にとってはいちばん易しいという、反対の結果が出た。また、韓国では、日本語は英語と比べて易しい、と答えた学生が多かったのに対して、台湾では英語と変らない、と答えた学生が多かったが、これは母語の文法と関連があると思われる。日本語学習者の将来の到達目標レベルに関しては、韓国のほうが、台湾に比べて目標レベルが高い学生が多いことが明らかになった。また、日本語学習をして、将来役に立つかどうかを尋ねた結果、韓国では、就職する時、仕事をする時に役に立つ、日本人とコミュニケーションする時の順に多く、台湾では、仕事をする時、日本人とコミュニケーションする時、専門の技術·情報を知るための順に多いことがわかった。また、日本に対するイメージについては、韓国に比べて台湾のほうが、よいイメージをもっている人が多いという結果を得た。また、イメージ形成に影響を与えた大きな要因としては、日本の映画や漫画、アニメーション、日本製品などをあげることができる。日本語に対するイメージについては、質問項目ごとに違いがみられたが、全体的には、台湾の学生のほうが韓国の学生より日本語に対してよいイメージをもっていることが明らかになった。

今回の調査をとおして以上のような結果を得たが、今後検討しなければならない、いくつかの問題が残されている。例えば、イメージ形成に影響を与えた要因の項目で、韓国では「日本映画·アニメーション」としているのに対して、台湾では「日本の漫画やアニメ」としていたりする。今後は、このような細かい点を統一していくことによって、より正確なデータを得ることができるようになると思われる。

* 本稿で示した台湾における調査結果は、篠原信行が2003年に行った調査のデータに基づくものである。

参考文献

篠原信行(2003)「台湾の大学生の日本と日本語に関する意識とそのイメージ形成に影響を与える要因について」『日本言語文芸研究』4 台湾日本語言文藝研究学会

篠原信行(2004)「台湾の日本語学習者は日本語学習をどのように捉えているか」『日本言語文芸研究』5 台湾日本語言文芸研究学会

生越直樹(2006)「韓国に対するイメージ形成と韓国語学習」『言語·情報·テクスト』13 東京大学大学院総合文化研究科 言語情報科学専攻

齊藤明美(1994)「日本語教育の歴史と大学生の意識」『論輯』22 駒澤大学大学院国文学会

_______(1996)「日本語学習の意識調査研究」『인문학 연구』2·3 한림대학교 인문학연구소(原文は韓国語)

_______(1999)「日本語学習者に対する基礎調査」『인문학 연구』6 한림대학교 인문학연구소(原文は韓国語)

_______(2004a)「韓国の大学生の日本、日本人、日本語に対する意識とイメージ形成に影響を与える要因について」『日本語文学』21 韓国日本語文学会

_______(2004b)「韓国における大学生の日本語学習の現状について」『인문학 연구』11 한림대학교 인문학연구소

_______(2006)「韓国と台湾における日本語学習の現状と日本に対するイメージについて」『日本語教育研究』11 韓国日語教育学会

第5章　日本語学習者と韓国語学習者の目標言語に対するイメージ
－日本と韓国の学習者を中心に－

齊藤明美

1. はじめに

韓国における日本語に対するイメージの研究は、これまでもなされてきた。しかし、日本語学習の経験の有無と日本語に対するイメージとの関連について研究したものはあまりないと思われる。また、日本における韓国語学習の経験と韓国語に対するイメージとの関連についてもあまり言及されてこなかったと思われる。そこで、ここでは韓国における日本語学習の経験者と未経験者、および日本における韓国語学習者と未学習者の間にある日本語、または韓国語に対するイメージの違いについてのアンケート調査の結果について述べる。韓国語学習者については、生越直樹が2003年に日本で行った調査結果、『韓国及び韓国語に関するアンケート調査』を使用した。

2. 調査の概要

韓国での調査は、大学で日本学科、または日語日文学科に所属し、1年以上日本語を学習している学生(139名、以下日本語関係学科とする。)と教養日本語の授業を履修している学生(141名)、および理工系の学生(132名)を対象にアンケート調査を行い、412名から回答を得た。尚、理工系の学生の中には、日本語学習の経験があると答えた学生(77名)と、日本語学習の経験がないと答えた学生(55名)がいた。調査を行った大学は江原道にあるA大学とソウルにあるB大学の2校である。また、日本での調査は、生越直樹が2003年10月から11月にかけて東京にある大学および東京近辺の大学数校で調査し、韓国語学習者211名と未学習者147名、総358名を対象とした。

3. 調査の内容と方法

調査票は、日本語に関しては①ぞんざい、丁寧、どちらでもない②汚い、きれい、どちらでもない③乱暴、おだやか、どちらでもない④嫌い、好き、どちらでもない⑤重苦しい、軽快、どちらでもない⑥聞き取りにくい、聞き取りやすい、どちらでもない⑦非能率的、能率的、どちらでもない⑧くどい、あっさりしている、どちらでもない⑨遅い、速い、どちらでもない⑩固い、やわらかい、どちらでもない⑪難しい、易しい、どちらでもないの11項目について尋ねた。しかし、ここでは、χ^2検定で有意差が認められなかった、⑥

聞き取りにくい、聞き取りやすい、どちらでもない、⑨遅い、速い、どちらでもない⑪難しい、易しい、どちらでもない、の3項目を除いた8項目の調査結果を示している。調査の方法は授業時間に調査票を配布し、無記名でその場で回答してもらった後回収した。

4. 調査の時期

韓国での調査は、予備調査を2002年11月に実施し、本調査は2003年5月に行った。

日本での調査は2003年10月から11月にかけて実施した。

5. 韓国で日本語を学習している学生の調査結果

韓国における日本語に対するイメージ調査の質問項目は次のようであった。

○ あなたは日本語に対してどんなイメージを持っていますか。
(各項目ごとにひとつを選んでください)

(1)ぞんざい·丁寧·どちらでもない (2)汚い·きれい·どちらでもない (3)乱暴·おだやか·どちらでもない (4)嫌い·好き·どちらでもない (5)重苦しい·軽快·どちらでもない (6)聞き取りにくい·聞き取りやすい·どちらでもない (7)非能率的·能率的·どちらでもない (8)くどい·

あっさりしている·どちらでもない (9)遅い·速い·どちらでもない (10)固い·柔らかい·どちらでもない (11)難しい·易しい·どちらでもない

(1) ぞんざい・丁寧・どちらでもない

「ぞんざい・丁寧・どちらでもない」の調査結果は〈表1〉〈図1〉のとおりである。

〈表1〉 ぞんざい・丁寧・どちらでもない

	日本語に対するイメージ			Total
	ぞんざい	丁寧	どちらでもない	
日本語関係学科	4	97	38	139
	(2.9)	(69.8)	(27.3)	(100%)
教養日本語	10	61	69	140
	(7.1)	(43.6)	(49.3)	(100%)
理工系学習者	9	28	40	77
	(11.7)	(36.4)	(51.9)	(100%)
理工系未学習者	7	14	34	55
	(12.7)	(25.5)	(61.8)	(100%)
Total	30	200	181	411
	(7.3)	(48.7)	(44.0)	

(χ^2(6)=44.67,p〈.001)

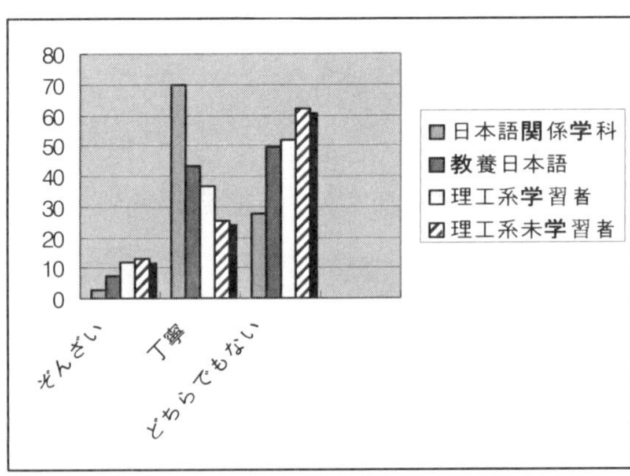

〈図1〉 ぞんざい・丁寧・どちらでもない(数値は%)

これをみると、「ぞんざい」「どちらでもない」と答えた学生は、理工系の日本語未学習者、理工系の日本語学習経験者、教養日本語履修者、日本語関係学科の学生の順に多く、「丁寧」と答えている学生は日本語関係学科、教養日本語履修者、理工系の日本語学習経験者、理工系の日本語未学習者の順に多かったことがわかる。これにより、日本語学習者は未学習者に比べて、日本語に対して肯定的なイメージをもっていることがわかる。

(2) 汚い・きれい・どちらでもない

「汚い・きれい・どちらでもない」の調査結果は〈表2〉〈図2〉のとおりである。

〈表2〉 汚い・きれい・どちらでもない

	日本語に対するイメージ			Total
	きたない	きれい	どちらでもない	
日本語関係学科	3	35	101	139
	(2.2)	(25.2)	(72.7)	(100%)
教養日本語	12	17	111	140
	(8.6)	(12.1)	(79.3)	(100%)
理工系学習者	7	7	63	77
	(9.1)	(9.1)	(81.8)	(100%)
理工系未学習者	10	2	43	55
	(18.2)	(3.6)	(78.2)	(100%)
Total	32	61	318	411
	(7.8)	(14.8)	(77.4)	(100%)

($\chi^2(6)=31.29, p<.001$)

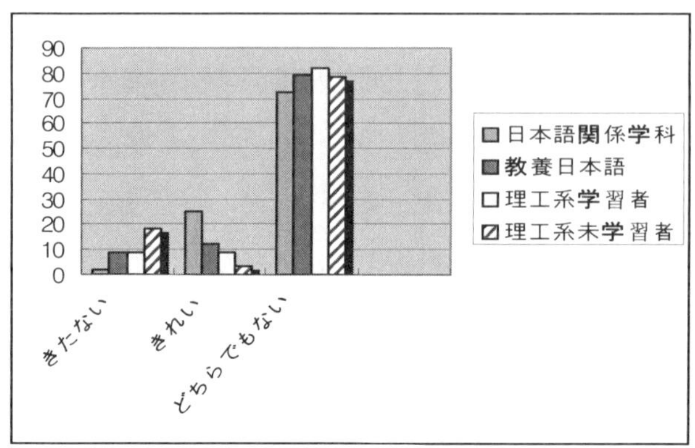

〈図2〉 汚い・きれいどちらでもない(数値は%)

これをみると、「きたない」と答えている学生の割合は、理工系の未学習者、理工系の日本語学習経験者、教養日本語履修者、日本語関係学科の学生の順に多く、反対に「きれい」と答えている学生の数は、日本語関係学科の学生、教養日本語履修者、理工系の日本語学習経験者、理工系の未学習者の順に多いことがわかる。しかし、「どちらでもない」と答えている学生が圧倒的に多いことは注目される。

(3) 乱暴・おだやか・どちらでもない

「乱暴・おだやか・どちらでもない」の調査結果は〈表3〉〈図3〉のとおりである。

〈表3〉 乱暴・おだやか・どちらでもない

	日本語に対するイメージ			Total
	乱暴	おだやか	どちらでもない	
日本語関係学科	2	74	62	138

	(1.4)	(53.6)	(44.9)	(100%)
教養日本語	10	50	80	140
	(7.1)	(35.7)	(57.1)	(100%)
理工系学習者	9	14	53	76
	(11.8)	(18.4)	(69.7)	(100%)
理工系未学習者	7	10	38	55
	(12.7)	(18.2)	(69.1)	(100%)
Total	28	148	233	409
	(6.8)	(36.2)	(57.0)	(100%)

($\chi^2(6)=41.70, p<.001$)

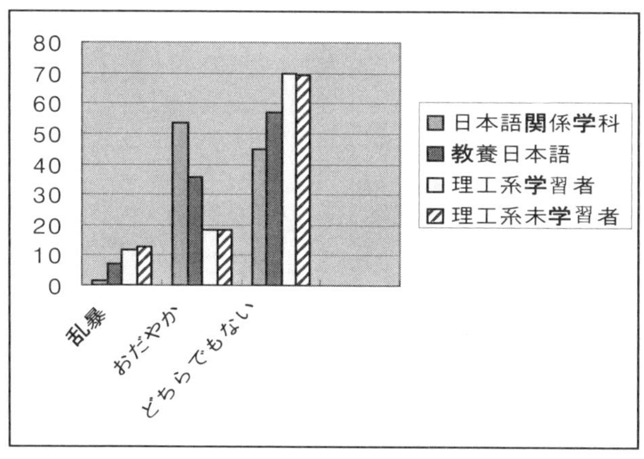

〈図3〉 乱暴・おだやか・どちらでもない(数値は%)

これをみると、「乱暴」と答えている学生の割合は、理工系の未学習者、理工系学習経験者、教養日本語履修者、日本語関係学科の学生の順に多く、反対に「おだやか」と答えている学生の割合は、日本語関係学科の学生、教養日本語履修者、理工系学習経験者、理工系の未学習者の順に多いことがわかる。

(4) 嫌い・好き・どちらでもない

「嫌い・好き・どちらでもない」の調査結果は〈表4〉〈図4〉のとおりである。

〈表4〉 嫌い・好き・どちらでもない

	日本語に対するイメージ			Total
	嫌い	好き	どちらでもない	
日本語関係学科	4	96	39	139
	(2.9)	(69.1)	(28.1)	(100%)
教養日本語	15	71	53	139
	(10.8)	(51.1)	(38.1)	(100%)
理工系学習者	7	22	48	77
	(9.1)	(28.6)	(62.3)	(100%)
理工系未学習者	14	9	31	54
	(25.9)	(16.7)	(57.4)	(100%)
Total	40	198	171	409
	(9.8)	(48.4)	(41.8)	(100%)

($\chi^2(6)=68.94, p〈.001$)

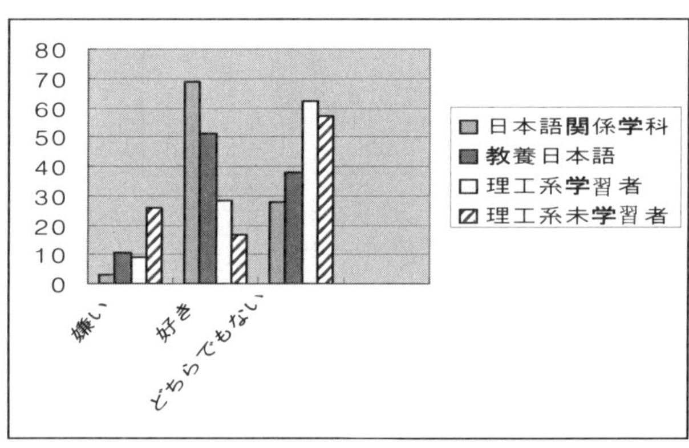

〈図4〉 嫌い・好き・どちらでもない(数値は%)

これをみると、「嫌い」と答えている学生の割合は、理工系の未学習者、教養日本語履修者、理工系日本語学習経験者、日本語関係学科の学生の順に多く、反対に「好き」と答えている学生の割合は、日本語関係学科の学生、教養日本語履修者、理工系学習経験者、理工系の未学習者の順に多いことがわかる。

(5) 重苦しい・軽快・どちらでもない

「重苦しい・軽快・どちらでもない」の調査結果は〈表5〉〈図5〉のとおりである。

〈表5〉 重苦しい・軽快・どちらでもない

	日本語に対するイメージ			Total
	重苦しい	軽快	どちらでもない	
日本語関係学科	34	46	58	138
	(24.6)	(33.3)	(42.0)	(100%)
教養日本語	25	47	68	140
	(17.9)	(33.6)	(48.6)	(100%)
理工系学習者	17	19	40	76
	(22.4)	(25.0)	(52.6)	(100%)
理工系未学習者	15	6	33	54
	(27.8)	(11.1)	(61.1)	(100%)
Total	91	118	199	408
	(22.3)	(28.9)	(48.8)	(100%)

($\chi^2(6)=13.81, p\langle .05$)

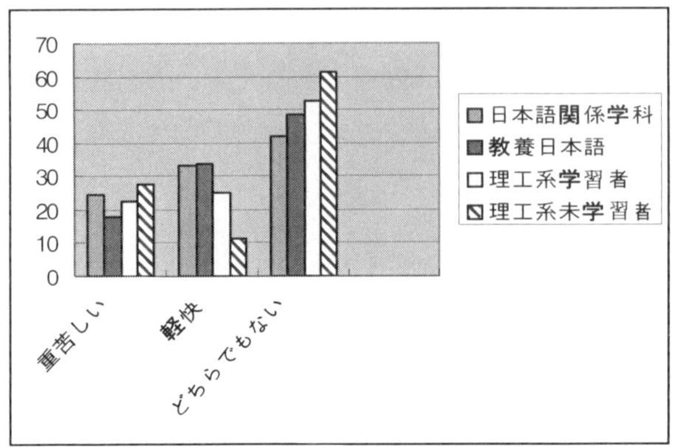

〈図5〉 重苦しい・軽快・どちらでもない(数値は%)

これをみると、「重苦しい」と答えた学生の割合がいちばん高かったのは理工系の未学習者であった。次は日本語関係学科の学生であり、理工系日本語学習経験者、教養日本語履修者と続く。また、「軽快」と答えた学生は、教養日本語履修者、日本語関係学科の学生、理数系日本語学習経験者、理数系の未学習者の順であった。

(6) 非能率的・能率的・どちらでもない

「非能率的・能率的・どちらでもない」の調査結果は〈表6〉〈図6〉のとおりである。

〈表6〉 非能率的・能率的・どちらでもない

	日本語に対するイメージ			Total
	非能率的	能率的	どちらでもない	
日本語関係学科	23	47	69	139
	(16.5)	(33.8)	(49.6)	(100%)
教養日本語	31	34	74	139

	(22.3)	(24.5)	(52.3)	(100%)
理工系学習者	21	16	40	77
	(27.3)	(20.8)	(51.9)	(100%)
理工系未学習者	13	6	33	52
	(25.0)	(11.5)	(63.5)	(100%)
Total	88	103	216	407
	(21.6)	(25.3)	(53.1)	(100%)

$(\chi^2(6)=13.01, p<.05)$

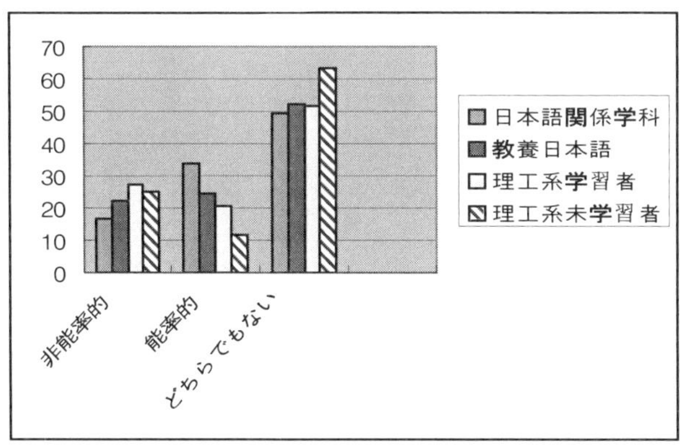

〈図6〉 非能率的・能率的・どちらでもない(数値は%)

これをみると、「非能率的」と答えている学生の割合は、理工系の日本語学習経験者、理工系の未学習者、教養日本語履修者、日本語関係学科の学生の順に多く、反対に「きれい」と答えている学生の割合は、日本語関係学科の学生、教養日本語履修者、理工系の日本語学習経験者、理工系の未学習者の順に多いことがわかる。しかし、「どちらでもない」と答えた学生がかなり多かったことは注目される。

(7) くどい·あっさりしている·どちらでもない

「くどい·あっさりしている·どちらでもない」の調査結果は〈表7〉〈図7〉のとおりである。

〈表7〉 くどい・あっさりしている・どちらでもない

	日本語に対するイメージ			Total
	くどい	あっさりしている	どちらでもない	
日本語関係学科	19	58	61	138
	(13.8)	(42.0)	(44.2)	(100%)
教養日本語	14	50	76	140
	(10.0)	(35.7)	(54.3)	(100%)
理工系学習者	12	13	50	75
	(16.0)	(17.3)	(66.7)	(100%)
理工系未学習者	10	8	37	55
	(18.2)	(14.5)	(67.3)	(100%)
Total	55	129	224	408
	(13.5)	(31.6)	(54.9)	(100%)

(χ^2(6)=24.21,p〈.001)

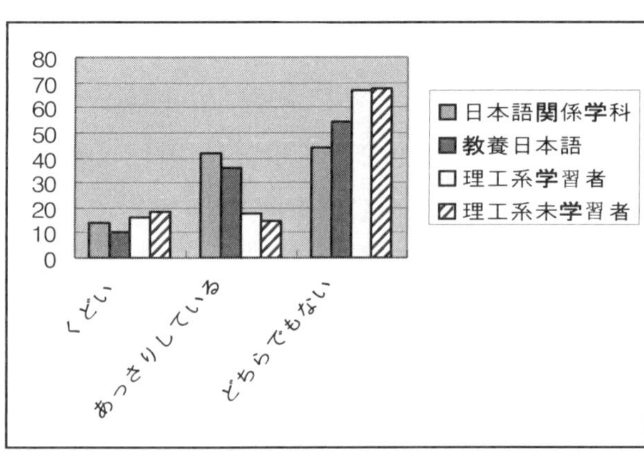

〈図7〉 くどい・あっさりしている・どちらでもない(数値は%)

これをみると、「くどい」と答えている学生の割合は、理工系の未学習者、理工系の日本語学習経験者、日本語関係学科の学生、教養日本語履修者の順に多く、反対に「あっさりしている」と答えている学生の数は、日本語関係学科の学生、教養日本語履修者、理工系の日本語学習経験者、理工系の未学習者の順に多いことがわかる。

(8) 固い・柔らかい・どちらでもない

「固い・柔らかい・どちらでもない」の調査結果は〈表8〉〈図8〉のとおりである。

〈表8〉 固い・柔らかい・どちらでもない

	日本語に対するイメージ			Total
	固い	柔らかい	どちらでもない	
日本語関係学科	19	68	52	139
	(13.7)	(48.9)	(37.4)	(100%)
教養日本語	37	47	56	140
	(26.4)	(33.6)	(40.0)	(100%)
理工系学習者	30	15	32	77
	(39.0)	(19.5)	(41.6)	(100%)
理工系未学習者	25	4	25	54
	(46.3)	(7.4)	(46.3)	(100%)
Total	111	134	165	410
	(27.1)	(32.7)	(40.2)	(100%)

($\chi^2(6)=47.35, p<.001$)

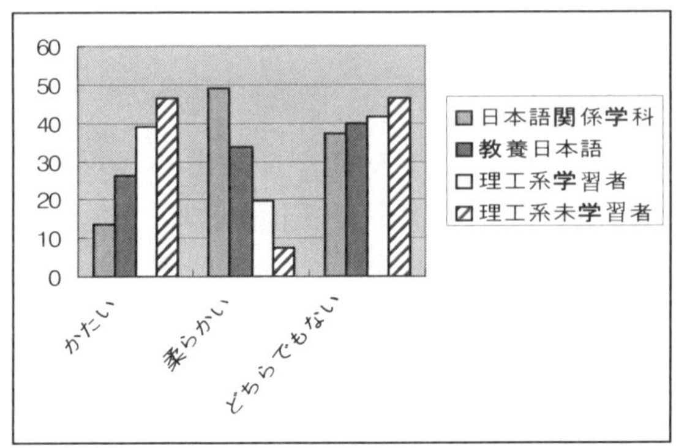

〈図8〉 固い・柔らかい・どちらでもない(数値は%)

これをみると、「かたい」と答えている学生の割合は、理工系の未学習者、理工系の日本語学習経験者、教養日本語履修者、日本語関係学科の学生の順に多く、反対に「柔らかい」と答えている学生の数は、日本語関係学科の学生、教養日本語履修者、理工系の日本語学習経験者、理工系の未学習者の順に多いことがわかる。

6. 日本で韓国語を学習している学生の調査結果

日本で韓国語を学習している学生と学習していない学生が韓国語に対してどのようなイメージをもっているかについて、生越直樹の『韓国及び韓国語に関するアンケート調査』をもとにまとめてみると次のようになる。

質問の内容を次に示す。

○ あなたは韓国語に対してどんなイメージを持っていますか。

(各項目ごとにひとつを選んでください)

(1)ぞんざい・丁寧・どちらでもない (2)汚い・きれい・どちらでもない (3)乱暴・おだやか・どちらでもない (4)嫌い・好き・どちらでもない (5)重苦しい・軽快・どちらでもない (6)聞き取りにくい・聞き取りやすい・どちらでもない (7)非能率的・能率的・どちらでもない (8)くどい・あっさりしている・どちらでもない (9)遅い・速い・どちらでもない (10)固い・柔らかい・どちらでもない (11)難しい・易しい・どちらでもない(12)大声で話す・小声で話す・どちらでもない

上にあげた項目の中から、韓国での調査結果と比較するために、韓国の調査で有意味な差が認められた項目についてみていくことにする。

(1) ぞんざい・丁寧・どちらでもない

「ぞんざい・丁寧・どちらでもない」の調査結果は〈表9〉〈図9〉のとおりである。

〈表9〉 ぞんざい・丁寧・どちらでもない

	韓国語に対するイメージ			Total
	ぞんざい	丁寧	どちらでもない	
韓国語学習者	18	67	114	199
	(9.0)	(33.7)	(57.3)	(100%)
韓国語未学習者	17	18	119	154
	(11.0)	(11.7)	(77.3)	(100%)
Total	35	85	233	353
	(9.9)	(24.1)	(66.0)	(100%)

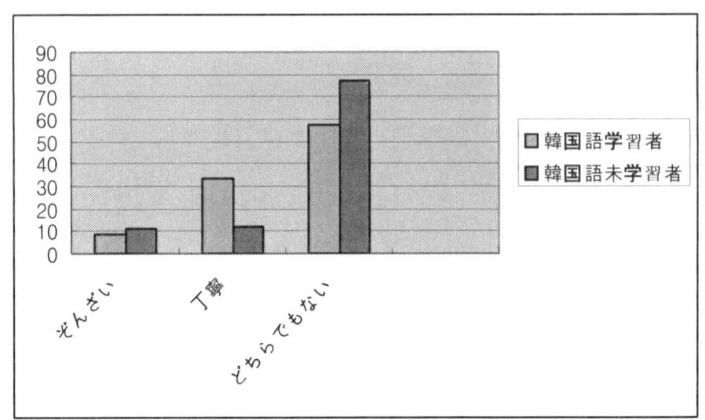

〈図9〉 ぞんざい・丁寧・どちらでもない(数値は%)

これをみると、「ぞんざい」「どちらでもない」と答えた学生の割合は、韓国語学習者より未学習者のほうが多く、反対に「丁寧」と答えた学生は、韓国語学習者のほうが多いことがわかる。

(2) 汚い・きれい・どちらでもない

「汚い・きれい・どちらでもない」の調査結果は〈表10〉〈図10〉のとおりである。

〈表10〉 きたない・きれい・どちらでもない

	韓国語に対するイメージ			Total
	きたない	きれい	どちらでもない	
韓国語学習者	14	42	143	199
	(7.0)	(21.1)	(71.9)	(100%)
韓国語未学習者	15	16	124	155
	(9.7)	(10.3)	(80.0)	(100%)
Total	29	58	267	354
	(8.2)	(16.4)	(75.4)	(100%)

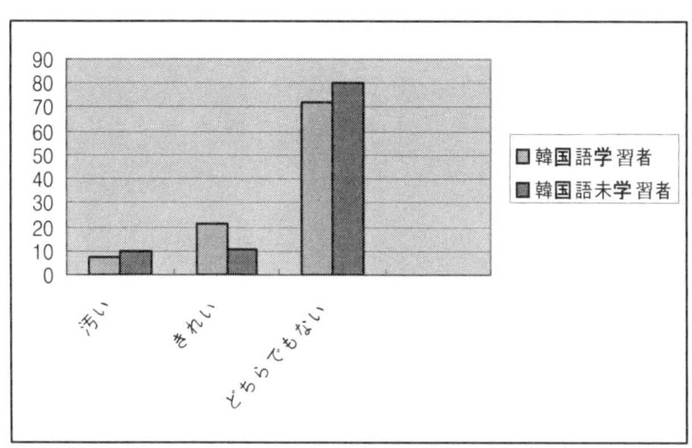

〈図10〉 きたない・きれい・どちらでもない(数値は%)

これをみると、〈表9〉〈図9〉と同じように、「汚い」「どちらでもない」と答えた学生の割合は、韓国語学習者より未学習者のほうが多く、反対に「きれい」と答えた学生は、韓国語学習者のほうが多いことがわかる。しかし、ここでも「どちらでもない」と答えた学生がかなり多かったことは注目される。

(3) 乱暴・おだやか・どちらでもない

「乱暴·おだやか·どちらでもない」の調査結果は〈表11〉〈図11〉のとおりである。

〈表11〉 乱暴・おだやか・どちらでもない

	韓国語に対するイメージ			Total
	乱暴	おだやか	どちらでもない	
韓国語学習者	61	22	116	199
	(30.7)	(11.1)	(58.3)	(100%)
韓国語未学習者	45	12	97	154

	(29.2)	(7.8)	(63.0)	(100%)
Total	106	34	213	353
	(30.0)	(9.6)	(60.3)	(100%)

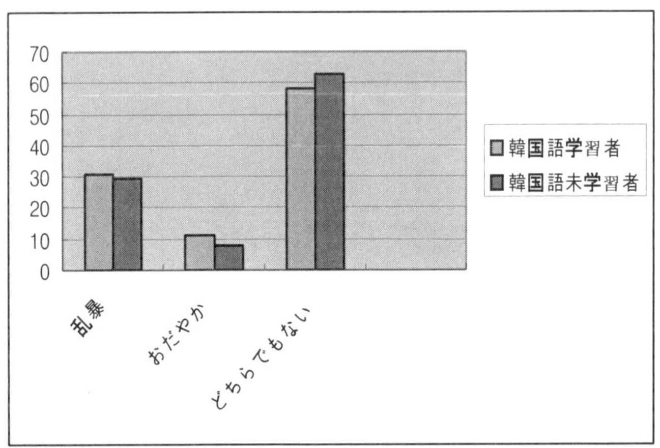

〈図11〉 乱暴・おだやか・どちらでもない(数値は%)

これをみると、「乱暴」「おだやか」ともに、韓国語学習者のほうが未学習者に比べて%が高いことがわかる。しかし、全体的にみると「乱暴」と答えた学生が「おだやか」と答えた学生より多かったことは注目される。

(4) 嫌い・好き・どちらでもない

「嫌い·好き·どちらでもない」の調査結果は〈表12〉〈図12〉のとおりである。

〈表12〉 嫌い・好き・どちらでもない

	韓国語に対するイメージ			Total
	嫌い	好き	どちらでもない	
韓国語学習者	11	123	65	199
	(5.5)	(61.8)	(32.7)	(100%)
韓国語未学習者	14	24	116	154
	(9.1)	(15.6)	(75.3)	(100%)
Total	25	147	181	353
	(7.1)	(41.6)	(51.3)	(100%)

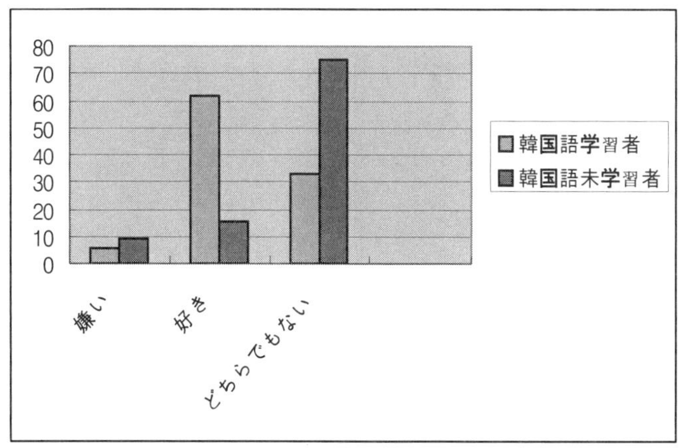

〈図12〉 嫌い・好き・どちらでもない(数値は%)

これをみると、「嫌い」と答えている学生の割合は、未学習者のほうが高く、「好き」と答えているのは、韓国語学習者のほうが圧倒的に数値が高いことがわかる。

(5) 重苦しい・軽快・どちらでもない

「重苦しい・軽快・どちらでもない」の調査結果は〈表13〉〈図13〉のとおりである。

〈表13〉 重苦しい・軽快・どちらでもない

	韓国語に対するイメージ			Total
	重苦しい	軽快	どちらでもない	
韓国語学習者	23	93	83	199
	(11.6)	(46.7)	(41.7)	(100%)
韓国語未学習者	28	43	82	153
	(18.3)	(28.1)	(53.6)	(100%)
Total	51	136	165	352
	(14.5)	(38.6)	(46.9)	(100%)

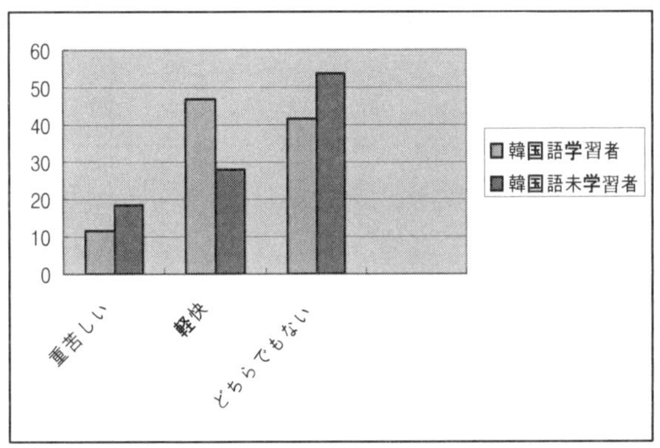

〈図13〉 重苦しい・軽快・どちらでもない(数値は%)

これをみると、「重苦しい」と答えた学生の割合は、韓国語未学習者のほうが高く、「軽快」と答えた学生の割合は、韓国語学習者のほうが高いことがわかる。全体的にみると「軽快」と答えた学生が「重苦しい」と答えた学生よりかなり多いことがわかる。

(7) 非能率的・能率的・どちらでもない

「非能率的·能率的·どちらでもない」の調査結果は〈表14〉〈図14〉のとおりである。

〈表14〉 非能率的 · 能率的 · どちらでもない

	韓国語に対するイメージ			Total
	非能率的	能率的	どちらでもない	
韓国語学習者	15	101	82	198
	(7.6)	(51.0)	(41.4)	(100%)
韓国語未学習者	12	36	104	152
	(7.9)	(23.7)	(68.4)	(100%)
Total	27	137	186	350
	(7.7)	(39.1)	(53.1)	(100%)

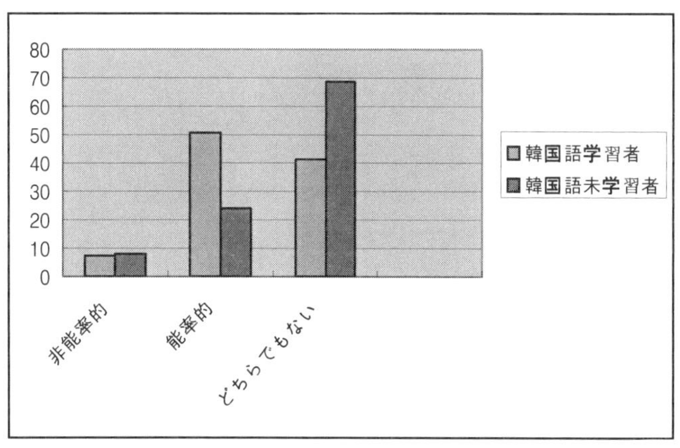

〈図14〉 非能率的 · 能率的 · どちらでもない(数値は%)

これをみると、「非能率的」と答えた学生の割合は、韓国語未学習者のほうがわずかに高く、「能率的」と答えた学生の割合は、韓国語学習者のほうがかなり高いことがわかる。

(8) くどい · あっさりしている · どちらでもない

「くどい · あっさりしている · どちらでもない」の調査結果は〈表15〉〈図15〉のとおりである。

〈表15〉 くどい・あっさりしている・どちらでもない

	韓国語に対するイメージ			Total
	くどい	あっさりしている	どちらでもない	
韓国語学習者	24	68	106	199
	(12.1)	(34.2)	(53.3)	(99.6%)
韓国語未学習者	36	19	96	151
	(23.8)	(12.6)	(63.6)	(100%)
Total	60	87	202	349
	(17.1)	(24.9)	(57.7)	(99.7%)

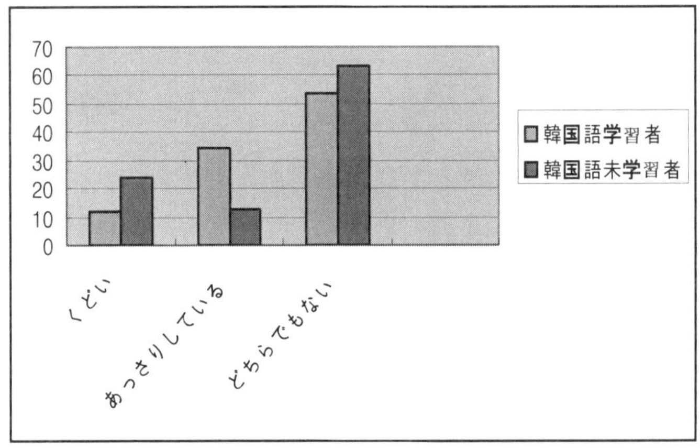

〈図15〉 くどい・あっさりしている・どちらでもない(数値は%)

これをみると、「くどい」と答えた学生の割合は、韓国語未学習者のほうが高く、「あっさりしている」と答えた学生の割合は、韓国語学習者のほうが高いことがわかる。

(10) 固い・柔らかい・どちらでもない

「固い·柔らかい·どちらでもない」の調査結果は〈表16〉〈図16〉のとおりである。

〈表16〉固い・柔らかい・どちらでもない

	韓国語に対するイメージ			Total
	固い	柔らかい	どちらでもない	
韓国語学習者	76	52	70	198
	(38.4)	(26.3)	(35.4)	(100%)
韓国語未学習者	58	23	72	153
	(37.9)	(15.0)	(47.1)	(100%)
Total	134	75	142	351
	(38.2)	(21.4)	(40.5)	(100%)

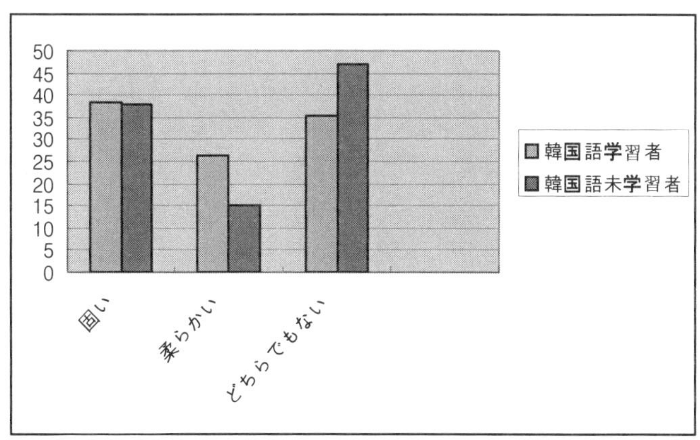

〈図16〉固い・柔らかい・どちらでもない(数値は%)

これをみると、「固い」と答えた学生の割合も、「柔らかい」と答えた学生の割合も韓国語学習者のほうが高いことがわかる。この結果は他の調査項目の結果とやや異なっている。また、全体的にみると「柔らかい」と答えた学生より「固い」と答えた学生が多かったことは注目される。

以上の調査結果から、日本の大学で韓国語を学習している学生と未学習者が韓国語に対してもっているイメージを比較すると、学習者と未学習者の間に違いがみられることが明らかになった。

7. おわりに

本章は、韓国における日本語学習者と未学習者が日本語に対してどのようなイメージをもっているかについて調査すると共に、日本における韓国語学習者と未学習者が韓国語に対してどのようなイメージをもっているかについて調査した結果をまとめたものである。韓国の調査では、学生の専攻別に分析したが、日本での調査では韓国語学習者であるか未学習者であるかの二つに分けて結果をだしている。このような違いはあるものの、調査結果をみると、日本語においても韓国語においても学習者、あるいは学習経験者は未学習者に比べて、目標言語に対して、どちらかというと肯定的なイメージをもっている場合が多いことがわかった。しかし、日本語と韓国語自体がもっている言語の特色によって異なった結果が得られた部分もある。例えば、「乱暴・おだやか・どちらでもない」の項目では、日本語では、全般的に「乱暴」と答えた学生より「おだやか」と答えた学生が多かったが、韓国語については「乱暴」と答えた学生が多かった。また、「重苦しい・軽快・どちらでもない」の項目においては韓国語では「軽快」と答えた学生がかなり多かったのに対して、日本語に関してはそんなに大きな差はみられなかった。また、「固い・柔かい・どちらでもない」の項目では、韓国語については「固い」と答えた学生が多く、日本語に関しては「柔かい」と答えた学生が多かった。

また、今後の課題として選択肢の数の問題がある。今回の調査では選択肢が3つであったので、項目によっては「どちらでもない」が圧倒的に多いという結果がでた。特に日本における韓国語の未学習者の多くが「どちらでもない」を選択している場合が多かった。これは選択肢の問題ではなく、学生達が韓国語に対してよく知らないことの表われであるのかもしれないが、今後の調査では、選択肢を5段階にして質問してみるのもいいと思う。あるいは、韓国語においても日本語の調査のように、専攻別に分析すれば、もっと確かなデータが得られたようにも思われる。このように調査方法においても解決しなければならない問題を残してはいるが、これらについては今後一つずつ解決しながら研究を進め、将来的には、日本語と韓国語ばかりでなく、中国語などの他の外国語についても調査し、外国語教育と学習者のイメージについて明らかにしたいと考えている。

参考文献

生越直樹(2003)『韓国及び韓国語に関するアンケート調査』

齊藤明美(2003)『한국, 대만에서의 일본어 교육현황 및 일본에서의 한국어 교육현황 고찰 - 어학교육을 위한 언어적, 문화적 기초조사를 중심으로 - 基礎資料(韓国篇)』

〈付録〉アンケート調査票(韓国調査・日本語版)

○日本及び日本語に関するアンケート調査

＊最初に、あなたご自身のことについて少し教えてください。

学科　　　　学年　氏名　　　　(満)年令　　才(男・女)

出生地　　　　　道　　　　　市

家族に日本語を話せる人がいますか。(はい・いいえ)

日本人の先生に日本語を教わったことがありますか。(はい・いいえ)

日本人の知り合いがいますか。(はい・いいえ)

今まで日本語を学習したことがありますか。(はい・いいえ)

(はいと答えた人)

学習期間はどのくらいですか。

1。半年未満　2。半年以上1年未満　3。1年以上2年未満　4。2年以上

いつ学習しましたか。

1。小学校以前　2。小学校時代　3。中学校時代　4。高校時代　5。大学入学後

次の質問に答えてください。

1。あなたは日本に対してどんなイメージを持っていますか。

(1) とてもよい。

(2) よい。

(3) 特に他の国と変らない。

(4) 悪い。

(5) かなり悪い。

2。以下の各事項は、あなたの日本に対するイメージ形成にどのくらい大きな影響を与えていますか。各事項に就き、影響の度合を一つ選んでください。

	大	中	小	無
(1) 過去の日韓関係	a□	b□	c□	d□
(2) 日本の伝統文化	a□	b□	c□	d□
(3) 日本の映画・アニメ	a□	b□	c□	d□
(4) 日本の流行	a□	b□	c□	d□

(5) 日本人観光客	a□	b□	c□	d□
(6) 新聞の報道	a□	b□	c□	d□
(7) 高等学校までの教育	a□	b□	c□	d□
(8) 日本のテレビ番組	a□	b□	c□	d□
(9) 現在の日本の経済	a□	b□	c□	d□
(10) わが国と日本との貿易関係	a□	b□	c□	d□
(11) 日本の歌手・タレント	a□	b□	c□	d□
(12) 日本人日本語教師	a□	b□	c□	d□
(13) 韓国人日本語教師	a□	b□	c□	d□
(14) 日本製の商品	a□	b□	c□	d□
(15) 両国間の領土問題	a□	b□	c□	d□
(16) 現在の日本の政策	a□	b□	c□	d□
(17) 日本企業の活動	a□	b□	c□	d□
(18) 日本人留学生	a□	b□	c□	d□
(19) ワールドカップ	a□	b□	c□	d□
(20) 大衆文化の開放	a□	b□	c□	d□
(21) 在日韓国人	a□	b□	c□	d□

※ (19)(20)(21)は韓国のみです。

3。あなたは日本人に対してどんなイメージを抱いていますか。

(1) とてもよい。

(2) よい。

(3) 特に他の国と変らない。

(4) 悪い。

(5) かなり悪い。

4。以下の各事項は、あなたの日本人に対するイメージ形成にどのくらい大きな影響を与えていますか。各事項に就き、影響の度合を一つ選んでください。

	大	中	小	無
(1) 過去の日韓関係	a□	b□	c□	d□
(2) 日本の伝統文化	a□	b□	c□	d□
(3) 日本の映画・アニメ	a□	b□	c□	d□

(4) 日本の流行	a□	b□	c□	d□
(5) 日本人観光客	a□	b□	c□	d□
(6) 新聞の報道	a□	b□	c□	d□
(7) 高等学校までの教育	a□	b□	c□	d□
(8) 日本のテレビ番組	a□	b□	c□	d□
(9) 現在の日本の経済	a□	b□	c□	d□
(10) わが国と日本との貿易関係	a□	b□	c□	d□
(11) 日本の歌手・タレント	a□	b□	c□	d□
(12) 日本人日本語教師	a□	b□	c□	d□
(13) 韓国人日本語教師	a□	b□	c□	d□
(14) 日本製の商品	a□	b□	c□	d□
(15) 両国間の領土問題	a□	b□	c□	d□
(16) 現在の日本の政策	a□	b□	c□	d□
(17) 日本企業の活動	a□	b□	c□	d□
(18) 日本人留学生	a□	b□	c□	d□
(19) ワールドカップ	a□	b□	c□	d□
(20) 大衆文化の開放	a□	b□	c□	d□
(21) 在日韓国人	a□	b□	c□	d□

※(19)(20)(21)は韓国のみです。

5。あなたは日本語に対してどんなイメージを持っていますか。

(各項目ごとに一つを選んでください。)

(1) ぞんざい	丁寧	どちらでもない
(2) 汚ない	きれい	どちらでもない
(3) 乱暴	おだやか	どちらでもない
(4) 嫌い	好き	どちらでもない
(5) 重苦しい	軽快	どちらでもない
(6) 聞きとりにくい	聞きとりやすい	どちらでもない
(7) 非能率的	能率的	どちらでもない
(8) くどい	あっさりしている	どちらでもない
(9) 遅い	速い	どちらでもない
(10) 固い	柔かい	どちらでもない

(11) 難しい　易しい　どちらでもない
(12) 大声で話す　小声で話す　どちらでもない

6。日本へ行ったことがありますか。
(1) ある　(2) ない
上の6で(1)を選んだ人→どうして日本へ行ったのですか。 (複数選択可)
① 観光
② 語学研修
③ 交流プログラム
④ 親族訪問
⑤ その他(　　　　　)
一番長く滞在した期間はどのくらいですか。(　　　　　)

7。将来(また)日本に行ってみたいですか。
(1) はい　(2) いいえ　(3) どちらでもいい
上の7で(1)を選んだ人→その理由は何ですか。(複数選択可)
① 日本のことをもっと知りたいから。
② 習った日本語を使ってみたいから。
③ 興味があることを直接体験したいから。
④ 近い国だから簡単に行けそうだから。
⑤ 友人に会いたいから。
⑥ 日本語を勉強したいから。
⑦ その他(　　　　　)

8。世界共通語は英語だと言われていますが、英語ができても日本語が必要だと思いますか。
(1) はい　(2) いいえ　(3) その他(　　　　　)

9。日本語を勉強して将来役に立つと思いますか。
(1) はい　(2) いいえ　(3) その他(　　　　　)

「(1)を選んだ人→具体的にどのような点で役立つと思いますか。(複数選択可)
① 仕事をする時
② 就職する時
③ 観光旅行に行く時
④ 日本の状況を知るため
⑤ 日本人とコミュニケーションする時
⑥ 専門の技術・情報を知るため
⑦ 昇進する時
⑧ その他(　　　　　　　　　　　　)

10。あなたは今後どの外国語を勉強すれば役に立つと思いますか。役に立つと思う順に3つ書いてください。
((1)　　　　　　　　(2)　　　　　　　　(3)　　　　　　　　)

[日本語学習について]

1。あなたは日本語を勉強したことがありますか。
a□　現在学んでいる→Aへ
b□　以前学んだことがある→Bへ
c□　一度も学んだことがない→Cへ

→A 1。でaを選んだ方に質問します。なぜ日本語を学習していますか。(複数選択可)
a □　日本のことが知りたい。
b □　ほかの外国語より面白そうだ。
c □　易しそうだ。
d □　日本・日本人・日本文化に興味がある。
e □　日本語が指定されていて、学習せざるを得なかった。
f □　マスコミの影響を受けた。
g □　友人の影響を受けた。
h □　父母の影響を受けた。
i □　日本の映画・テレビ番組に興味がある。

j □ 日本の漫画・アニメに興味がある。
k □ 日本語の文献資料を読むため。
l □ 日本へ行くため。
m □ 単位が必要.
n □ 就職をする。
o □ 留学する。
p □ その他 （ ）

→B 1。でbを選んだ方に質問します。なぜ学習を止めましたか。(複数選択可)
a □ 日本に興味がなくなった。
b □ 日本語は面白くなかった。
c □ 日本語は難しかった。
d □ 日本・日本文化はつまらなかった。
e □ 現在は日本語を履修しなくてもよくなった。
f □ マスコミの影響を受けた。
g □ 友人の影響を受けた。
h □ 父母の影響を受けた。
i □ 日本語を勉強しても希望する就職はできないと思う。
j □ 将来, 日本語を使う仕事をする可能性は低いと思う。
k □ 自分の研究では日本語の文献資料を読む必要がない。
l □ 韓国(台湾)社会にとって日本語は以前ほど重要な言語ではない。
m □ もう必要な外国語の単位を取得した。
n □ 日本・日本人が嫌いになった。
o □ 単位がとれなかった。
p □ 日本に行く必要がない。
q □ その他 ( )

→C 1。でcを選んだ方に質問します。なぜ日本語を学習しませんか。(複数選択可)
a □ 日本に興味がない。
b □ 日本語は面白くなさそうだ。
c □ 日本語は難しそうだ。
d □ 日本文化が嫌いだ。

e □ 私の学科では日本語を履修しなくてもよい。

f □ マスコミの影響を受けた。

g □ 友人の影響を受けた。

h □ 父母の影響を受けた。

i □ 日本語を勉強しても希望する就職はできないと思う。

j □ 将来, 日本語を使う仕事をする可能性は低いと思う。

k □ 自分の研究では日本語の文献資料を読む必要がない。

l □ 韓国(台湾)社会にとって日本語は重要な言語ではない。

m □ 他に勉強したい外国語がある。

n □ 日本・日本人が嫌いだ。

o □ 日本の漫画・アニメに興味がない。

p □ 日本のテレビ番組は面白くない。

q □ 日本に行く必要がない。

r □ その他 (   )

2。[非日本語履修者に質問します.]

あなたが現在英語以外に学んでいる外国語は何ですか。もし複数ある場合は、もっとも熱心に学んでいる言葉をひとつだけ選んでください。

a □ ドイツ語　b □ フランス語　c □ スペイン語　d □ ロシア語

e □ イタリア語　f □ アラビア語　g □ 韓国語　h □ 中国語

i □ その他(   )

あなたがその言語を学ぼうと思ったのはなぜですか。(複数選択可)

a □ その言葉を使う国に興味がある。

b □ 面白しろそうだ。

c □ 易しそうだ。

d □ いろいろな外国語の学習に興味がある。

e □ 私の学科ではその外国語を履修しなければならない。

f □ マスコミの影響を受けた。

g □ 友人の影響を受けた。

h □ 父母の影響を受けた。

i □ その言葉を勉強すると就職の時に有利だ。

j □ 将来, その言葉を使う仕事をする可能性が高いと思う。

k □ 自分の研究ではその言葉で書かれた文献資料を読む必要がある。

l □ 韓国(台湾)社会にとってその外国語は重要な言語だ。

m □ 今はあまり重要ではないが、将来は重要な言語になりそうだ。

n □ その国の文化に興味がある。

o □ その国の製品が好きだ。

p □ その国に行くため。

q □ 特に理由はない。

r □ その他 (   )

現在日本語を履修していない人は、ここで終りです。ここからの質問には現在日本語を学習している人のみ答えてください。

3。日本語を学習する事によって日本語に対するイメージが変わりましたか。
(はい・いいえ)

4。英語と比べて日本語はどんな言語だと思いますか。

(1) 英語より難しい。

(2) 英語と比べて特に変わりはない。難しくも易しくもない。

(3) 英語より易しい。

5。現在、自身の日本語の能力で何ができると思いますか。また将来、日本語がどのくらいでき れば満足ですか。(□の中にアルファベットを記入してください。)

現在の程度 □　　将来の希望 □

。日本語の会話について

a. よくできる(専門的な討論ができる)

b. できる(日本で一人で旅行ができる)

c. すこしできる(日本語で買物ができる)

d. ほとんどできない

。日本語の聴解について

現在の程度 □　　将来の希望 □

a. よくできる(テレビを見たり、ラジオを聴いた時、内容が十分に理解できる程度)

b. できる(テレビドラマで言っている内容がおおよそわかる)

c. すこしできる(テレビドラマの内容がすこし理解できる)

d. ほとんどできない

。日本語の読解について

現在の程度 □　　将来の希望 □

a. よくできる(辞書を引かずに小説が読める)

b. できる(辞書を引かずに新聞が読める)

c. すこしできる(辞書を引きながら新聞が読める)

d. ほとんどできない

。 日本語の作文について

現在の程度 □　　将来の希望 □

a. よくできる(レポートが書ける)

b. できる(メールが書ける)

c. すこしできる(簡単なメモが書ける)

d. ほとんどできない

6。あなたにとって日本語で難しいのは下のどれですか。(複数選択可)

a. 会話　　b. 聴解　　c. 読解　　d. 作文　　e. その他(　　　　　　　　)

7。日本語を学習する時、あなたにとって難しいのは何ですか。(複数選択可)

a. 漢字　　b. 発音・アクセント　　c. ひらがな・カタカナ　　d. 単語

e. 助動詞　　f. 時制　　g. 助詞　　h. 外来語　　i. 動詞の変化　　j. 敬語

k. やり、もらい　　l. 日本語らしい表現　　m. 受け身　　n. インフォ-マルな会話

o. その他(　　　　　　　　　　)

8。あなたにとって日本語で易しいのは下のどれですか。

a. 会話　b. 聴解　c. 読解　d. 作文

9。日本語を学習する時、あなたにとって易しいのは何ですか。(複数選択可)

a. 漢字　b. 発音・アクセント　c. ひらがな・カタカナ　d. 単語
e. 助動詞　f. 時制　g. 助詞　h. 外来語　i. 動詞の変化　j. 敬語
k. やり、もらい　l. 日本語らしい表現　m. 受け身　n. インフォ-マルな会話
o. その他(　　)

10。日本語を学習する時、具体的にはどのようなことで学習しますか。(複数選択可)

a. 日本語の教科書を暗記する　b. 授業を大切にする　c. 授業の予習, 復習をする
d. 日本の書物・新聞を読む　e. カセットテープを聴く　f. ビデオテープを見る
g. ラジオを聴く　h. テレビを見る　i. 日本人と会話をする　j. テレビゲームをする
k. 漫画を読む　l. 日本の歌をうたう　m. 語学学校に行く　n. 日本への旅行
o. 日本語で文通をする　p. インターネットをする　q. その他(　　)

11。いままでやってみた日本語学習法の中で役に立った方法は何ですか.

(a~qの中から3つ選んでください。)

(1.　　2.　　3.　　)

12。日本語の授業に望む内容(授業で学びたい内容)や方法は何ですか。

(3つ選択してください。)

(内容)

a. 会話　b. 聴解　c. 作文　d. 読解　e. 文法　f. 翻訳
g. 発音　h.その他(　　)

(方法)

。日本人の先生に教わるとすればどういうふうに教えてもらいたいですか。望む方法はどんな方法ですか。　(5つ選択してください)

a. クイズやゲームを多く取り入れてほしい。
b. 歌を教えてほしい。
c. 漫画や絵などを使って教えてほしい。
d. ビデオを使って教えてほしい。

e. 日本語だけで授業してほしい。

f. 教科書に忠実に教えてほしい。

g. 母国語の翻訳をたくさん入れてほしい。

h. 文法をしっかり教えてほしい。

I. 会話中心に授業をしてほしい。

j. 書きことば中心の授業をしてほしい。

k. 作文ができるように教えてほしい。

l. 文型練習をたくさんしてほしい。

m .読解中心の授業をしてほしい。

n. 聴解中心の授業をしてほしい。

o. 日本の生活・文化を教えてほしい。

p. 日本の社会について教えてほしい。

q. 日本の政治・経済を教えてほしい。

r. 日本人とコミュニケ-ションができるようにしてほしい。

s. その他(　　　　　　　　　　　　　　　　　　　　　)

韓国人の先生に望む方法はどんな方法ですか。　(5つ選択してください)

a. クイズやゲームを多く取り入れてほしい。

b. 歌を教えてほしい。

c. 漫画や絵などを使って教えてほしい。

d. ビデオを使って教えてほしい。

e. 日本語だけで授業してほしい。

f. 教科書に忠実に教えてほしい。

g. 母国語の翻訳をたくさん入れてほしい。

h. 文法をしっかり教えてほしい。

i. 会話中心に授業をしてほしい。

j. 書きことば中心の授業をしてほしい。

k. 作文ができるように教えてほしい。

l. 文型練習をたくさんしてほしい。

m. 読解中心の授業をしてほしい。

n. 聴解中心の授業をしてほしい。

o. 日本の生活・文化を教えてほしい。

p. 日本の社会について教えてほしい。

q. 日本の政治・経済を教えてほしい。

r. 日本人とコミュニケ-ションができるようにしてほしい。

s. その他(　　　　　　　　　　　　　　　　　　)

13。家で日本語を学習する時に、何に重点を置いて学習していますか。

(2つ選択してください)

a. 会話　b. 聴解　c. 漢字　d. 発音　e. 単語　f. 作文

g. 読解　h. 文法　i. その他(　　　　　　　　　　　　　)

14。日本語の学習をする時、現在のあなたの学習環境で問題があるとすれば、どんな点ですか。(複数選択可)

a. 日本語の新聞がない

b. 日本語関係のカセットテープが少ない

c. 一クラスの学生数が多い

d. 日本語教材の種類が少ない

e. 日本人の先生が少ない

f. 授業時間数が少ない

g. クラス以外では使うチャンスがない

h. その他(　　　　　　　　　　　)

15。大学を卒業した後、日本語を使って何かしたいと考えていますか。

a. 大学院に進学したい　b. 留学したい　c. 翻訳家になりたい

d. 通訳になりたい　e. 観光旅行をしたい

f. 仕事上日本語を必要とする会社に就職したい

g. 入社試験に日本語が必要な会社に就職したい

h. 娯楽(ゲーム)　i.情報収集　j. 特になし

k. その他(　　　　　　　　　　　　　　　　　　)

ご協力どうもありがとうございました。

〈付録〉アンケート調査票(韓国調査・韓国語版)

「일본」 및 「일본어」에 대한 앙케이트조사

이 설문 조사는 한국과 대만에서 일본어를 전공하는 대학생과 교양으로 일본어 수업을 듣고 있는 대학생, 그리고 이공계 대학생을 대상으로 합니다.

내용은 그들이 갖고 있는 「일본」「일본인」「일본어」에 대한 이미지와 구체적인 일본어 학습에 관한 것입니다.

대답에 정답, 오답은 없습니다. 느낀대로 편하게 응해 주시기 바랍니다.

일본 및 일본어에 대한 앙케이트조사

※ 먼저, 자신에 대한 간략한 소개를 부탁드립니다.

________________________학과______학년 (만)연령______세(남 · 여)

출생지____________________도______________시

가족 중에 일본어를 할 수 있는 사람이 있습니까? (예 · 아니오)
일본인 선생님에게 일본어를 배운 경험이 있습니까? (예 · 아니오)
알고 지내는 일본인이 있습니까? (예 · 아니오)
지금까지 일본어를 배운 경험이 있습니까? (예 · 아니오)
(예라고 대답한 사람)
학습기간은 어느정도 입니까?
1. 반년미만 2. 반년이상 1년미만 3. 1년이상 2년미만 4. 2년이상

언제 공부하셨습니까?
1. 초등학교 이전 2. 초등학교 때 3. 중학교 때
4. 고등학교 때 5. 대학입학 후

※다음 질문에 답하시오.

1。당신은 **일본**에 대하여 어떠한 이미지를 갖고 있습니까?
(1) 매우 좋다.
(2) 좋다.
(3) 다른 나라와 별로 다를게 없다.
(4) 나쁘다.
(5) 매우 나쁘다.

2. 당신의 **일본**에 대한 이미지 형성에 아래의 항목이 각각 어느 정도의 영향을 주고 있습니까?
(각 문항마다 a, b, c, d 중 하나를 고르시오.)

	많이	보통	조금	영향없음
(1) 과거의 한일관계	a☐	b☐	c☐	d☐
(2) 일본의 전통문화	a☐	b☐	c☐	d☐
(3) 일본영화・애니메이션	a☐	b☐	c☐	d☐
(4) 일본의 유행	a☐	b☐	c☐	d☐
(5) 일본인 관광객	a☐	b☐	c☐	d☐
(6) 신문보도	a☐	b☐	c☐	d☐
(7) 고등학교까지의 교육	a☐	b☐	c☐	d☐
(8) 일본의 TV 프로그램	a☐	b☐	c☐	d☐
(9) 현재의 일본 경제	a☐	b☐	c☐	d☐
(10) 한국과 일본의 무역관계	a☐	b☐	c☐	d☐
(11) 일본 가수・탤런트	a☐	b☐	c☐	d☐
(12) 일본인 일본어교사	a☐	b☐	c☐	d☐
(13) 한국인 일본어교사	a☐	b☐	c☐	d☐
(14) 일본제품	a☐	b☐	c☐	d☐
(15) 양국간의 영토문제	a☐	b☐	c☐	d☐
(16) 현재의 일본 정책	a☐	b☐	c☐	d☐
(17) 일본의 기업 활동	a☐	b☐	c☐	d☐
(18) 일본인 유학생	a☐	b☐	c☐	d☐
(19) 월드컵	a☐	b☐	c☐	d☐
(20) 대중문화 개방	a☐	b☐	c☐	d☐
(21) 재일한국인	a☐	b☐	c☐	d☐

3. 당신은 **일본인**에 대해서 어떠한 이미지를 갖고 있습니까?

(1) 매우 좋다.
(2) 좋다.
(3) 다른 나라 사람과 별로 다르지 않다.
(4) 나쁘다.
(5) 매우 나쁘다.

4. 아래의 각 항목은 당신의 **일본인**에 대한 이미지 형성에 어느 정도 영향을 주고 있습니까? (각 문항마다 a, b, c, d 중 하나를 고르시오.)

	많이	보통	조금	영향없음
(1) 과거의 한일관계	a□	b□	c□	d□
(2) 일본의 전통문화	a□	b□	c□	d□
(3) 일본 영화・애니메이션	a□	b□	c□	d□
(4) 일본의 유행	a□	b□	c□	d□
(5) 일본인관광객	a□	b□	c□	d□
(6) 신문보도	a□	b□	c□	d□
(7) 고등학교까지의 교육	a□	b□	c□	d□
(8) 일본 TV 프로그램	a□	b□	c□	d□
(9) 현재의 일본 경제	a□	b□	c□	d□
(10) 한국과 일본의 무역관계	a□	b□	c□	d□
(11) 일본 가수・탤런트	a□	b□	c□	d□
(12) 일본인 일본어교사	a□	b□	c□	d□
(13) 한국인 일본어교사	a□	b□	c□	d□
(14) 일본제품	a□	b□	c□	d□
(15) 양국간의 영토문제	a□	b□	c□	d□
(16) 현재의 일본 정책	a□	b□	c□	d□
(17) 일본의 기업 활동	a□	b□	c□	d□
(18) 일본인 유학생	a□	b□	c□	d□
(19) 월드컵	a□	b□	c□	d□
(20) 대중문화 개방	a□	b□	c□	d□
(21) 재일한국인	a□	b□	c□	d□

5. 당신은 **일본어**에 대해서 어떠한 이미지를 갖고 있습니까?(각 문항마다 하나를 고르시오.)

(1) 거칠다.	정중하다.	어느 쪽도 아니다.
(2) 지저분하다.	품위있다.	어느 쪽도 아니다.
(3) 난폭하다.	온화하다.	어느 쪽도 아니다.
(4) 싫어한다.	좋아한다.	어느 쪽도 아니다.
(5) 답답하다.	경쾌하다.	어느 쪽도 아니다.
(6) 알아듣기 어렵다.	알아듣기 쉽다.	어느 쪽도 아니다.

(7) 비능률적이다.　　능률적이다.　　어느 쪽도 아니다.

(8) 장황하다.　　산뜻하다.　　어느 쪽도 아니다.

(9) 느리다.　　빠르다.　　어느 쪽도 아니다.

(10) 딱딱하다.　　부드럽다.　　어느 쪽도 아니다.

(11) 어렵다.　　쉽다.　　어느 쪽도 아니다.

6。일본에 가 본 적이 있습니까?

(1) 있다.　　(2) 없다.

위 6번에서 (1)을 선택한 사람 → 어떤 이유로 일본에 갔습니까? (복수선택가능)

① 관광

② 어학연수

③ 교류프로그램

④ 친척방문

⑤ 기타 (　　　　　　　　　　　　)

가장 오랫동안 머물렀던 기간은 어느 정도 입니까? (　　　　)

7。앞으로(또) 일본에 가보고 싶습니까?

(1) 예　　(2) 아니오　　(3)가도 좋고, 안가도 상관없다.

위 7번에서 (1)을 선택한 사람 → 그 이유는 무엇입니까?(복수선택가능)

① 일본에 대해 좀 더 알고 싶어서

② 배운 일본어를 사용해 보고 싶어서

③ 흥미있었던 것을 직접 체험해 보고 싶어서

④ 가까운 나라이므로 쉽게 갈 수 있을 것 같아서

⑤ 친구를 만나고 싶어서

⑥ 일본어를 배우고 싶어서

⑦ 기타 (　　　　　　　　　　)

8。세계공통어는 영어라고 말합니다. 영어를 할 수 있어도 일본어가 필요하다고 생각합니까?

(1) 예　　(2) 아니오　　(3) 기타 (　　　　　　　　　　)

9。일본어를 공부하면 장래에 도움이 될 것이라 생각합니까?

(1) 예 (2) 아니오 (3) 기타 ( )

(1)을 선택한 사람→구체적으로 어떤 점이 도움이 될 것이라 생각합니까?(복수선택가능)

① 직업상
② 취직
③ 관광
④ 현재 일본 상황을 알기 위해
⑤ 일본인과의 커뮤니케이션
⑥ 전문기술 · 정보의 수용
⑦ 승진
⑧ 기타 ( )

10。당신은 앞으로 어떤 외국어를 배우면 도움이 될 것이라 생각합니까? 도움이 될 것이라 생각되는 순서대로 3가지를 쓰십시오.

((1) (2) (3))

〔일본어학습에 대해서〕

1。당신은 일본어를 배운 적이 있습니까?

a□ 현재 배우고 있다. → **A로**

b□ 전에 배운 적이 있다. → **B로**

c□ 한번도 배운 적이 없다. → **C로**

→A 1.에서a를 선택한 사람에게 질문합니다. 왜 일본어를 배우고 있습니까? (복수선택가능)

a □ 일본에 대해서 알고 싶어서

b □ 다른 외국어 보다 재미있을 것 같아서

c □ 쉬울 것 같아서

d □ 일본・일본인・일본문화에 흥미가 있어서

e □ 일본어가 지정되어 선택의 여지가 없어서

f □ 매스컴의 영향을 받아서

g □ 친구의 영향을 받아서

h □ 부모의 영향을 받아서

i □ 일본의 영화・TV방송에 흥미가 있어서

j □ 일본의 만화・애니메이션에 흥미가 있어서

k □ 일본어 문헌자료를 읽기 위해서

l □ 일본에 가기 위해서

m □ 학점을 취득하기 위해서

n □ 취직을 위해서

o □ 유학을 가기 위해서

p □ 기타( )

→B 1. 에서b를 선택한 사람에게 질문합니다. 왜 일본어 공부를 그만두었습니까? (복수선택가능)

a □ 일본에 흥미가 없어져서

b □ 일본어가 재미없었기 때문에

c □ 일본어가 어려웠기 때문에

d □ 일본・일본문화가 시시했기 때문에

e □ 현재는 일본어를 이수할 필요가 없어서

f □ 매스컴의 영향을 받아서
g □ 친구의 영향을 받아서
h □ 부모의 영향을 받아서
I □ 일본어를 배워도 원하는 취직을 할 수 없기 때문에
j □ 장래, 일본어를 사용하여 일할 가능성이 적기 때문에
k □ 자신의 연구에서는 일본어 문헌자료를 읽을 필요가 없기 때문에
l □ 한국사회에 있어서 일본어는 이전만큼 중요한 언어가 아니기 때문에
m □ 이미 필요한 외국어 학점을 취득했기 때문에
n □ 일본 · 일본인이 싫어졌기 때문에
o □ 학점 취득에 실패했기 때문에
p □ 일본에 갈 필요가 없다.
q □ 기타(   )

→C 1.에서c를 선택한 사람에게 질문합니다. 왜 일본어를 배우지 않습니까?(복수선택가능)

a □ 일본에 흥미가 없기 때문에
b □ 일본어가 재미없을 것 같아서
c □ 일본어가 어려울 것 같아서
d □ 일본문화가 싫어서
e □ 자신의 학과에서는 일본어를 이수하지 않아도 되기 때문에
f □ 매스컴의 영향을 받아서
g □ 친구의 영향을 받아서
h □ 부모의 영향을 받아서
i □ 일본어를 배워도 희망하는 취직을 할 수 없기 때문에
j □ 장래, 일본어를 사용하여 일할 가능성이 적기 때문에
k □ 자신의 연구에서는 일본어 문헌자료를 읽을 필요가 없어서
l □ 한국사회에서 일본어는 중요한 언어가 아니기 때문에
m □ 다른 외국어를 배우고 싶어서
n □ 일본 · 일본인이 싫어서
o □ 일본의 만화 · 애니메이션에 흥미가 없어서
p □ 일본의 TV방송이 재미가 없어서
q □ 일본에 갈 필요가 없어서
r □ 기타 (   )

2. [현재 일본어를 공부하고 있지 않는 사람에게 질문합니다.]

당신이 현재 영어 이외에 배우고 있는 외국어는 무엇입니까? 만약 여러 가지인 경우, 가장 중점을 두고 배우고 있는 언어를 한가지만 선택해 주세요.

a□ 독일어 b□ 프랑스어 c□ 스페인어 d□ 러시아어
e□ 이탈리아어 f□ 아라비아어 g□ 중국어 h□ 기타 ( )

당신이 그 언어를 배우려고 하는 이유는 무엇 때문입니까? (복수선택가능)

a □ 그 언어를 사용하는 나라에 흥미가 있어서
b □ 재미있을 것 같아서
c □ 쉬울 것 같아서
d □ 다양한 외국어 학습에 흥미가 있어서
e □ 자신의 학과에서는 그 외국어를 이수해야 하기 때문에
f □ 매스컴의 영향을 받아서
g □ 친구의 영향을 받아서
h □ 부모의 영향을 받아서
i □ 그 언어를 배우면 취직 할 때 유리하기 때문에
j □ 장래, 그 언어를 사용하여 일할 가능성이 높기 때문에
k □ 자신의 연구에서는 그 언어로 쓰여진 문헌자료를 읽어야 하기 때문에
l □ 한국사회에서 그 외국어는 중요한 언어이기 때문에
m □ 지금은 별로 중요하지 않지만, 앞으로는 중요한 언어가 될 것이기 때문에
n □ 그 나라의 문화에 흥미가 있어서
o □ 그 나라의 제품이 좋아서
p □ 그 나라에 가기 위해
q □ 특별한 이유없이
r □ 기타

현재 일본어를 공부하고 있지 않은 사람은 여기까지입니다.
이제부터의 질문에는 **현재** 일본어를 학습하고 있는 사람만 대답해 주세요.

3. 일본어를 배우면서 일본어에 대한 이미지가 바뀌었습니까? (예 ・아니오)

4. 영어와 비교하여 일본어는 어떠한 언어라고 생각합니까?
(1) 영어보다 어렵다.
(2) 영어와 비교해서 별로 다를 것이 없다. 어렵지도 쉽지도 않다.
(3) 영어보다 쉽다.

5. 현재, 자신의 일본어 능력은 어느 정도라고 생각합니까? 또 앞으로 일본어를 어느 정도 할 수 있으면 만족합니까? (□ 속에 알파벳을 기입해 주세요)
현재수준□ 장래희망□

。일본어 회화에 대해서
a. 잘 할 수 있다.(전문적인 토론이 가능)
b. 할 수 있다.(일본에서 혼자서 여행이 가능)
c. 조금 할 수 있다.(일본어로 쇼핑이 가능)
d. 거의 할 수 없다.

。일본어 듣기에 대해서
현재수준□ 장래희망□
a. 잘 할 수 있다.
(TV를 보거나, 라디오를 들을 때, 내용을 충분히 이해할 수 있는 정도)
b. 할 수 있다. (TV드라마에서 말하는 내용을 대부분 이해한다)
c. 조금 할 수 있다. (TV드라마의 내용을 조금 이해할 수 있다)
d. 거의 할 수 없다.

。일본어 독해에 대해서
현재수준□ 장래희망□
a. 잘 할 수 있다. (사전을 찾지 않고 소설을 읽을 수 있다)
b. 할 수 있다. (사전을 찾지 않고 신문을 읽을 수 있다)
c. 조금 할 수 있다. (사전을 찾으면서 신문을 읽을 수 있다)
d. 거의 할 수 없다.

◦ 일본어 작문에 대해서

현재수준□ 장래의망□

a. 잘 할 수 있다. (레포트를 쓸 수 있다)

b. 할 수 있다. (메일을 쓸 수 있다)

c. 조금 할 수 있다. (간단한 메모를 쓸 수 있다)

d. 거의 할 수 없다.

6。일본어에서 어렵다고 생각하는 것은 다음 중 어느 것입니까? (복수선택가능)

a. 회화 b. 청해 c. 독해 d. 작문 e. 기타 ( )

7。일본어를 배울 때 어려운 것은 무엇입니까? (복수선택가능)

a. 한자 b. 발음・엑센트 c. 히라가나・카타카나 d. 단어
e. 조동사 f. 시제 g. 조사 h. 외래어 i. 동사활용 j. 경어
k. 수수동사 l. 일본어다운 표현 m. 수동태 n. 인포멀한 회화
o. 기타 ( )

8。일본어에서 쉽다고 생각하는 것은 어느 것입니까?

a. 회화 b. 청해 c. 독해 d. 작문

9。일본어를 배울 때 쉬웠던 것은 무엇입니까? (복수선택가능)

a. 한자 b. 발음・엑센트 c. 히라가나・카타카나 d. 단어
e. 조동사 f. 시제 g. 조사 h. 외래어 i. 동사활용 j. 경어
k. 수수동사 l. 일본어다운 표현 m. 수동태 n. 인포멀한 회화
o. 기타 ( )

10。일본어를 학습 할 때 구체적으로 어떤 방법으로 학습하고 있습니까?

a. 일본어교재 암기 b. 수업 중시 c. 수업 예습, 복습
d. 일본서적 ・신문 읽기 e. 카세트 테잎 듣기 f. 비디오 테잎 보기
g. 라디오 듣기 h. TV 보기 i. 일본인과의 회화 j. TV게임
k. 만화 읽기 l. 일본 노래 부르기 m. 어학원 n. 일본 여행
o. 일본어 펜팔 p. 인터넷 q. 기타 ( )

11。지금까지 해 본 일본어 학습방법 중에서 도움이 되었던 방법은 무엇입니까?
(a~q중에서 3개를 선택해 주십시오.)
(1. 2. 3.)

12。일본어 수업에 원하는 내용(수업에서 배우고 싶은 내용)이나 방법은 무엇입니까?
(3가지를 선택하시오.)
(내용)
a. 회화 b. 청해 c. 작문 d. 독해 e. 문법 f. 번역
g. 발음 h. 기타 ( )
(방법)
。일본인 선생님에게 배운다면 어떤 식으로 배우고 싶습니까? 원하는 방법은 어떤 것입니까? (5개를 선택하시오.)
a. 퀴즈나 게임 등을 자주 하였으면 한다.
b. 노래를 배우고 싶다.
c. 만화나 그림 등을 사용하였으면 한다.
d. 비디오를 이용한 수업
e. 일본어만으로 수업을 받고 싶다.
f. 교과서에 충실한 수업이었으면 한다.
g. 모국어로 번역을 많이 했으면 한다.
h. 문법을 확실하게 배우고 싶다.
I. 회화중심으로 수업을 받고 싶다.
j. 문장체중심의 수업을 받고 싶다.
k. 작문을 할 수 있게 되었으면 한다.
l. 문형연습을 많이 했으면 한다.
m .독해중심의 수업을 했으면 한다.
n. 청해중심의 수업을 했으면 한다.
o. 일본의 생활・문화를 배우고 싶다.
p. 일본의 사회에 대해 배우고 싶다.
q. 일본의 정치・경제를 배우고 싶다.
r. 일본인과 커뮤니케이션을 할 수 있게 되었으면 한다.
s. 기타 ( )

。한국인 선생님에게 바라는 방법은 어떤 것입니까? (5개를 선택해 주세요.)

a. 퀴즈나 게임 등을 자주 하였으면 한다.
b. 노래를 배우고 싶다.
c. 만화나 그림 등을 사용하였으면 한다.
d. 비디오를 이용한 수업
e. 일본어만으로 수업을 받고 싶다.
f. 교과서에 충실한 수업이었으면 한다.
g. 모국어로 번역을 많이 했으면 한다.
h. 문법을 확실하게 배우고 싶다.
I. 회화중심으로 수업을 받고 싶다.
j. 문장체중심의 수업을 받고 싶다.
k. 작문을 할 수 있게 되었으면 한다.
l. 문형연습을 많이 했으면 한다.
m. 독해중심의 수업을 했으면 한다.
n. 청해중심의 수업을 했으면 한다.
o. 일본의 생활 ・문화를 배우고 싶다.
p. 일본의 사회에 대해 배우고 싶다.
q. 일본의 정치・경제를 배우고 싶다.
r. 일본인과 커뮤니케이션을 할 수 있게 되었으면 한다.
s. 기타 (   )

13。집에서 일본어를 학습 할 때, 중점을 두고 학습하는 부분은 어느 것입니까? (2개를 선택하시오.)

a. 회화 b. 청해 c. 한자 d. 발음 e. 단어 f. 작문
g. 독해 h. 문법 i. 기타(   )

14。일본어를 학습할 때 현재 학습환경에 문제가 있다고 생각 한다면 어떤 점들이 있습니까? (복수선택가능)

a. 일본어 신문이 없다.
b. 일본어관련 카세트 테입이 적다.
c. 한 반에 학생수가 많다.
d. 일본어교재의 종류가 적다.
e. 일본인 선생님이 적다.
f. 수업시간이 부족하다.
g. 수업시간 이외에는 쓸 기회가 없다.
h. 기타 (   )

15. 대학을 졸업한 후 일본어를 사용하여 하고 싶은 일은 무엇입니까?

a. 대학원진학 b. 유학 c. 번역가 d. 통역
e. 관광여행 f. 직업상 일본어를 필요로 하는 회사에 취직
g. 입사시험에 일본어가 필요한 회사에 취직 h. 오락(게임)
i. 정보수집 j. 특별히 없음 k. 기타 ( )

설문에 응해주셔서 대단히 감사합니다.

索引

初出論文目録

第Ⅰ部 日本と台湾における韓国語教育とイメージ形成

第1章 (出典なし)

第2章 生越直樹(2006)「韓国に対するイメージ形成と韓国語学習」『言語・情報・テクスト』13号 東京大学大学院総合文化研究科言語情報科学専攻、に加筆、修正を加えた。

第3章 齊藤良子(2011)「日本人韓国語学習者の韓国、韓国人、韓国語に対するイメージとその変化」『日本言語文化』第20輯 韓国日本言語文化学会、に加筆、修正を加えた。

第4章 齊藤良子(2009)「日本人韓国語学習者の韓国語学習に対する好意度が学習ビリーフと学習ストラテジーに与える影響について」『동북아문화연구(東北ア文化研究)』第18輯 동북아시아문화학회(東北アジア文化学会)、に加筆、修正を加えた。

第5章 生越直樹(2010)「한국에 대한 이미지 형성과 한국어 학습 -대만/일본 조사 결과 비교-」『第19回中韓文化関係国際学術会議 論文集』中華民国韓国研究学会・国立政治大学韓国語文学系 台湾 台北(原文は韓国語)を日本語に訳し、加筆、修正を加えた。

第Ⅱ部 台湾における日本語教育とイメージ形成

第1章 篠原信行(2003)「台湾の日本語教育事情」『日本研究』第18輯 中央大学校日本研究所、に加筆、修正を加えた。

第2章 篠原信行(2004)「台湾の日本語学習者は日本語学習をどのように捉えているか」『日本言語文芸研究』第5号 台湾日本語言文藝研究学会、に加筆、修正を加えた。

第3章 篠原信行(2003)「台湾の大学生の日本と日本語に関する意識とそのイメージ形成に影響を与える要因について」『日本言語文芸研究』第4号 台湾日本語言文藝研究学会、の表(中国語)を日本語に改め、加筆、修正を加えた。

第III部 韓国における日本語教育とイメージ形成

第1章 齊藤明美(2011)「韓国における日本語教育に関する一考察-一学習者数の推移、学習目的、教材、問題点についてー」『인문학연구』第17輯 한림대학교인문학연구소、に加筆、修正を加えた。

第2章 任栄哲(2007)「韓国における日本語の位相―中国語との比較を中心として―」『日本言語文化』第11輯 韓国日本言語文化学会、に加筆、修正を加えた。

第3章 齊藤明美(2004)「韓国の大学生の日本、日本人、日本語に対する意識とイメージ形成に影響を与える要因について」『日本語文学』第21輯 韓国日本語文学会、を一部修正した。

第4章 齊藤明美(2006)「韓国と台湾における日本語学習の現状と日本に対するイメージについて」『日本語教育研究』第11輯 韓国日語教育学会、に加筆、修正を加えた。

第5章 齊藤明美(2007)「言語学習と言語に対するイメージについてー日本語学習と韓国語学習の場合を中心としてー」『日本語文学』第35輯 韓国日本語文学会、に加筆、修正を加えた。

執筆者紹介(＊は編者)

齊藤明美＊(さいとう・あけみ)

所属 翰林大学校日本学科教授(韓国)

執筆 第Ⅲ部 1章、3章、4章、5章

生越直樹(おごし・なおき)

所属 東京大学大学院総合文化研究科教授(日本)

執筆 第Ⅰ部 1章、2章、5章

篠原信行(しのはら・のぶゆき)

所属 国立台湾大学日本語文学系専任講師(台湾)

執筆 第Ⅱ部 1章、2章、3章

任栄哲(イム・ヨンチョル)

所属 中央大学校アジア文化学部日本語文学専攻教授(韓国)

執筆 第Ⅲ部 2章

齊藤良子(さいとう・りょうこ)

所属 東京大学大学院総合文化研究科博士課程(日本)

聖心女子大学、神奈川大学、明星大学、武蔵野学院大学非常勤講師

執筆 第Ⅰ部 3章、4章

言語学習と国、国民、言語に対するイメージ形成の研究

－ 日本と台湾の韓国語学習者と韓国と台湾の日本語学習者を中心に －

초판인쇄 2012년 6월 13일
초판발행 2012년 6월 27일

편 저 자 齊藤明美
공동저자 生越直樹 篠原信行 任栄哲 齊藤良子
발 행 인 윤석현
발 행 처 제이앤씨
등록번호 제7-220호
책임편집 정지혜

우편주소 132-702 서울시 도봉구 창동 624-1 북한산현대홈시티 102-1206
대표전화 (02) 992-3253(대)
전 송 (02) 991-1285
홈페이지 www.jncbms.co.kr
전자우편 jncbook@hanmail.net

ⓒ 齊藤明美 2012 All rights reserved. Printed in KOREA

ISBN 978-89-5668-915-9 93730 정가 34,000원

* 저자 및 출판사의 허락 없이 이 책의 일부 또는 전부를 무단복제·전재·발췌할 수 없습니다.
* 잘못된 책은 교환해 드립니다.